高等院校经济学管理学应用技能型精品教材

管理学概论

MANAGEMENT

第二版

唐　烨/主　编

张世宝　涂　淼/副主编

上海财经大学出版社

图书在版编目(CIP)数据

管理学概论/唐烨主编.—2版.—上海:上海财经大学出版社,2016.2
(高等院校经济学管理学应用技能型精品教材)
ISBN 978-7-5642-2148-5/F·2148

Ⅰ.①管… Ⅱ.①唐… Ⅲ.①管理学-高等学校-教材 Ⅳ.①C93

中国版本图书馆 CIP 数据核字(2015)第 087335 号

□ 责任编辑 吴晓群
□ 书籍设计 杨雪婷
□ 投稿热线 oolivia@163.com
□ 订购电话 021－65904890

GUANLIXUE GAILUN
管 理 学 概 论
(第二版)

唐 烨 主 编
张世宝 涂 淼 副主编

上海财经大学出版社出版发行
(上海市武东路 321 号乙 邮编 200434)
网 址:http://www.sufep.com
电子邮箱:webmaster @ sufep.com
全国新华书店经销
同济大学印刷厂印刷
上海景条印刷有限公司装订
2016 年 2 月第 2 版 2016 年 2 月第 1 次印刷

787mm×1092mm 1/16 14.25 印张 364 千字
印数:4 001—8 000 定价:33.00 元

序

随着时代的发展，各类高等院校办学规模不断扩大，人才培养质量成为衡量各院校办学水平的主要指标，而教材作为实现人才培养目标的载体，对各类高等院校的发展和人才培养质量具有举足轻重的作用。

就许多院校目前使用的教材现状来看，现行教材不太适合院校学生特点、不太符合办学定位的问题较为普遍，许多高职高专院校使用一本、二本的教材，偏理论化、内容死板；而本科院校使用高职高专的教材，则过分重视应用和操作，缺少相关学科的广度和深度。如何解决这个问题？必须根据各校办学层次、专业特色和培养目标，进一步加强自编教材的建设工作，做到因材施教，量体裁衣。

独立院校的发展是我国高等教育办学机制的大胆探索和创新，其作为高等教育中的一支生力军得到了迅猛的发展，在扩大高等教育资源、丰富专业人才培养、支持地方办学、繁荣地方经济等方面起着积极的作用。很多独立院校对学生的培养定位在应用型人才，但是现有的教材大多不太适合以应用型人才培养为目标的学生学习。

对于独立学院来讲，应根据这类院校应用型专业人才的培养目标，使教材建设工作做到“面向应用、面向职业、面向能力、面向实践”，重视教材的基础性与适用性、应用性与实践性、先进性与科学性。教师编写和课堂选用的教材，应符合学生层次，既能调动学生的学习热情，又能切实提高学生的动手能力、分析能力和可持续发展能力，进而满足独立学院培养应用型专业人才的定位要求。中国地质大学江城学院经济与管理学部的中青年教师在老教师的指导与带动下，基于多年的教学工作，不断学习，亲历实践，编写了适用于独立学院多个专业学生学习的专业基础课教材。该套系列教材涵盖的内容有：管理学原理与实践、经济学原理与实践、会计学原理与实践、市场营销学、财务管理基础、统计学方法与应用和管理信息系统与电子商务、管理学概论等。

管理学是比较年轻的跨学科边缘科学和应用科学，融合了自然科学领域的数学、统计学、信息学、运筹学和计算机科学，社会科学领域的社会学、心理学、行为科学、人类学、政治学和经济学，以及其他科学的知识。在各类社会组织（如政府机关、社会团体、宗教团体、学校、医院和工商企业）中，都存在管理问题，管理无所不在，无处不有。

管理学理论的基本内容都来自实践，是从丰富的管理实践中概括和总结出的普遍规律、基本原理和一般方法，因此管理学具有很强的实践性。然而，在教学实践过程中，我们发现很多学生把管理学作为一门理论课来学习，这与课程名称和内容设置有密切关系。

该书正是基于这样的背景，在任课教师多年的《管理学》教学实践的基础上编写而成。该教材的体系结构以管理的职能为线索来进行设计，既介绍了经典的管理理论，又融合了现代的管理思想，也展示了精彩的管理实践，最大限度地向学生呈现了“管理之道”在于“权变”。教材涉及“管理和管理学概述”、“管理理论的演化”、“计划与决策”、“组织”、“领导与激励”、“控制”、“沟通”、“创新”共八个章节。教学内容可以根据授课对象进行适当的删减。

在编写过程中，作者充分考虑到应用型人才培养的特点，以案例为基础，在国际化视野、实践能力和创新能力方面加大力度，希望通过“实训环节”让学生的计划能力、沟通能力、协调能力和创新能力落到实处，满足企业对用人的能力需要。

王家胜　教授

2016 年 1 月

第二版前言

《管理学概论》是武汉工程科技学院经济与管理类专业基础课教材编写委员会编写的面向多个专业的基础课教材之一。该独立学院创始于1999年，经过十几年的发展，已经成为高等教育事业的重要组成部分。独立学院的存在，让更多的适龄青年享受到了高等教育的服务，也促进了我国高等教育向大众化发展。独立学院的人才培养目标，从不清晰到逐渐明朗，现在普遍定位为“应用型人才”。

企业在招聘时，常把计划能力、沟通能力、协调能力以及创新能力作为重要素质，对应聘者进行重点考察。在日常生活、学习与工作中，怎样锻炼这些能力，使之符合企业的用人需要，是我们在“管理学”教学中反复思考的问题。但现有的教材考虑更多的是理论体系的严谨性，实践性环节介绍得不够充分，不太适合应用型人才的培养目标。为此，本教材专为独立学院经济管理类专业学生设计，突出独立学院对学生管理技能培养的特征，为独立学院培养应用型人才服务。同时，本教材还适用于在职管理人员培训以及其他应用型人才的培养教育，也可以用于自学。

本教材体系结构以管理职能为线索进行设计，既介绍了经典的管理理论，又融合了现代的管理思想，还展示了精彩的管理实践。教材涉及“管理和管理学概述”“管理理论的演化”“计划与决策”“组织”“领导与激励”“控制”“沟通”“管理创新”共八章。

本教材第二版主要做了以下工作：纠正了第一版中的错误；精简了部分章节内容；在第一版的基础上每章末实训环节中增加了一项供学生思考的实践训练——管理中的矛盾。本次修订由唐烨负责总体框架设计、组织编写、协调和总纂工作，涂淼负责校对，张世宝负责资料的收集整理工作。

该教材的编写特色为：

1. 基础性与适用性。该教材设计的读者对象主要是以应用型人才为培养目标的大学生。在本教材的编写过程中，作者一方面力求内容上有一定的深度和广度，另一方面强调文字表述上的浅显平实。

2. 应用性与实践性。除了学习原理、夯实基础之外，更强调学以致用，将所学的理论运用于实践。独立学院的教学目标就是培养应用型人才，因此，作者对企业中常用的管理工具、管理流程和管理方法进行了介绍。每章正文前都设有引入案例，章末配有案例分析以及实训环节，能极大地锻炼和提高学生的管理实践能力。

3. 先进性与科学性。学习、借鉴了近10年的学科研究最新成果，力争在教材中有所体现，做到与时俱进。

该书在编写过程中，参考了国内外大量的研究成果，在此对这些文章和论著的作者表示衷心的感谢。由于作者的知识水平和掌握的资料有限，书中论述的观点和内容难免有不足之处，还望读者不吝赐教，以便在日后再版时作出必要的修正。

该书是编者多年从事管理学教学和科研工作的总结。在该书的编写过程中，得到了武汉工程科技学院、上海财经大学出版社的领导和各部门的大力支持和帮助，在此一并表示诚挚的感谢！

编　者

2016年1月

目　录

第一章 管理和管理学概述

学习目标

1. 掌握管理的基本内涵，了解学者们对管理的不同定义；
2. 明确管理的职能；
3. 区分谁是管理者；
4. 能够描述明兹伯格的管理者角色理论；
5. 明确不同层次管理者的基本职责和技能；
6. 了解管理学的研究对象和研究方法。

技能目标

1. 具备管理职能分析事务的能力；
2. 具备管理应用中的角色艺术性表现能力。

引入案例

拷问富士康"第十二跳"：这不是管理的错吗？

2010年5月26日晚11点，富士康深圳龙华厂区大润发商场前发生第12起员工跳楼事件。谁也不会想到，仅隔不到12小时，悲剧再次发生。

26日上午郭台铭飞赴深圳，拉开危机处理序幕。他首度开放全球媒体同时进入富士康大本营——深圳龙华厂采访及拍摄，并在当日下午向死者家属鞠躬道歉。不过他也表示，针对多起员工跳楼事件，富士康与心理专家讨论后的初步结论认为，该公司的管理并无问题，而与员工天生的个性和情绪管理有关。他指出，公司一年多前就注意到员工在工作压力下情绪会受到影响，所以当时就成立了员工生活关爱中心以及关爱中心网络平台，当员工有心理压力时就可以上网登记、登录，届时会有专人协助处理。

"管理并无问题"——此结论如何对逝去的鲜活生命负责？这一系列员工管理中的极端事件，竟然发生在一个以管理精细著称的大型企业，让人难以理解。可剥茧抽丝，仔细去分析"精细化"背后的种种，我们会发现，导致这场系列悲剧的罪魁祸首或许就是管理本身。

（资料来源：http://www.c114.net/news/211/a511519.html）

第一节　管理的概念与职能

在认识管理这一概念之前，我们有必要先了解一下管理的重要性。美国的邓恩和布兹特里斯信用分析公司多年来对破产企业进行了大量的调查。结果表明，破产企业中几乎 90% 是因管理不善所致。我国作为发展中国家，资源短缺将是一种长期的经济现象。而管理是将有限的资源进行合理配置的过程。

一、管理的概念

管理是现代人类生活活动的重要组成部分，管理活动伴随着人类社会历史的发展而发展。它广泛存在于社会活动的各个领域，大至国家、社会，小至家庭、学校、企业。管理，简单地说就是管人理事。应该说，从人类有了群体活动开始，就有了管理。

管理是在群体为了实现共同目标而进行协作的过程中产生的。目标越大，活动规模越大，管理在其中的重要性也就越强。例如，震惊世界的中国万里长城，从甘肃嘉峪关出发，逶迤在北方的崇山峻岭中；举世闻名的古埃及金字塔，至今留存一些工程学和管理学的千古之谜；还有将江浙与北方联系起来的京杭大运河；等等。在人类漫漫的历史长河中，所有重大实践、卓越发明、宏伟工程的背后，无一不存在着精心的策划和有效的管理。所以说，管理是伴随着人类社会活动的发展而发展的。

管理活动虽然自古有之，但管理真正成为一门科学研究却只有一个多世纪的时间。

(一)不同学者对管理的定义

19 世纪末 20 世纪初，管理理论最早出现在西方，主要经历了古典管理理论、行为科学理论、现代管理理论三个阶段。每个阶段都有很多管理理论，但并不是每个管理理论都对管理有一个明确的定义，而且各个管理理论对管理的定义也不尽相同。我们着重介绍几个著名的管理定义。

1. 亨利·法约尔的管理定义

管理是所有人类组织(不论是家庭、企业或政府)都有的一种活动，这种活动由五项要素组成，即计划、组织、指挥、协调和控制。管理就是实行计划、组织、指挥、协调和控制。

这一定义强调了管理的过程和职能特征，认为管理是由职能要素组成。

2. 哈罗德·孔茨的管理定义

管理就是设计和保持一种良好的环境，使人在群体里高效率地完成既定目标。

这一定义强调管理的内容就是构建合适的环境，达到既定时间内的既定目标。因而管理是追求效率的。

3. 赫伯特·西蒙的管理定义

管理就是决策。决策贯穿管理的全过程。

西蒙认为，决策行为是管理的核心，决策的制定过程是理解组织的关键所在。任何作业开始之前都要先做决策，制订计划就是决策，管理的其他职能——组织、领导和控制也都离不开决策。组织中的管理人员所做的工作的实质就是决策。

(二)管理的定义

上述无论哪种管理定义，都体现出管理至少是一种行为。作为行为，首先应当有行为的发出者和承受者,即谁对谁做;其次,还应有行为的目的,为什么做。因此,形成一种管理活动,首先要有管理主体,即说明由谁来进行管理的问题;其次要有管理客体,即说明管理的对象或管理什么的问题;再次要有管理目的,即说明为何而进行管理的问题。

有了以上三个要素,就具备了形成管理活动的基本条件。同时,我们还应想到,任何管理活动都不是孤立的活动,它必须在一定的环境和条件下进行。

综合前人观点,我们赞同管理的概念可以做这样的表述:管理是在社会组织中,管理者在一定的环境条件下,通过实施计划、组织、领导和控制等职能,以人为中心来协调各种资源,以便有效率和有效果地实现组织目标的过程。

这一定义可以从以下几个方面进行深入理解:

(1)管理的载体是组织。管理总是存在于组织中的。有效地协作活动需要实施管理活动,因此组织中必定存在管理。管理不能脱离组织而单独存在。

(2)管理的目的是为了实现既定目标。目标是管理活动追求的结果,是所有管理活动的起点,是管理过程的衡量标准,更是管理工作成效的考核标准和依据。

(3)管理的执行是通过职能活动。所谓管理职能,是管理过程中各项行为内容的概括,是人们对管理工作应有的一般过程和基本内容所做的理论概括。划分管理职能,其意义在于:管理职能把管理过程划分为几个相对独立的部分,在理论研究上能更清楚地描述管理活动的整个过程,有助于实际的管理工作。

(4)管理的对象是一切可协调的资源。这些资源包括组织中各种类型的资源,如人力、资本、原材料、土地、厂房、设备、顾客、信息等。

(5)管理追求有效率和有效果。效率是指输入和输出,或投入与产出之间的比例关系,重点在于过程的管理,在于选择合适的路径以最短的时间接近目标。追求效率是手段,目标是资源利用的最少浪费。管理就是要使资源成本最小化、效率最大化。效率涉及做事的方式,即以最佳的方式做事,也叫"正确地做事"。效果是指实现组织目标的程度,也就是实际工作与组织目标之间的距离,重点在于事情本身,在于对目标的关注。它强调结果,如"效果好"、"效果不佳"等。效果通常指的是"做正确的事"。

当然,只有在"效果"优先的情况下,才能去谈"效率",绝不可一味追求"效率"而没有效果,带来的结果就是"主次矛盾不分"。我们经常听人说"某人办事雷厉风行,但鲜有成果"就是这个道理。所以,只有先有效果,明确目标,然后尽量最大化地提高效率才是正确的做事方法。低水平管理绝大多数是由于无效率和无效果,或者是通过牺牲效率来取得效果。

(6)管理的本质是协调。协调就是使个人的努力与组织的既定目标相一致。每一个管理目标的制定、每一次工作任务的完成,都要进行部门与部门之间、人员与人员之间的协调。而协调的中心是人,协调的方法多种多样。由于管理的各个环节都得依靠人去筹划、落实,因此管理的核心是处理组织中的各种人际关系。

二、管理的特征

管理活动不同于教育活动、文化活动和科学活动等其他类型的活动,它有自己的特征,主要表现如下:

(一)动态性

环境和组织本身的变化导致管理的变化,体现出的就是管理的动态性。同时管理的客体也是在不断地变化的。管理理论是一种静态的知识，但管理知识的应用却需时刻变化。哈佛商学院的案例教学闻名于世，表明了哈佛的教授们对管理真谛的一种认识。如今越来越多的高校重视案例教学，也反映了对管理动态性的深刻认识。事实上，由于环境、组织以及资源配置等差异性的存在，管理必然是一种动态性活动，不存在一种标准的、处处成功的管理模式。

（二）科学性

管理的动态性并不意味着管理活动没有科学规律可循。尽管管理活动是动态的，但还是能将其分为两大类，即程序性的活动和非程序性的活动。所谓程序性活动，是指有章可循、照章运作即可取得预想效果的管理活动。所谓非程序性活动，是指无章可循、需要边运作边探讨的管理活动。比如企业经营中有一条亘古不变的真理：企业必须以自己的产品和服务最大限度地去满足顾客的需求才能盈利。这条法则应该说是古今中外企业必须遵循的不二法则，这就是管理的科学规律之一。

（三）艺术性

管理的艺术性就是强调其实践性，没有实践则无所谓艺术。也就是说，管理人员必须在管理实践中发挥积极性、主动性和创造性，能够因地制宜地在不同环境、不同行业、不同要求和不同条件下进行有效管理。所以只有将管理知识与具体管理活动相结合，才能进行有效的管理。因此，管理的艺术性，就是强调管理活动除了要掌握一定的理论和方法外，还要有灵活运用这些知识和技能的技巧和诀窍。

知识链接

管理的艺术——巧妙的应变性

海南农民种植的一种叫“白象牙”的芒果，因为在开花时授精授粉不完全，导致“发育不良”，结出的果只有鸡蛋般大小，这种果子的学名为“败育果”。前几年，这种果只能作为淘汰处理。但是，原本要扔掉的小东西，在通过合理的转换后却变成了“珍珠果”。这种果由于其口感好，果肉中几乎没有纤维，核小甚至无核，深受人们的欢迎。正常大小的优质象牙芒果每斤售价两三元，而它却卖到了四五元，最高时可卖到八元一斤，而且供不应求。在海口、广州、深圳等地，这种小个的象牙芒果成为当地人的送礼佳品。气候还是那个气候，芒果还是那个芒果，但结果却大不相同。这就是管理的应变性，遇到不同的情况、不同的对象，进行不同的处理。

（四）创造性

管理既然是一种动态活动，既然每一个具体的管理对象都不可能按照一种有章可循的固定管理模式进行管理，那么要想达到既定的组织目标和责任，管理就必须具有一定的创造性。正因为管理的创造性，才会存在成功和失败。管理的创造性植根于动态性之中，与科学性和艺术性相关，正是由于这一特征的存在，使得管理创新成为必需。

知识链接

美国式创新的方法——鸡尾酒

在一次酒会上，有7个人，美国人、俄国人、英国人、法国人、德国人、意大利人、中国人，每个人都要宣传自己国家有什么好酒，中国人把茅台拿出来了，酒盖一启，香气扑鼻，在座的各位都说茅台了不起。俄国人拿出了伏特加，英国人拿出了威士忌，法国人拿出了XO，德国人拿出了黑啤酒，意大利人拿出了红葡萄酒，也都很了不起。到了美国人这里，美国人找了个空杯子，把这几种酒都倒了一点，晃了晃，什么酒？鸡尾酒。综合就是创造。他哪里有东西？他只是把别人的东西拿来，把好的东西综合起来，这就是创新。

（五）经济性

资源配置是需要成本的，因此管理具有经济性特征。管理的经济性首先反映在资源配置的机会成本上。管理者选择一种资源配置的方式是以放弃另一种资源配置方式的代价而取得的，这就存在机会成本的问题。其次，管理的经济性反映在对管理方式、管理方法等选择上的成本比较。在众多可帮助进行资源配置的方式方法中，其费用成本是不同的，因而选择什么样的资源配置方式就有一个经济性的问题。再次，管理是对资源有效整合的过程，因此选择不同资源的供给和配比，就有成本大小的问题，这就是经济性的另一种表现。

知识链接

管理的经济性

"鱼，我所欲也，熊掌，亦我所欲也；二者不可得兼，舍鱼而取熊掌者也。"资源是有限的，我们不可能得到所有的东西，因此就要考虑到经济性。例如，美国联邦政府想在加州海岸开采石油，结果当然是有人赞成，有人反对。赞成者认为："这里有高价值的石油，而且附近有丰富的海水，这是我国成本最低的石油，利润可观。"而反对者则提出："你考虑过开采造成的环境破坏带来的损失了吗？"如何进行合理有效的资源配置，正是管理经济性的体现。

三、管理的性质

管理最基本的意义是在社会化生产过程中指挥和监督，它既与生产力相联系，又与生产关系相联系，所以管理具有二重性。而管理活动的过程要求既要遵循管理客观规律的科学性，又要体现管理实践中灵活创新的艺术性，所以管理具有科学性和艺术性。

（一）管理的二重性

管理的根本属性在于管理具有二重性。马克思在《资本论》中指出，凡直接生产过程，都具有社会结合过程的形态，而不是表现为独立生产者的孤立劳动的地方，都必然会产生监督劳动和指挥劳动。不过它具有二重性。管理的二重性就是，管理既有与生产力、社会化大生产相联系的自然属性，又有与生产关系、社会制度相联系的社会属性。

1. 管理的自然属性

管理的自然属性也称管理的生产力属性，是由一定的生产力状况决定的。任何社会，只要有共同劳动，就需要管理；凡是共同劳动就必然要分工协作。这种由共同劳动、分工协作而产生的管理职能，体现了不同社会制度下管理的共同性，即自然属性。

2. 管理的社会属性

管理的社会属性也称管理的生产关系属性，是指管理与生产关系、社会制度相联系，反映一定生产关系的性质和要求，表现为维护和发展生产关系的特殊职能，体现了不同社会制度下管理的个性。

在管理的过程中，管理的自然属性和社会属性有机地统一在一起。

（二）管理既是科学，也是艺术

经过一百多年的探索、研究、总结和发展，已经形成了比较系统的管理理论，它们反映了管理工作中的客观规律，所提出的管理原理、原则、方法等使我们能够对具体的管理问题进行具体的分析，并获得科学的结论，这就是管理的科学性。管理者只有既懂得管理科学又具有娴熟的管理艺术，才能使自己的管理活动达到炉火纯青的地步。

在管理的科学性上，人们常犯的错误是：(1)盲目照搬国外的管理理论；(2)将书本上的管理原理当作教条；(3)认为管理只靠实践，从不相信管理专家。尤其是第三种看法，在管理者中广泛存在。

虽然与自然科学相比，管理学是一门不十分精确的学科，管理学所提供的管理手段与方法十分有限，面对复杂、多变的环境，管理者在管理实践中必须运用各种管理技巧、经验来解决具体的管理问题。在管理的艺术性上，人们常犯的错误是：管理的艺术性是指管理靠的是人格魅力、灵感与创新，而管理本身是没有规律可循的，更没有办法通过学习（尤其是书本学习）掌握管理的技巧；过分强调管理的艺术性，从而否认管理的科学性；认为管理艺术是少数人天生所具有的，从而大多数人只能天生地处于被管理、被领导的地位；在管理实践上缺乏科学的管理制度，而常常以管理者的心情、好恶作为决策的依据。

其实不然，管理既是一门科学，又是一门艺术。有效的管理者，多半是既懂得管理的理论和方法，又具有高超的管理艺术。对于学习管理学的人来说，不能把管理学当作一般的知识性学科进行学习，也不能简单地当作完成职业任务的操作技能来学习，而应该从管理科学、管理艺术两个层面来学习研讨管理学，使自己修炼成一个出色的管理者。

四、管理的职能

所谓管理职能，是指管理过程中各项行为内容的概括，是人们对管理工作应有的一般过程和基本内容所做的理论概括。

(一)管理职能划分的意义

管理职能把管理过程划分为几个相对独立的部分，在理论研究上能更清楚地描述管理活动的整个过程，有助于实际的管理工作。

划分管理职能，有助于管理者在实践中实现管理活动的专业化，使管理人员更容易从事管理工作。在管理领域中实现专业化，如同在生产中实现专业化一样，能大大提高效率。

划分管理职能，可以使管理者运用职能观点去建立或改革组织机构，从而更好地实现组织目标。

(二)管理职能的划分

对于管理的职能，国外有许多种划分方法。早期的管理理论认为，管理有计划、执行、控制三大基本职能。

20世纪初，法国工业家、管理过程学派的开山鼻祖亨利·法约尔首先系统性地提出了管理者具有的五大职能：计划、组织、指挥、协调和控制。他的观点为后人的研究奠定了基础。后期学者对管理职能划分的研究基本上没有超越他的范围。

20世纪50年代中期，管理过程学派著名代表人物哈罗德·孔茨在亨利·法约尔的研究基础上提出人员配备应该纳入管理职能范畴。哈罗德·孔茨和西里尔·奥唐内尔将管理职能划分为计划、组织、人员配备、指导和控制。这说明当时的管理学家已经注意到了人的管理在管理行为中的重要性。

后来，西蒙等人在解释管理职能时，突出了决策职能。他认为组织活动的中心就是决策。制订计划、选择计划方案需要决策，设计组织结构、人事管理等也需要决策，选择控制手段还需要决策。他认为,决策贯穿于管理过程的各个方面,管理的核心是决策。

随着管理理论研究的深化和客观环境对管理工作要求的变化,人们对管理职能有了进一步的认识,提出了一些新的管理职能,如决策、创新、信息传递、协调等。

我们认为管理职能包括计划、组织、领导和控制四种。

1. 计划职能

计划是管理的首要职能。它是对组织活动的目标和实现目标的途径做出筹划和安排,以保证组织活动有条不紊地进行。计划包含确定组织的目标,制定整体战略以实现这些目标,以及将这些计划逐层展开,以便协调和将各种活动一体化。要做好计划,就要求对组织的未来具有前瞻性。

计划是任何一个组织成功的前提,它存在于组织各个层次的管理活动中。组织中所有层次的管理者,包括高层管理者、中层管理者和基层管理者,都必须从事计划活动。管理者的首要职责就是做计划,就是将组织在一定时期内的活动任务分解给组织的每个部门、环节和个人,从而不仅为这些部门、环节和个人在该时期的工作提供具体的依据,而且为决策目标的实现提供保证。

> 用较多的时间为一次工作事前计划,做这项工作所用的总时间就会减少。
>
> ——艾得·布利斯
>
> “计划工作是一座桥梁,它把我们所处的此岸和我们要去的彼岸连接起来,以克服这一天堑。”
>
> ——哈罗德·孔茨

2. 组织职能

组织包括:决定组织要完成的任务是什么,谁去完成这些任务,这些任务怎么分类组合,谁向谁报告,以及各种决策应在哪一级上决定等。

只有组织中的每个人都了解自己在组织工作中应有的地位和他们之间的相互关系,才能有效地发挥他们在组织中的作用,并保证组织目标顺利进行。因此,可以说组织工作的基本功能,就是要协调组织中的全体成员与该组织的任务、目标之间的关系,使组织适应完成目标的需要,最大限度地发挥全体人员的能量和积极性,成为一个具有凝聚力的集体。组织目标是否能够实现,就要看组织内各要素之间的协调、配合程度。

> 现代组织之存在就是为了向社会提供某种特别的服务,所以它必须存在于社会之中,存在于一个社区之中,与其他机构和人物相处,在一定的社会环境中工作。
>
> ——戴维·B.赫尔茨

3. 领导职能

领导是指领导者依靠影响力,指挥、带领、引导和鼓励被领导者(下属)或追随者,实现组织目标的活动和艺术。它包括领导激励下属、指导他们的活动、选择最有效的沟通渠道、解决组织之间的冲突等。

拿破仑曾说过这样一句话:“狮子率领的兔子军远比兔子率领的狮子军作战能力强。”领导的言行可以通过榜样、暗示、模仿作用等心理机制激发下属的动机,从而调动其工作、学习的积极性,形成领导行为激励效应。因此,从某种意义上说,领导的良好行为、模范作用、以身作则就是一种无声的命令。同时领导也具有导向作用。

4. 控制职能

控制是监视各项活动以保证它们按组织计划进行并纠正各种重要偏差的过程,是为了保证组织各部门、各环节能按预定的要求运作而实现目标。

控制是一个过程,贯穿于整个管理活动的始末。在组织目标的实现过程中,不断地在计划与执行计划的结果之间进行比较,发现两者之间的差距,找出这种差距的原因进而加以纠正,这个纠偏的过程在管理学中就称为控制。控制的目的是要保证实际工作与计划一致。

管理的四个职能是相辅相成、相互影响、相互作用、相互交叉渗透的,缺一不可。每一个职能都有其重要的作用及价值,缺了任何一个要素,管理活动都无法顺利进行、有序展开。每一项管理活动一般都是从计划开始,经组织贯彻、领导沟通协调展开,最后对偏差及其成果进行控制而结束的。

第二节　管理者

一、管理者的定义

(一)管理者的含义

当前,对于管理者的称呼甚多,我们所熟悉的如首席执行官、职业经理人、总经理、项目主管、职能部门经理等都属于管理者的范畴。从广义上讲,管理者的含义应是泛指所有执行管理职能并对组织目标实现做出实质性贡献的人。这个概念既包括执行传统意义上的管理职能,对他人工作负有责任的人,也包括承担特殊任务,而不对他人工作负有责任的人,或者介于这两者之间的人。

根据工作内容,可将组织内的成员分成两类:管理者和操作者。操作者是指在组织中直接从事工作或任务且不负有对他人工作监督责任的人,如工厂中的一线工作人员、银行的客服人员、餐饮业的服务员、学校的教师等。而管理者则是指在组织中负责分配、指挥、监督或协调他人工作的个人。也就是说,管理者一定有下属,并且对其直接下属的工作成败负责,而操作者则只需要完成分内的工作。

同时,管理者既是管理的主体,也可能是管理的客体。当他管理人的时候,他是管理的主体;而当他被人管理时,他就成了管理的客体。

小故事

分　粥

有七个人曾经住在一起,每天分一大桶粥。要命的是,粥每天都不够。一开始,他们每天轮流抓阄决定谁来分粥。于是每周下来,他们只有一天是饱的,那就是自己分粥的那一天。

后来他们推选出一个道德高尚的人出来分粥。强权就会产生腐败,大家开始挖空心思去讨好他、贿赂他,搞得整个小团体乌烟瘴气。

然后大家开始组成三人分粥委员会及四人评选委员会,互相攻击、扯皮下来,粥吃到嘴里全是凉的。

最后想出来一着:轮流分粥,但分粥的人要等其他人都挑完后拿剩下的最后一碗。为了不让自己吃到最少的，每人都尽量分得平均，就算不平，也只能认了。大家快快乐乐、和和气气，日子越过越好。

点评：管理的真谛在“理”不在“管”。管理者的主要职责就是建立一个像“轮流分粥，分者后取”那样合理的游戏规则，让每个员工按照游戏规则自我管理。游戏规则要兼顾公司利益和个人利益，并且要让个人利益与公司整体利益统一起来。权、责、利是管理平台的三根支柱，缺一不可。一个单位如果有不好的工作习气，一定是机制问题。

（二）管理者的类型

按照管理者在组织中所处的不同层次，可将管理者分为高层管理者、中层管理者和基层管理者（见图 1.1）。

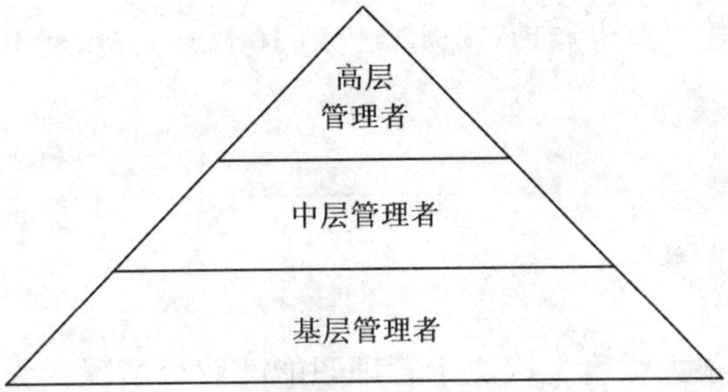

图 1.1 组织中管理者的分类

1. 高层管理者

高层管理者是指组织中的高级领导人，对管理负有全面责任，主要任务是负责确定组织目标、制订战略计划、把握发展方向以及确定影响全组织成员的重大决策等，如学校的校长或董事长、企业的董事会成员、商场总经理、城市的正副市长等。

2. 中层管理者

中层管理者介于高层和基层管理人员之间，在组织中起承上启下的作用，其主要职责为贯彻执行组织的重大决策和管理意图，监督和协调基层管理人员的工作、规划等，如学校系主任、教务处处长，企业中采购、生产、财务等部门的负责人，政府部门中的主任、局长等。

3. 基层管理者

基层管理者是最直接的一线管理人员，主要负责直接指挥和监督实际作业人员的管理者。他们是整个管理系统的基础，如专业负责人或教研室主任、领班、小组长等。

上述三个不同层次的管理人员，其工作内容和性质存在很大的差别。一般来说，基层管理者所关心的主要是具体战术性工作，而高层管理者所关心的主要是抽象的战略性工作。

一个管理者不论他在组织的哪一层次上承担管理职责，其工作的性质和内容基本上是一样的，都包括计划、组织、领导和控制几个方面。不同层次的管理者工作上的差别，不是职能的不同，而是各项管理职能履行的程度和重点不同，如表 1.1 所示。

表 1.1　　不同层次的管理者职能活动的时间分布

层次＼职能	计划	组织	领导	控制
高层管理者	28%	36%	22%	14%
中层管理者	18%	33%	36%	13%
一线管理者	15%	24%	51%	10%

> 当我的员工有 100 名时，我要站在员工前面指挥部属；当员工增加到 1 000 人时，我必须站在员工中间，恳求员工鼎力相助；当员工达到 10 000 人时，我只要站在员工后面，心存感激即可。
>
> ——［日本］松下幸之助

二、管理者角色

管理者合格与否，在很大程度上取决于管理职能的履行情况。为了有效履行各种职能，管理者必须明确自己要扮演的角色。“管理者角色”这一概念最早是由美国管理学家彼得・F.德鲁克在 1955 年提出的。所谓管理者角色，是指特定的管理行为类型。

20 世纪 60 年代末，加拿大管理学家亨利・明茨伯格对 5 位总经理的工作做了仔细的研究。在观察的基础上，明茨伯格提出了他所创建的管理角色理论，即管理者究竟在做什么的分类纲要。他认为管理者扮演着 10 种不同但高度相关的角色，分为三大类：人际关系、信息传递和决策制定，详见表 1.2。

表 1.2　　管理者的角色

角色		描述	特征活动
人际关系	1.挂名首脑	象征性首脑，必须履行许多法律性或社会性的例行义务	迎接来访者，签署法律文件
	2.领导者	负责激励下属，负责人员分配、培训以及有关的职责	实际上从事所有的有下级参与的活动
	3.联络者	维护自行发展起来的外部关系和消息来源，从中得到帮助和信息	发感谢信，从事外部委员会的工作，从事其他有外部人员参与的活动
信息传递	4.监听者	寻求获取各种内部和外部信息，以便透彻地理解组织与环境	阅读期刊和报告，与有关人员保持私人接触
	5.传播者	将从外部人员和下属那里获取的信息传递给组织的其他成员	举行信息交流会，用打电话的方式传达信息
	6.发言人	向外界发布组织的计划、政策、行动、结果等	召开董事会，向媒体发表信息

续表

角色		描述	特征活动
决策制定	7.企业家	寻求组织和环境中的机会，制定“改进方案”以发起改革	组织战略制定和检查会议，以开发新项目
	8.混乱驾驭者	当组织面临重大的、意外的混乱时，负责采取纠正行动	组织应对混乱和危机的战略制定和检查会议
	9.资源分配者	负责分配组织的各种资源并制定和批准所有有关的组织决策	调度、授权、开发预算活动、安排下级的工作
	10.谈判者	作为组织的代表参加重要的谈判	参加与工会的合同谈判

(资料来源：H. Mintzberg. *The Nature of Managerial Work*. New York：Harper & Row，1973)

(一)人际关系角色

管理的核心是处理各种人际关系。管理者在处理与组织成员和其他利益相关者的关系时，就扮演着人际关系角色。管理者所扮演的三种人际关系角色是挂名首脑、领导者和联络者。

1. 挂名首脑角色

作为所在单位的领导，管理者必须行使一些具有礼仪性质的职责，如出席集会、宴请重要客户等。此时，领导的身份和地位是其组织的管理者，是组织的代表。

2. 领导者角色

由于管理者对所在单位的成败负有重要责任，他们必须在工作小组内扮演领导者角色，如培训下级、招聘员工、激励员工等。

3. 联络者角色

管理者无论对内对外都起着联络者的角色。在组织内部，管理者需要协调各部门工作以确保目标的顺利完成。而在组织外部，管理者需要与供应商等外界个人或机构之间进行联络和协调，例如，与消费者、供应商、金融中介、当地政府、公众等组织建立联系，以获取资源和信息。

(二)信息传递角色

管理者确保和其一起工作的人具有足够的信息，从而能够顺利完成工作，这时他们就扮演着信息传递角色。管理者在其组织内部的信息传递中处于中心地位，是组织的中枢神经，他既是获取外部信息的焦点，也是传递信息的来源。具体包括监听者角色、传播者角色和发言人角色。

1. 监听者角色

作为监听者，管理者持续关注组织内外环境的变化以获取对组织有用的信息。

知识链接

伊索寓言故事

父子二人赶驴去集市，途中听人说：“看那两个傻瓜，他们本可以舒舒服服地骑驴，却自己走路。”于是老头让儿子骑驴，自己走路。又遇到一些人说：“这儿子真不孝，让老子走路，他骑驴。”当老头骑上驴让儿子牵着走时，又遇到人说：“这老头身体看起来也不错呀，怎么让儿子在下面累着？”老头子只好让儿子和他一起骑驴，没想到又碰到人说：“看看两个懒骨头，把可怜的驴快压趴下了。"老头子与儿子只好选择抬着驴走的方法,没想到过桥时,驴一挣扎,坠落河中淹死了。

点评:这则流传2 500年之久的寓言,提醒我们不要被别人的见解左右。外界信息很多,要学会取舍。

2. 传播者角色

作为传播者,管理者把重要的信息传递给工作小组成员,管理者有时也向工作小组隐藏特定的信息,更重要的是,管理者必须保证员工具有必要的信息以便切实有效地完成工作。

3. 发言人角色

管理者把信息传递给单位或组织以外的个人,运作信息提升组织,以使组织内部和外部的人对组织有积极的反应。

(三)决策制定角色

管理者在处理信息并得出结论的过程中即扮演决策制定角色。管理工作中最重要的部分也许就是担任决策制定角色,管理者对其组织战略决策系统负有全面的责任,也就是组织的每一项重大决策皆与管理者有关,包括企业家角色、混乱驾驭者角色、资源分配者角色和谈判者角色。

1. 企业家角色

管理者对所发现的机会进行投资以利用这种机会,如开发新产品、提供新服务、发明新工艺等。当作为企业家时,管理者可将组织带入一个新境界。

2. 混乱驾驭者角色

作为一个混乱驾驭者,管理者必须善于处理冲突或解决问题。当组织面临重大意外或危机时,采取积极有效的行动以应付之前预见的问题,避免情况恶化。如平息客户的怒气、同不合作的供应商进行谈判或者对员工之间的争端进行调解等。

3. 资源分配者角色

管理者决定资源用于哪些项目。任何企业的资源都是有限的,如何有效地利用和分配有限的资源以达到企业的目标,管理者在这一决策过程中扮演着资源分配角色。

4. 谈判者角色

每个组织都不可避免地与其他组织进行谈判来为自己的组织争取利益。研究表明,管理者把大量的时间花费在谈判上。谈判对象包括员工、供应商、客户、金融中介、其他工作小组等。

三、管理者的技能

关于管理者应具备的技能,管理学家们提出了不同的观点。美国的管理学专家卡特兹在1955年发表的论文《有效管理者的技能》中,针对管理者的工作特点,提出了技术技能、人际技能和概念技能的概念。卡特兹认为,有效的管理者将取决于这三种技能。

(一)技术技能

技术技能是指使用技术手段完成组织任务的能力,是与特定工作岗位有关的专业知识和技能,如生产技能、财务技能、营销技能等。管理者不必成为精通某一领域的技能专家,但需要了解并初步掌握与其管理的专业相关的基本技能,否则很难与其所主管的组织内的专业技术人员进行有效的沟通,从而无法对所辖业务范围的各项工作进行具体的指导。

不同层次的管理者，对于技术技能要求的程度是不同的。

（二）人际技能

人际技能是指在达到组织目标的过程中与人共事的能力，是一件事该怎么做和与人共事的技能。人际技能又称人际关系技能，即理解、激励他人并与他人共事的能力。我国学者周三多将其定义为“成功地与别人打交道并与别人沟通的能力”，包括领导能力。但其内涵远比领导能力广泛。因为管理者除了领导下属外，还要与上级领导和同级同事打交道，还得学会说服上级领导、领会领导意图、学会与同事合作等。处理好人际关系有利于树立团队精神，可以说，管理者的工作能力取决于人际技能。

（三）概念技能

概念技能是指一种能洞察既定环境的复杂性以及减少这种复杂性的能力。具体地说，概念技能包括理解事物的相互关联性从而找出关键影响因素的能力、确定和协调各方面关系的能力，以及权衡不同方案优劣和内在风险的能力。周三多将其定义为“把观点设想出来并加以处理以及将关系抽象化的精神能力”，指管理者纵观全局、认清为什么要做某事的能力。即管理者在任何混乱、复杂的环境中，都要敏锐地辨清各种要素之间的相互关系，深刻了解组织中任何活动的后果，准确地抓住问题的实质，果断地作出正确决策的能力。

> 海尔国际化就像是一盘棋，而要提高棋艺，最好的办法就是找高手下棋，我们的高手就是：欧洲和美国。
>
> ——海尔 CEO：张瑞敏

不同层次的管理者对于三种技能的要求程度也不一样，如图 1.2 所示。对于高层管理者，最重要的是概念技能；而基层管理者最接近现场，技术技能则格外重要。由于管理者的工作对象是人，因此人际技能对各个层次的管理者来说都是重要的。

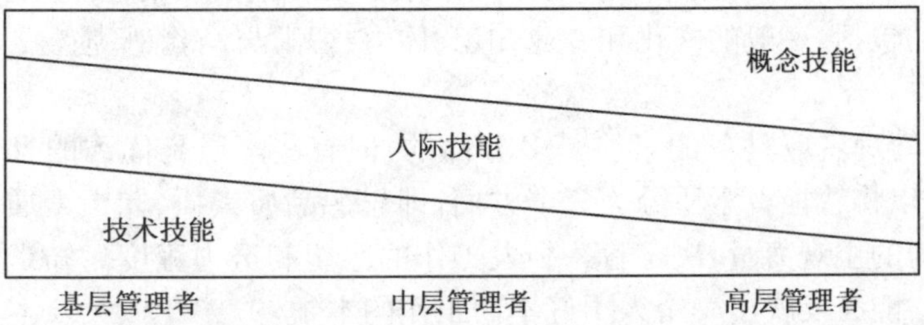

图 1.2　不同层级管理者对三种管理技能的不同要求

卡特兹有关管理人员技能的理论，不仅确立了管理者应具备的能力类型，而且指出了在管理者地位变化的过程中技能要求的变化，也告诉了管理者在管理工作的生涯中，应如何科学地转换自我的能力结构，以适应工作和自我发展的需要。

四、管理者的素质

管理者的素质，是指一个管理者应具备的各种条件在质量上的综合。古今中外，关于管理者素质的问题很早就有了研究。我国古代著名军事家孙子提出了为将“五德”标准：“将者，智、信、仁、勇、严也。”“智”，是智谋，多谋善断；“信”，是诚信，赏罚有信；“仁”，是仁慈，爱护士卒；

“勇”，是勇敢坚定；“严”，是严明，明法审令。孙子认为，将领应该对复杂多变的战争做出灵活的处置；没有丰富的作战经验和良好的军事素养，没有综合判断的洞察力和高人一筹的预见能力，是不可能成为名垂千古的一代名将的。

小故事

商鞅变法，徙木为信

商鞅变法的法令已经准备就绪，但没有公布。他担心百姓不相信自己，就在国都集市的南门外竖起一根三丈高的木头，告示：有谁能把这根木头搬到集市北门，就给他十金。百姓们感到奇怪，没有人敢来搬动。商鞅又出示布告说：“有能搬动的赏他五十金。”有个人壮着胆子把木头搬到了集市北门，商鞅立刻命令给他五十金，以表明他说到做到。接着商鞅下令变法，新法很快在全国推行。

毛泽东早年在评论“徙木立信”这则故事时指出：“商鞅之法，良法也……其法惩奸以保人民之权利，务耕织以增进国民之富力，尚军功以树国威，孥贫怠以绝消耗。此诚我国从来未有之大政策。民何惮而不信？乃必徙木以立信者，吾于是知执政者之具费苦心也。”

移动一根木头并非难事，关键是以此而树立千金难买的威信。

法约尔认为：“每一种能力（指职能能力）都以下面简述的几个方面的素质与知识为基础：

(1)身体——健康、体力旺盛、有活力；

(2)智力——理解和学习的能力、判断力、精力充沛、头脑灵活；

(3)道德——有毅力、坚强、勇于负责任、有首创精神、忠诚、有自知之明、自尊；

(4)一般文化——具有不限于从事职能范围的各方面知识；

(5)专业知识——技术，或商业，或财务；

(6)经验——从业务实践中获得的知识，这是人们自己从行动中吸取的教训和记忆。”

泰罗和法约尔几乎不约而同地强调了作为一名管理者应具备的基本知识、能力和道德品质，概括地讲，它们包括：一般的文化和专业知识、体力、智力与经验、坚强、毅力、责任心和首创精神。

由上述可见，管理者应具备的素质是多方面的，但有些素质是优秀的管理者都应该具备的。概括而言，可以将管理者素质分为三个方面，即思想品质素质、知识素质和能力素质。品德是推动个人行为的主观力量，决定着一个人工作的愿望和努力程度。知识体现了一个人的智能水平和状况。能力反映出一个人干好本职工作的本领。

1. 思想品质素质

管理者的思想品质素质是指管理者在行为、作风中表现出来的思想、认识和品性等方面的特质。管理者应具有强烈的事业心和高度的责任感，形成崇高的道德品质、高尚的道德情操和道德境界，具备良好的心理健康素质和良好的个性修养。

2. 知识素质

博学才能多才，足智才能多谋，多谋才能善断。作为管理者，要掌握丰富的企业经营管理知识。只有不断提高自己的专业知识水平，努力做业务上的内行、管理上的行家，才能视野开阔、深谋远虑，达到科学决策、科学管理的目的。管理者的知识素质既可能来自于知识体系的学习，也可能是经验的总结。

3. 能力素质

能力素质是管理者素质的核心。在其他条件具备的情况下，管理者能力素质高低往往关系到决策的成功和失败。管理者应具有学习能力、解决问题能力、交流与沟通能力、处理信息能力等。

除上述素质以外，管理者还应该具备服务的热情、合作的意识、管理的欲望、健康的身体、充沛的精力等，这样才能成为一名优秀的管理者。

小故事

都是玩笑惹的祸

军犬黑子目光如电，威风凛凛，每逢甄别嫌疑犯时总能让做贼者先心虚起来。随着训导员的一声号令，黑子很快就用嘴把丢失的东西从隐秘处叼了出来，接着又向站着的人群跑去，没费多少功夫，就叼住了那个小偷。

黑子兴奋地望向训导员，等待着嘉奖。但训导员却使劲摇着头对黑子说："不！不是他！再去找！"黑子大为诧异，眼睛里闪着迷惑的光。平时对训导员的绝对信赖，又使它回头重新开始了更为谨慎的辨认。专业告诉黑子，它没错！于是重新又把那个小偷叼了出来。可是训导员却不容置疑："不对！再去找！"黑子迟疑地盯着训导员，转回身去花更长时间去嗅辨。最后，它还是站在了小偷的身边，向训导员坚定地望去：就是他！不会是别人！

"不！绝对不是！"训导员大声吼着，表情也严峻起来。

黑子的自信心被击溃了，他相信训导员超过相信自己。它放弃那个小偷，去找别人。可是不对啊！气味骗不了黑子。它焦急地踱着步，在每个人的脚边都停一会儿，忽儿急促地嗅辨，忽儿扭回头窥测训导员的眼神。最后，它根据训导员的眼色把一个假小偷叼了出来。

训导员们哈哈大笑起来。黑子糊涂了，愣在当场。之后，训导员告诉黑子："你本来是对的，可错就错在没有坚持。"

当黑子明白这是一场骗局之后，它极度痛苦地"嗷"了一声，几大滴热泪流了出来，世界顿时失去了光彩。一个没有准则、没有对错的荒唐世界，把它所有的信念击得粉碎。或许训导员只是想考验黑子，或许，这只是一个玩笑，可是，从此以后，黑子不再信任训导员，不再信赖任何人，不再目光如电，不再虎视眈眈，更没有了威风凛凛。

点评：有时在被管理者眼里，管理者就代表了正义、秩序和真理。管理者应慎用权力，切不可用权势胡乱愚弄其下属。言行出格，玩笑过火，假当真，真当假，会让被管理者失去衡量真伪的标准。管理者说话前后矛盾，言行不一，喜怒无常，不能在恰当的时候给出正确的褒奖与惩罚，这样不只会打击被管理者工作的信心，有时甚至会改变他积极的人生与工作态度。

第三节 管理环境

管理者所在的组织是一个开放的系统，管理者的活动必然要受到组织内外各种因素的影响。只有在内外环境允许的范围内，管理者才能有所作为。

一、管理环境的概念及分类

(一)管理环境的概念

管理环境是指存在于一个组织内外部，并且影响组织绩效的各种力量与条件因素的总和。

管理环境的变化要求管理的内容、手段、方式、方法等随之调整，以利用机会、趋利避害，更好地实施管理。

（二）管理环境的分类

管理环境分为外部环境和内部环境，外部环境一般有政治环境、社会文化环境、经济环境、技术环境和自然环境。内部环境有人力资源环境、物力资源环境、财力资源环境以及内部文化环境。

1. 外部环境

外部环境是组织之外客观存在的各种影响因素的总和。它不以组织的意志为转移，是组织管理必须面对的重要影响因素。外部环境又可分为宏观环境和微观环境。

（1）宏观环境因素，是指可能对组织活动产生影响，但其影响的相关性不是十分清楚的各种因素，一般包括政治环境、社会文化法律环境、经济环境、科学技术环境和自然环境。

政治环境包括一个国家的政治制度、社会制度、执政党的性质，以及政府的方针、政策、法规法令等。

文化环境包括一个国家或地区的居民文化水平、宗教信仰、风俗习惯、道德观念、价值观念等。

小故事

感恩带来的尴尬

17岁的我，在离家三十多里的县城读高中一年级。一个深秋的夜晚，我躺在床上看一本外国文集，其中有一个故事深深地打动了我。杰克·罗伯特是一个远离父母的孩子，在他16岁那年的感恩节，他突然意识到自己长大了，并想到了感恩。于是，他不顾窗外飘着雪，连夜赶回家，他要对父母说，他爱他们。

与他想象的一样，母亲打开门，他虔诚地说："妈，今天是感恩节，我特地赶回来向你们表示感谢，谢谢你给了我生命！"杰克·罗伯特还没说完，母亲就紧紧地上前拥抱并且亲吻了他，杰克的爸爸也从里间走出来，深情地拥抱了他们。

那种温馨的场面，一下子掀起了我思乡的狂潮，蓦然想起今天正是西方的感恩节，是的，我也要给父母一个惊喜！

天太晚了，坐车回家已不可能。我去借了一辆单车，心想，这样回家，更能让父母感动。刚走出校门，发现天正下着雨，我稍一迟疑，想到故事里的杰克是冒着风雪回家的，便精神一振，上路了。

一路上，我脑子里一直畅想着母亲打开门看到我时的惊喜。汗水和着雨水湿了衣服，我依然使劲地蹬着踏板，只想早些告诉父母我对他们的爱与感激。

终于，我湿漉漉地站到了家门口，心里怦怦急跳着敲响了门。门打开了，母亲一见是我，满眼惊慌地轻声说道："你这孩子怎么啦？深更半夜的，怎么回来了，出什么事了？"我突然间脑里一片空白，一路上演练过无数次的"台词"怎么也说不出口。"爸，妈……我我……""我"了半天，最后什么也没说，只是一甩头走进了自己的房间，关上了门。我悄悄地问自己：这文学和生活就相差这么远吗？朦胧中，我听到父亲走出来问："怎么啦？"

"谁知怎么了，"母亲说，"我问了半天，他也不说。歇着吧，明天再说。"第二天早晨，我起床后问母亲："爸去哪了，怎么没见他？"

"你这孩子,出了什么事也不说,深更半夜地跑回家,我和你爸一晚没睡,天刚落白,你爸就上路了!"

"到哪去?"我奇怪地问。

"去你学校,问问你到底出了什么事?他担心着呢!"

"唉!"我叹了口气,没想到,感恩不成,感恩的债倒又欠下一笔,无端搅了父母的一夜好觉。

从那晚我明白,对于父母的感恩方式有许多种,并不一定是在深夜赶回家。

点评:不同的文化有不同的表达方式,同样一种管理手段在不同的文化背景下收到的效果可能截然相反。作为管理者,千万不能学习故事中的"我",一味地模仿西方的"先进经验",而应该结合中国的文化特点,创造性地制定管理措施。

法律环境主要是指法律意识形态及其与之相适应的法律规范、法律制度、法律组织机构、法律设施所形成的有机整体。它主要包含内外有别的两个层次:一是外显的表层结构,即法律规范、法律制度、法律组织机构及法律设施;二是内化的里层结构,即法律意识形态。

经济环境是影响组织,特别是企业组织的重要环境因素,包括宏观和微观两个方面。宏观经济环境主要指一个国家的人口数量及其增长趋势、国民收入、国民生产总值等。通过这些指标能够反映国民经济发展水平和发展速度。微观经济环境主要指消费者的收入水平、消费偏好、储蓄情况、就业程度等。

科技环境反映了组织物质条件的科技水平。科技环境除了直接相关的技术手段外,还包括国家对科技开发的投资和支持重点、技术发展动态和研究开发费用、技术转移和技术商品化速度、专利及其保护情况等。

自然环境包括地理位置、气候条件及资源状况。地理位置是制约组织活动的一个重要因素。

(2)微观环境因素,是指对某一具体组织的组织目标的实现有直接影响的外部因素,一般包括供应商、竞争者、顾客、政府职能部门以及各种利益团体。相对于宏观环境而言,组织一般更加注重微观环境的研究与分析。对具体组织来说,微观环境是确定的,它直接影响组织的绩效。

外部环境与管理相互作用,一定条件下甚至对管理有决定作用。外部环境制约管理活动的方向和内容。无论什么样的管理目的,管理活动都必须从客观实际出发,脱离现实环境的管理是不可能成功的。"靠山吃山,靠水吃水"一定程度上反映了外部环境对管理活动的决定作用。同时外部环境也影响管理的决策和方法。当然,管理对外部环境也具有能动的反作用。

2. 内部环境

内部环境是指组织内部的各种影响因素的总和。它是随组织产生而产生的,在一定条件下内部环境是可以控制和调节的。内部环境包括组织经营条件和组织文化(组织内部气氛)两大方面。

组织经营条件是指组织所拥有的各种资源的数量和质量状况。人力资源对于任何组织都始终是最关键和最重要的因素。人力资源的划分根据不同组织、不同标准有不同的类型。比如企业人力资源根据他们所从事的工作性质的不同,可分为生产工人、技术工人和管理人员三类。物力资源是指内部物质环境的构成内容,即在组织活动过程中需要运用的物质条件的拥有数量和利用程度。财力资源是一种能够获取和改善组织其他资源的资源,是反映组织活动条件的一项综合因素,它指的是组织的资金拥有情况、构成情况、筹措渠道、利用情况。财力资源的状况决定着组织业务的拓展和组织活动的进行等。

组织文化是组织在长期的发展过程中逐步形成和发展起来的价值观、经营理念、经营原则等，以及以此为核心而建立起来的规章制度、道德要求、行为规范等。

内部环境随着组织的诞生而产生，对组织的管理活动产生影响。内部环境决定了管理活动可选择的方式方法，而且在很大程度上影响着组织管理的成功与失败。

二、环境分析的主要方法

（一）识别环境的不确定性程度

不确定性意指在没有获得足够的有关环境因素的信息情况下，管理者必须作出决策，而决策人很难估计外部环境变化。美国学者邓肯认为，应该从两个维度来确定企业所面临的环境不确定性：一是企业所面临环境的动态性，二是企业所面临环境的复杂性。

事件的稳定或不稳（即动态）的程度，是指组织环境中的变动是稳定的还是不稳定的。它不仅取决于环境中各构成因素是否发生变化，而且还与这种变化的可预见性有关。

环境的复杂性程度可用组织环境中的要素数量和种类来表示。在一个复杂性环境中，有多个外部因素对组织产生影响。通常，外部因素越少、环境复杂性越低，不确定性越小；环境条件越多变、越复杂，环境不确定性越大。环境条件的多变性意指变化的速度和频率。

下面分别探讨由上述两种程度组成的四种环境状况，以及由此形成的不确定性程度。

1．简单与稳定状况

在简单与稳定状况下，不确定的程度很低，企业所面临的环境比较容易理解，变化不大。如原材料供应商和大批量生产企业中，相关的外部因素较少，技术过程相对比较单一，竞争和市场在较长时期内固定，市场和竞争的数量可能有限。如果企业所处的环境简单且稳定，那么，对过去环境影响的分析就有一定的实际意义，因为历史上出现过的规律性事情有可能在未来继续出现。

2．复杂与稳定状况

复杂与稳定状况表明不确定性有所增加。在外部审查过程中需要考虑众多的环境因素。为了提高企业的效益，必须对这些因素进行分析。然而，这种环境下的外部因素变化不大，且往往在意料之中。例如，大学、电器制造厂和保险公司所处的环境复杂但比较稳定。尽管外部因素较多且在不断变化中，但是变化速度比较缓慢，而且可以预见。

3．简单与不稳定状况

在简单与不稳定状况中，不确定性进一步增加。尽管企业的外部因素很少，但这些因素很难预测，往往与企业初衷相违背。面对这种环境的企业有时装公司、个人计算机公司、玩具制造公司和声乐行业等。这些企业面临的市场供求关系经常发生变动。

4．复杂与不稳定状况

在复杂与不稳定状况下，不确定程度最高。企业面临着众多的外部因素，且变化频繁，对企业的举措影响甚大。当几种因素同时变化时，环境会发生激烈动荡。电子公司和航空公司往往处在这种复杂与不稳定环境中。许多外部因素会同时发生变化。例如，在过去的几年内出现了不少地区性航空公司，同时还面临法规进一步放宽、价格战不断升级、燃料成本上升、国际局部战争爆发、机场拥挤不堪、顾客需求变化、高铁迅速发展等状况。除此之外，航天公司和电子通信公司也属于这类处在复杂与不稳定状况下的企业。

(二)特殊环境分析——波特五力分析模型

五力分析模型是迈克尔·波特(Michael Porter)于20世纪80年代初提出的,对企业战略制定产生了全球性的深远影响。它主要用于竞争战略的分析,可以有效地分析客户的竞争环境。五力分别是:供应商的议价能力、购买者的议价能力、潜在竞争者进入的能力、替代品的替代能力和同行竞争者的竞争能力。五种力量的不同组合变化最终影响行业利润潜力变化。

1. 供应商的议价能力

供方主要通过提高投入要素价格与降低单位价值质量的能力,来影响行业中现有企业的盈利能力与产品竞争力。供方力量的强弱主要取决于他们所提供给买主的是什么投入要素,当供方所提供的投入要素其价值构成了买主产品总成本的较大比例、对买主产品生产过程非常重要,甚至严重影响买主产品的质量时,供方对于买主的潜在讨价还价力量就大大增强。

2. 购买者的议价能力

购买者主要通过压价与要求提供较高的产品或服务质量的能力,来影响行业中现有企业的盈利能力。

3. 潜在竞争者进入的能力

新进入者在给行业带来新生产能力、新资源的同时,也希望在已被现有企业瓜分完毕的市场中赢得一席之地,这就有可能会与现有企业发生原材料与市场份额的竞争,最终导致行业中现有企业盈利水平降低,严重时还有可能危及这些企业的生存。竞争性进入威胁的严重程度取决于两方面的因素,进入新领域的障碍大小与预期现有企业对于进入者的反应情况。

4. 替代品的替代能力

两个处于同行业或不同行业中的企业,可能会由于所生产的产品是互为替代品,从而在它们之间产生相互竞争行为,这种源自于替代品的竞争会以各种形式影响行业中现有企业的竞争战略。

5. 同业竞争者的竞争能力

大部分行业中的企业,相互之间的利益都是紧密联系在一起的,作为企业整体战略一部分的各企业竞争战略,其目标都在于使得自己的企业获得相对于竞争对手的优势,所以,在实施中就必然会产生冲突与对抗现象,这些冲突与对抗就构成了现有企业之间的竞争。现有企业之间的竞争常常表现在价格、广告、产品介绍、售后服务等方面,其竞争强度与许多因素有关。

根据上述对于组织的五种竞争力量的讨论,企业可能采取的一般战略是:低成本战略、差异化战略和多元化战略。

(三)环境的综合分析——SWOT分析法

SWOT分析法,即态势分析法,20世纪80年代初由美国旧金山大学的管理学教授韦里克提出,经常被用于企业战略制定、竞争对手分析等场合。在现在的战略规划报告里,SWOT分析应该算是一个众所周知的工具。SWOT分析法实际上是对企业内外部条件各方面内容进行综合和概括,进而分析组织的优势(Strengths)和劣势(Weaknesses),以及面临的机会(Opportunities)和威胁(Threats)的一种方法。

1. 优势与劣势分析

识别环境中有吸引力的机会是一回事,拥有在机会中成功所必需的竞争能力又是另一回事。每个企业都要定期检查自己的优势与劣势,这点可通过"企业经营管理检核表"的方式进行。企业或企业外的咨询机构都可利用这一方式检查企业的营销、财务、制造和组织能力。每一要素都要按照特强、稍强、中等、稍弱或特弱来划分等级。

当两个企业处在同一市场或者说它们都有能力向同一顾客群体提供产品和服务时，如果其中一个企业有更高的盈利率或盈利潜力，那就认为这个企业比另外一个企业更具有竞争优势。换句话说，所谓竞争优势，是指一个企业超越其竞争对手的能力，这种能力有助于实现企业的主要目标——盈利。但值得注意的是，竞争优势并不一定完全体现在较高的盈利率上，因为有时企业更希望增加市场份额，或者多奖励管理人员或雇员。

2. 机会与威胁分析

随着经济、社会、科技等诸多方面的迅速发展，特别是世界经济全球化、一体化过程的加快，全球信息网络的建立和消费需求的多样化，企业所处的环境更为开放和动荡。这种变化几乎对所有企业都产生了深刻的影响。正因为如此，环境分析成为一种日益重要的企业职能。

环境发展趋势分为两大类：一类表示环境威胁，另一类表示环境机会。环境威胁指的是环境中一种对组织不利的发展趋势所形成的挑战，如果不采取果断的战略行为，这种不利趋势将导致公司的竞争地位受到削弱。环境机会就是对公司行为富有吸引力的领域，在这一领域中，该公司将拥有竞争优势。

第四节　管理学的学科性质与研究方法

人类社会存在着各种各样的组织，如公司、工厂、银行、商店、酒店等企业单位，或者学校、医院、电视台等事业单位，又或者是政府、军队等国家机关。每种组织的工作性质千差万别，组织中管理者所担任的工作职务也各不相同。学校领导的日常工作当然与企业经理的不一样，政府领导所做的决策也与公司总经理所做的决策完全不同。不同的社会组织都有其自身独特的管理原理和方法，它们分别构成了管理学的分支，如工商管理学、军队管理学、行政管理学、学校管理学、新闻管理学等。这些分支又能细化出更小的分支，如工商管理包括企业管理、旅游管理、物流管理等。这些不同的管理学分支虽然各自形成了自己的原理和方法，但其中包含着共同的、普遍的管理原理和管理方法。

一、管理学的学科性质

“管理学”课程是经济管理类各专业的专业基础必修课，是介于自然科学与社会科学之间的边缘学科课程。一般来说，管理学具有以下几个特点：

（一）一般性

管理学作为一般管理学，区别于“宏观管理学”和“微观管理学”，它是研究所有管理活动中共性原理的基础理论学科，无论是“宏观管理”还是“微观管理”，都需要管理学作为基础来加以学习和研究。管理学是各门具体的或专门的管理学科的共同基础，它研究的是所有管理活动中的共性原理。

（二）综合性

管理学的综合性表现为：在内容上，它需要从社会生活的各个领域、各个方面以及各种不同类型组织的管理活动中概括和抽象出对各门具体管理学科都具有普遍指导意义的管理思想、原理和方法；在方法上，它需要综合运用现代社会科学、自然科学和技术科学的成果，来研究管理活动过程中普遍存在的基本规律和一般方法。

管理活动是很复杂的活动，影响这一活动的因素是多种多样的。除生产力、生产关系的基本因素外，还有一些自然因素，以及政治、法律、社会、心理等社会性因素。因此，要搞好管理工作，必须考虑到组织内部和组织外部的多种错综复杂的因素，利用经济学、数学、生产力经济学、工程技术学、心理学、生理学、仿真学、行为科学等的研究成果，以及运筹学、系统工程、信息论、控制论、电子计算机等的最新成就，对管理进行定性的描述和定量的预测，从中研究出行之有效的管理理论，并用以指导管理的实际工作。所以从管理学与许多学科的相互关系来看，可以说，管理学是一门交叉学科或边缘学科，但从它要综合利用上述多种学科的成果，才能发挥自己的作用来看，它又是一门综合性的学科。

(三)历史性

任何一种理论都是实践和历史的产物，管理学尤其如此。管理学是对前人管理实践、经验和管理思想、理论的总结、扬弃和发展。割断历史，不了解管理历史发展和前人对管理经验的理论总结，不进行历史考察，就很难理解建立管理学的依据。

(四)实践性

管理学是为管理者提供从事管理的有用的理论、原则和方法的实用性学科。管理的实践性表现为它具有可行性，而它的可行性标准是通过经济效益和社会效益来加以衡量的。因此，管理学又是一门实用学科，只有把管理理论同管理实践相结合，才能真正发挥这门学科的作用。也就是说，管理学有它的一般规律，但一定要结合实际，既要借鉴国外的经验，又要研究总结我国自己的经验，才能使管理学更好地为社会主义现代化建设服务。

二、管理学的研究方法

(一)唯物辩证法

马克思主义的辩证唯物主义和历史唯物主义是研究和学习管理学的总的方法论指导。根据唯物辩证法，管理学产生于管理的实践活动，是管理实践经验的科学总结和理论概括。为此，研究和学习管理学必须坚持实事求是的态度，深入管理实践，进行调查研究，总结实践经验，并用判断和推理的方法，使管理实践上升为理论。在学习和研究中还要认识到一切现象都是相互联系和相互制约的，一切事物也都是不断发展变化的，因此，还必须用全面的、历史的观点去观察和分析问题，重视管理学的历史，考察它的过去、现状及其发展趋势，不能固定不变地看待组织及组织的管理活动。

(二)系统方法

从系统观点来看，管理在研究和解决组织中一个部分的问题时，必须全面地顾及对组织中其他部分所产生的影响，要体现出系统的层次性和整体性。因为，系统论认为系统中任何一个部分都不能脱离组织中其他部分而孤立地存在，因此，管理者在解决问题时必须把组织当作一个动态的整体。

要进行行之有效的管理活动，就必须对影响管理过程中的各种因素及其相互之间的关系，进行总体的、系统的分析研究，才能形成管理的、可行的基本理论和合理的决策活动。总体的、系统的研究和学习方法，就是用系统的观点来分析、研究和学习管理原理和管理活动。

系统作为一种方法、手段或理论，则要求在研究和解决管理问题时必须具有整体观点、“开放的”与相对“封闭的”观点、反馈信息的观点、分级观点、等效观点等有关系统的基本观点。

学习管理的概念、理论和方法，也要用系统的观点来进行指导。通过管理过程中管理职能的展开来系统研究管理活动的过程、规律、原理和方法的问题，这是一种对管理人员来说比较切合实际的研究和学习的方法，而且易学、易懂、易用。因此，学习管理学，绝不能把各项职能工作割裂开来，而应把它们当作整个管理过程的有机组成部分来系统地分析和思考，从而真正认识到作为一个管理人员应该做什么、怎样做，以及相关的知识有哪些。

（三）理论联系实际的方法

理论联系实际的方法是学习管理学的必要方法，可以是案例的调查和分析，也可以是边学习边实践，以及带着问题学习等多种形式。这种方法有助于提高学习者运用管理的基本理论和方法，去发现问题、分析问题和解决问题的能力。同时，通过研究和学习，以及理论与实践相结合，管理理论在实践中才能不断地加以检验，从而得到深化和发展。

在学习和研究管理学时，还要注意管理学的二重性，从我国国情出发加以取舍和改造，有分析、有选择地学习和吸收。应考虑到四个不同：社会制度不同，生产力发展水平不同，自然条件不同，民族习惯和传统不同。要从我国实际出发，吸取国外的科学成果，通过实践，并且在不断地总结自己的实践经验的基础上形成和发展具有中国特色的社会主义管理学。

除上述三种基本方法以外，还有其他的方法，如归纳与演绎、比较研究、数学分析法等。总之，要以马克思主义的唯物辩证法为总的方法论指导，从系统的观点出发，联系实际，实事求是。

本章小结

1. 管理是在社会组织中，管理者在一定的环境条件下，通过实施计划、组织、领导和控制等职能，以人为中心来协调各种资源，以便有效率和有效果地实现组织目标的过程。

2. 管理具有动态性、科学性、艺术性、创造性和经济性这五个特性。

3. 管理职能包括计划、组织、领导、控制。

4. 管理者主要分为高层管理者、中层管理者和基层管理者。

5. 作为一名管理者应该具备的管理技能包括技术技能、人际技能和概念技能三个方面，不同阶层的管理者对三种技能的要求不同。

6. 管理学是一门系统的研究管理活动的基本规律和一般方法的科学。

7. 管理学的研究方法主要包括唯物辩证法、系统方法和理论联系实际的方法。

本章习题

一、单项选择题

1. 作为学习研究管理学的总的方法论指导的是（　　）。

A.系统方法　　B.理论联系实际的方法

C.唯物辩证法　　D.比较分析法

2. 管理学应属于（　　）。

A. 社会科学　　B. 边缘科学　　C. 经济学　　D. 自然科学

3. 管理是一种艺术，这是强调管理的（　　）。

A. 复杂性　　B. 有效性　　C. 实践性　　D. 精确性

4. 管理的核心是(　　)。

A. 决策　B. 处理好人际关系　C. 组织　D. 控制

5. 决定管理社会属性的是(　　)。

A. 生产方式　B. 生产力　C. 生产关系　D. 上层建筑

二、多项选择题

1. 管理者在管理过程中承担的职能是(　　)。

A. 计划　B. 组织　C. 人员配备　D. 领导

E. 控制

2. 管理学的特点有(　　)。

A. 一般性　B. 边缘性　C. 历史性　D. 多样性

E. 实践性

3. 管理的二重性是指管理的(　　)。

A. 科学性　B. 自然属性　C. 艺术性　D. 社会属性

E. 实践性

4. 按管理者在组织中的地位,可以划分为(　　)。

A. 计划管理者　B. 高层管理者　C. 中层管理者　D. 财务管理者

E. 基层管理者

5. 管理者的三大技能是(　　)。

A. 授权技能　B. 人际技能　C. 沟通技能　D. 概念技能

E. 技术技能

三、判断题

1. 管理学同时具有科学性和艺术性。　(　　)
2. 对于高层管理者而言,最重要的技能是人际技能。　(　　)
3. 教师是学校的基层管理者。　(　　)
4. 管理的目的是为了实现既定目标。　(　　)
5. 人际沟通贯穿于整个管理过程中。　(　　)

四、简答题

1. 什么是管理?管理的特征有哪些?
2. 管理活动的基本职能有哪些?
3. 管理者有哪些类型?在管理工作中,管理者充当哪些角色?
4. 管理者的技能有哪些?
5. 管理学的研究对象和研究方法有哪些?

【参考答案】

一、单项选择题

1. C　2. B　3. C　4. B　5. C

二、多项选择题

1. ABDE　2. ABCDE　3. BD　4. BCE　5. BDE

三、判断题

1. √　2. ×　3. ×　4. √　5. √

四、简答题(略)

案例分析

海尔的腾飞与中联扩张的代价

一、海尔的腾飞

(一)崛起与发展

从濒临倒闭的集体小厂发展壮大为知名的跨国企业,创立于1984年、崛起于改革大潮之中的海尔集团,是在原青岛电冰箱总厂基础上发展起来的。在海尔集团首席执行官张瑞敏"名牌战略"思想的引领下,海尔经过18年的艰苦奋斗和卓越创新,从一个濒临倒闭的集体小厂发展壮大成为在国内外享有盛誉的跨国企业。

2002年海尔实现全球营业额711亿元,是1984年的20 000多倍;2002年,海尔跃居中国电子信息百强之首。18年前,工厂职工不足800人;2002年,海尔不仅职工发展到了3万人,而且拉动就业人数30多万人。1984年只有一个型号的冰箱产品,目前已拥有包括白色家电、黑色家电、米色家电、家居集成在内的86大门类、13 000多个规格品种的产品群。在全球,很多家庭都是海尔产品的用户。

(二)海尔发展战略创新的三个阶段

海尔产品依靠高质量和个性化设计赢得了越来越多的消费者。2003年,在国内市场,海尔冰箱、冷柜、空调、洗衣机四大主导产品均拥有30%左右的市场份额。在海外市场,据全球权威消费市场调查与分析机构EUROMONITOR最新调查结果显示,海尔集团目前在全球白色电器制造商中排名第五,海尔冰箱在全球冰箱品牌市场占有率排序中跃居第一。其小型冰箱占据了美国40%的市场份额。海尔产品已进入欧洲15家大连锁店的12家、美国10家大连锁店的9家。在美国、欧洲初步实现了设计、制造、营销三位一体的本土化布局。2002年海尔实现海外营业额10亿美元,是中国家电业出口创汇最多的企业。

海尔18年来的高速发展,最主要的就是靠战略创新。其战略创新共有以下三个阶段:

(1)名牌战略阶段——在1984年到1991年名牌战略期间,别的企业上产量,而海尔扑下身子抓质量,7年时间只做一个冰箱产品,磨出了一套海尔管理之剑:"OEC管理法",为未来的发展奠定了坚实的管理基础。

(2)多元化战略阶段——在1992年到1998年的多元化战略期间,别的企业搞"独生子",海尔走低成本扩张之路,吃"休克鱼",建海尔园,"东方亮了再亮西方",以无形资产盘活有形资产,成功地实现了规模的扩张。

(3)国际化战略阶段——在1998年至今的国际化战略阶段,别的企业认为海尔走出去是"不在国内吃肉,偏要到国外喝汤";而海尔坚持"先难后易""出口创牌"的战略,搭建起了一个国际化企业的框架。

(三)海尔的成功

美国《家电》杂志统计显示，海尔是全球增长最快的家电企业，并对美国企业发出了“海尔击败通用电气”这样的警告。

2003年8月，美国《财富》杂志选出了“美国及美国以外全球最具影响力的25名商界领袖”，其中，海尔集团首席执行官张瑞敏排在第19位。张瑞敏登上了哈佛大学商学院讲台。近年来，海尔已经有十几个成功的案例入选哈佛大学、洛桑国际管理学院、欧洲工商管理学院、日本神户大学等著名高等学府的案例库，成为全球商学院的通用教材案例，这在中国企业界是唯一的。

二、中联疯狂扩张的代价

中联公司成立于1992年，是经国务院批准注册的国有大公司。注册资金6亿元人民币。公司组建伊始，高层领导不是按规律经营，客观地分析主客观环境，慎重地选择主业，制定正确的战略，脚踏实地地打好公司发展的基础，而是四处“招兵买马”，急速扩大规模。他们在全国各地迅速地注册公司，短短一年内，注册二级公司20多个、三级公司50多个，四级公司更是遍布全国。在注册资金不到位、资金不足的情况下，本应采取重点战略，以求在部分项目上取得突破，打下基础后再进行扩张。然而，该公司却采取分散兵力、盲目扩张的方式。

几年过去了，偌大的一个公司，竟没有像样的主业支撑，没有知名的品牌挑台，再加上内部管理上的混乱，注定难逃失败的厄运。对其下属的子公司，既没有正确有力的经营战略指导，又没有有效的控制机制，结果这些公司经营不力，与总公司的关系也极为不正常。挣钱的公司失去控制，不挣钱的公司围着总公司要贷款、要担保；欠了债、惹了官司的公司把官司推给总公司，致使总公司的财务部曾在一年之内被法院封了三次。由于盲目扩张，公司从1994年开始，资金周转困难，债台高筑，对下属公司的管理失控，陷入了全面危机。于是，国务院及主管部门下令该公司内部整顿，收缩战线，确定主导产业。但是已病入膏肓的中联公司，已无力自救，1997年国务院不得不派驻工作组，对该公司进行全面清理整顿。一个曾红极一时的国有大公司倒下了。

（资料来源：http://www.worlduc.com/blog2012.aspx? bid=4043738）

思考：你认为海尔与中联公司成败的关键是什么？

点评：上述两个案例，一个由小到大、到强，一个由大到乱、到衰，这一成一败说明了企业的成败在于科学的管理，在于正确的战略。

实训环节

1. 请制订一项新学期计划，要求同时具有保证高效果和高效率的措施与方法。

2. 老师请你组织一次主题班会，要求全班同学都参加。但是临近期末考试，大家都不愿意来，你会采用什么方法来吸引大家？

3. 实践训练：

管理中的矛盾：你会等待吗？

工作中经常会出现这种情况：上级不安排，下级就坐等；上级不指示，下级不执行；上级不询问，下级不汇报；上级不检查，下级拖着办。心态就是：多干事情多吃亏，出了问题怎么办？听从指示没有错，再大责任可分担。你会等待吗？分别站在管理者和被管理者角度，你会怎么看？

参考文献

1.(法)法约尔著,曹永先译:《工业管理和一般管理》,团结出版社 1999 年版。
2.(美)哈罗德·孔茨、海因茨·韦里克著:《管理学》,经济科学出版社 1998 年版。
3. 王庆海:《管理学概论》,清华大学出版社 2008 年版。
4. 冯国珍、王玉玺:《管理学》(第二版),复旦大学出版社 2011 年版。
5. 周三多主编:《管理学——原理与方法》(第五版),复旦大学出版社 2009 年版。
6. 谭立文:《管理学》,高等教育出版社 2010 年版。
7. 罗宾斯著,孙建敏等译:《管理学》(第九版),中国人民大学出版社 2008 年版。
8. 唐华山:《一口气读懂管理学》,人民邮电出版社 2010 年版。

第二章　管理理论的演化

学习目标

1. 了解中国古代的管理思想及其对现代管理的启示；
2. 掌握西方管理学发展各阶段的代表人物及主要管理理论；
3. 了解行为科学理论的内容；
4. 了解知识型管理、学习型组织、企业再造等现代管理理论。

技能目标

1. 能够运用科学管理方法处理实际工作；
2. 培养各管理思想实际运用的能力。

管理活动源远流长，从历史上看，管理与人类社会几乎同时产生。而有了管理实践后，人们必然对这种实践活动以及经验进行研究、总结和探索，于是便产生了管理思想。但管理实践乃至管理思想的出现并不意味着管理科学的产生。管理科学在经历了一段漫长的历史发展过程后，直到19世纪末20世纪初才逐渐形成，然后随着管理实践的不断发展和社会生产力的不断提高，得以不断丰富和完善。

引入案例

自我改善的柔性管理

大连三洋制冷有限公司(简称大连三洋)成立于1992年9月，于1993年正式投产，现有职工400余人，是由日本三洋电机株式会社、中国大连冷冻机股份有限公司和日本日商岩井株式会社三家公司合资兴办。

大连三洋是在激烈的市场竞争中成立的。对外，面临同行业企业的市场压力；对内，面临如何把引进的高新技术转化成高质量产品，如何使来自各方面有着文化程度、价值观念、思维方式、行为方式巨大差异的员工，形成统一的经营理念和行为准则，适应公司发展的需要的问题。因此，大连三洋成立伊始，即把严格管理作为企业管理的主导思想，强化遵纪守规意识。

可是，随着公司的发展和员工素质的不断提高，原有的制度、管理思想和方法，有的已不能适应企业的管理需求，有的满足不了员工实现其精神价值的需要。更为重要的是，随着国内外市场竞争的激烈，大连三洋如何增强自身应变能力，为用户提供不同需求的制冷机产品，就成为公司发展过程中必须要解决的问题。因此，公司针对逐渐培养起来的员工自我管理的意识，使其逐步升华为立足岗位的自我改善行为，即自我改善的柔性管理，从而增强了公司在激烈的市场竞争中的应变能力。

大连三洋的经营领导者在实践柔性管理中深深地领悟到，公司不能把员工当成“经济人”，而应是“社会人”和“自我实现的人”，并且逐步形成了职工自我改善的柔性管理。

通过这种管理和其他改革办法，大连三洋不但当年投产当年盈利，而且5年利税超亿元，合资各方连续3年分红，很快就收回投资，并净赚了两个大连三洋。

第一节　中外早期管理思想

一、中国古代的管理思想

中国作为四大文明古国之一，古代各族人民以自己的智慧和辛勤劳动创造了许多令现代人叹为观止的著名的管理实践和极为丰富的管理思想。例如，李冰父子主持修建的集分洪、灌溉、排沙诸功能于一体的都江堰水利工程，至今稳如泰山，其中就凝聚了我们祖先的管理才能和光彩夺目的管理思想。

(一)《孙子兵法》的战略管理思想

1. 系统论思想

《孙子兵法》开篇就提出了“经五事，校七计”的系统思想。

“经五事”，即“道、天、地、将、法”五个方面的因素。“道者，令民与上同意也”，即要使老百姓和统治者同心同德，也即“人和”。“天者，阴阳、寒暑、时制也”，即“时机”或“天时”。“地者，高下、远近、险易、广狭、死生也”，即地理位置或“地利”。“将者，智、信、仁、勇、严也”，即将要有智有谋、诚信、仁慈、无私、勇敢、严明。“法者，曲制、官道、主用也”，即强调编制与制度规范。

“校七计”：“主孰有道？将孰有能？天地孰得？法令孰行？兵众孰强？士卒孰练？赏罚孰明？吾以此观之，知胜负也。”即要比较哪一方统治者更清明，哪一方将帅更有才能，哪一方拥有更好的天时地利，哪一方法令能够贯彻执行，哪一方武器装备精良，哪一方士兵训练有素，哪一方更能做到赏罚分明，通过这七个方面的观察与比较，就可预测战争的胜败。

“经五事、校七计”的系统论思想，为现代管理提出了战略上的基本思路，即必须指明组织的发展目标与发展方向，建设组织文化，以此来凝聚人心；抓住组织发展的有利时机；摆正组织在激烈竞争中自己所处的位置；高度重视人才并培养组织的人才；引进先进的技术设备；注重对员工的培训；建立健全组织内部的各项规章制度，依法进行规范管理等。

2. 人才论思想

《孙子兵法》中对“将”的要求，对我们重视人才、选拔人才、使用人才也有启示作用。“将者，智、信、仁、勇、严也。”将领，要有智有谋；要讲诚信，要取信于下属；要仁慈，即对下属要友好、友善且公正、公平、无私；要勇敢，即要勇于开拓、勇于创新、勇于承担责任、敢冒风险；要严于律己，又严格要求下属。

3. 对策论思想

《孙子兵法》强调要有预见性，要进行正确的决策和计划：“夫未战而庙算胜者，得算多也；未战而庙算不胜者，得算少也。多算胜，少算不胜，而况无算乎！”开战之前就预测到能够取胜，是因为事前筹划周密，胜利的条件充分；开战前就预计不能取胜，是因为营谋筹划不够，胜利的条件不足。筹划周密、营谋充分，条件充足就能取胜；筹划疏漏、条件不足就会失败，更何况不做筹划、毫无准备呢？这对现代管理强调计划管理、战略管理、事前控制有着十分重要的启迪意义。

4. 信息论思想

"知己知彼，百战不殆。不知彼而知己，一胜一败，不知彼，不知己，每战必败。""明君贤将，所以动而胜人，成功出于众者，先知也。先知者不可取于鬼神，不可象于事，不可验于度，必取于人，知敌之情也。""不知敌之情者，不仁之至也，非人之将也，非主之佐也，非胜之主也。"

（二）经营理财思想

1. 重视预测

在《货殖列传》一书中，司马迁记述了春秋末年范蠡、白圭等人的市场预测思想。他们认为"六岁穰，六岁旱，十二岁一大饥"，主张要"乐观时变"以及"水则资车，旱则资舟"，"人弃我取，人取我予"，"欲长钱，取下谷"的待乏原则。

2. 专业化分工

古人根据自己从事手工业生产的经验，认为专业化分工协作利于提高人们的工作效率。

战国时期的墨子就提出了劳动分工的思想，主张"各事其能"。孟子也认为劳动分工是非常重要的，"且一人之身，而百工之所为备，如必自为而后用之，是率天下而路也"。（《孟子·滕文公上》）一个人什么事都自己去做，就会疲惫不堪，而以自己之有余以换不足，则大家都受益。孟子把劳动分工加以引申，得出"劳心者治人，劳力者治于人"的结论。

3. 理财之道

古代理财思想中最著名的莫过于陶朱公的理财十二则和十二戒。陶朱公，据说就是春秋末期越国的名臣范蠡，他在帮助越王勾践灭亡吴国之后弃官出走，先到齐国经商，后又到了卫国的定陶定居，化名陶朱公。陶朱公经商有方，屡获巨利，他把自己的经营之术称为"计然之策"。其中有理财的十二则和十二戒。十二则为：能识人，能用人，能知机，能倡率，能整顿，能敏捷，能接纳，能安业，能辩论，能办货，能收账，能还账。十二戒为：莫悭吝，莫浮华，莫畏烦，莫优柔，莫狂躁，莫固执，莫贪赊，莫懒收，莫痴货，莫昧时，莫争趋，莫怕蓄。陶朱公的理财十二则和十二戒较全面地阐述了理财的原则。

（三）用人方面的思想

在用人方面，我国古代早就注意到要"选贤任能"、"任人唯贤"、"唯才是举"，要"用人所长"；为了充分发挥其人才的作用，要"疑人不用，用人不疑"。如唐太宗所言："致安之本，惟在得人"，"能安天下者，惟在用得贤才"。在选才方面，战国时期的墨子对当时王公大臣重用骨肉之亲而不问德行的"任人唯亲"做法非常不满，主张用人应当"尚贤"。他指出，国家在用人时应"不辨贫富、贵贱、远近、亲疏，贤者举而尚之，不肖者抑而废之"。而在采用贤哲时，要先"听其言，迹其行，察其所能"。庄子在选人方面还提出了九条原则，即"故君子远使之而观其忠，近使之而观敬，烦使之而观其能，卒然问焉而观其知，急与之期而观其信，委之以财而观其仁，告之以危而观其节，醉之以酒而观其则，杂之以处而观其色，九征矣，不肖人得矣。"管子在《管子·形势解》中指出："明主之官物也，任其所长，不任其所短。故事无不成，而功无不立。乱主不知物之各有所长所短也，而责必备。"宋代政治家欧阳修指出："任人之道，要在不疑。宁可艰于择人，不可轻任而不信。"意为宁可择人时多费一些精力，看准了再用，但不可轻易任用却不信任，不敢放手让其施展才干。

(四)奖惩思想

1. 奖惩的重要性

荀子说:"赏不行,则贤者不可得而进也;罚不行,则不肖者不可得而退也。"没有奖赏,有才德的人就得不到提拔;没有惩罚,则不贤能的人就不能被斥退。古代统治者认为,只赏不罚,必乱;只罚不赏,必怨;无赏无罚,既乱又怨;只有赏罚结合,赏罚分明,才能治。

2. 量功分禄

荀子指出:"无能不官,无功不赏。"把"官"与"赏"区别开来,把官与能、功与赏相对应。墨子也主张"量功而分禄"。他把任官(用人)与分禄分别开来,主张对有功的多给荣誉和享受,而把官授予有才能的人。

3. 奖惩的原则

管子、韩非子都主张重赏重罚。管子认为:"赏薄则民不利,禁轻则邪人不畏。"(《管子·正世》)韩非子主张:"赏莫如厚,使民利之;誉莫如美,使民荣之;诛莫如重,使民畏之;毁莫如恶,使民耻之。"(《韩非子·八经篇》)也就是说,奖赏最好是重赏,而且该赏的一定要赏,使人们得到好处;惩罚最好是重罚,而且该罚的一定要罚,使人们感到害怕。唐太宗李世民用最精练的语言阐述了赏罚严明的原则:"赏当其劳,无功者自退。罚当其罪,为严者咸惧。"(《贞观政要》)

(五)中国古代管理思想的特点

中国古代光彩夺目的管理实践和管理思想还可列举很多,通观中国古代管理实践和管理思想有下列特点:

1. 源发历史长

可追溯到公元前几千年的春秋战国时期。

2. 涵盖内容广

涉及政治、经济、军事、文化、工程等各个领域。

3. 适用层次多

微观可应用于家庭、家族的日常事务管理,宏观可作为"治国平天下"之文韬武略。

4. 辐射影响大

广泛流传海内外,特别是日本、韩国及东南亚地区。

5. 思想凝练

如"孙子兵法"的格言早就被日本、美国等发达国家应用于企业管理,被一些企业家奉若神明,视为"商界竞争必胜之武器"。

但令人遗憾的是,中国古代的管理思想比较零散,缺乏系统的整理、总结和提高,没有形成系统的管理理论。特别是到了近代以后,中国经济、政治、社会、科技、文化开始全面衰落,与西方国家的差距不断扩大,这种落后必然导致并反映到管理思想与管理理论上。

二、国外早期的管理思想

国外有记载的管理实践和管理思想可以追溯到六千多年前,一些文明古国如古埃及、古巴比伦、古罗马等在组织大型工程的修建、指挥军队作战、教会组织的管理和治国施政中都体现出了大量高深的管理思想。

古埃及人在公元前5000年左右开始建造的金字塔,是世界上最伟大的管理实践之一。其中最大的胡夫金字塔,高 146 米,底边各长 230 米,共耗用上万斤重的大石块 230 多万块,动用了 10 万人力,费时 20 年得以建成。现代著名管理学家 P. 德鲁克认为那些负责修建埃及金字塔的人是历史上最优秀的管理者,因为他们当时在时间短、交通工具落后及科学手段缺乏的情况下创造了世界上最伟大的奇迹之一。

公元前 2000 年左右,古巴比伦国王汉谟拉比曾经颁布《汉谟拉比法典》(又名《石柱法》,因是用楔形文字刻在石柱上的)。这部法典共有 280 多条,包含丰富的管理思想。如其中对责任的承担、借贷、最低工资、货物的交易、会计和收据的处理、贵金属的存放等,都作了明确的规定。法典中规定:"如果一个人在另一个人那里存放金银或其他东西,必须有一个证人,并拟订契约,然后再存放";"如果某家的房屋倒塌,并压死了人,那么造房子的人要被处以死刑";等等。

古罗马帝国的长期兴盛也为我们留下了管理方面的宝贵遗产。公元 284 年,狄奥克利雄大帝登上王位后,发现古罗马帝国过于庞大,属下人员太多,难以管理,于是建立了层次分明的中央集权组织,这种组织采用了按地理区域划分基层组织,并采用效率很高的职能分工,还在各级组织中配备了参谋人员。古罗马帝国当时之所以能迅速扩张并延续统治几个世纪,在很大程度上应归功于狄奥克利雄大帝卓越的组织才能。

15 世纪,意大利著名思想家和历史学家马基雅维利在他的《君主论》《谈话录》中阐述了许多管理思想。其中影响最大的是他提出的四项领导原理:

(1)群众的认可。领导者的权威来自群众。

(2)内聚力。领导者必须维持并加强组织的内聚力,否则组织不可能长期存在。

(3)求生存的意志。领导者必须具备坚强的生存意志力,以免被推翻。

(4)领导能力。领导者必须具有崇高的品德和非凡的能力。

这些领导原理,与现代管理学尤其是领导科学理论有高度的相关性与一致性。

18 世纪中叶,西方国家相继发生了产业革命。产业革命大大推动了生产技术的进步,使人力资源与自然资源的大规模结合成为可能,以手工技术为基础的资本主义工场手工业开始过渡到以机器大生产为特征的资本主义工厂制度。这就带来一系列迫切需要解决的新问题:工人的组织、分工、协作、配合问题,工人与机器、机器与机器间的协调运转问题,劳资纠纷问题,劳动力的招募、训练与激励问题,劳动纪律的维持问题等。在这种形势下,一些管理先驱者从不同角度对管理进行了理论研究,其中对以后管理理论的形成有较大影响的代表人物有亚当·斯密、罗伯特·欧文、查尔斯·巴贝奇等。

(一)亚当·斯密的劳动分工与"经济人"思想

英国古典政治经济学家亚当·斯密在 1776 年发表的代表作《国民财富的性质和原因的研究》中,最早对劳动分工进行了研究。他以工人制造大头针为例,详细阐述了劳动分工可以极大地提高劳动生产率:如果一名工人没有受过专门的训练,恐怕一天也难以制造出一枚针来,如果把制针的程序分为若干专门操作,平均每人"一日也能成针十二磅"(大约 48 000 枚)。他还进一步阐述了劳动分工之所以能提高劳动生产率的原因:

(1)劳动分工可以使劳动者专门从事一种单纯的操作,从而提高工人技术的熟练程度;

(2)劳动分工可以减少由于变换工作而损失的时间;

(3)分工使劳动简化,可以使人们把注意力集中到一种特定的对象上,有利于发现比较方便的工作方法和改进机器、工具。

亚当·斯密还提出了“经济人”的观点，认为人们在经济活动中追求的是个人利益，社会利益是由于个人利益之间的相互牵制而产生的。亚当·斯密的分工理论和“经济人”观点，对后来西方管理理论的形成有巨大而深远的影响。

(二)罗伯特·欧文的人事管理思想

英国空想社会主义代表人物之一的罗伯特·欧文，从18岁创办他的第一个工厂开始，就一直致力于工厂管理的研究。他最早注意到了工厂中人力资源的重要性，并对人力资源的利用提出了独特的见解。在欧文以前，工厂的老板大多把工人看做呆板的机器和工具，而欧文把他们看做有感情的人，他认为工厂要获利，就必须注意对人的关心，在人际关系方面取得和谐一致。他在给他的工厂总管的信中写道：“你们对无生命的机器给予良好的保养，能够产生有利的结果，那么要是对构造奇妙的有生命的机器——人给予同样关心的话，那还有什么不能指望的呢?”他在自己管理的工厂中进行了一系列改革：禁止招收童工，送他们去学校读书；着手改善工人的生产条件和生活条件；缩短劳动时间；禁止对工人进行惩罚；工人对任何人有抱怨，都可向他直接诉说等。所有这些使他赢得了工人的信任，他的棉纺厂的事业也蒸蒸日上。由于欧文对人力资源的重视和开拓性研究，后人把他称为人事管理的先驱。

(三)查尔斯·巴贝奇的科学管理

查尔斯·巴贝奇是英国著名的数学家和机械专家，在科学管理方面做了许多开创性工作，他曾花几年的时间到英、法等国的工厂调查与研究管理问题。他在1832年出版的代表作《论机器和制造业的节约》中，对专业分工、科学工作方法、机器与设备的有效使用、成本的记录与核算等问题进行了深入论述。此外，他还发展了亚当·斯密的劳动分工思想，第一次指出脑力劳动和体力劳动一样，也可以进行劳动分工。他还对劳动报酬问题进行研究，提出固定工资加利润分享制度，即应该对照工人的效率和工厂的成功按比例付给工人奖金，以谋求劳资双方的调和。巴贝奇主张通过科学研究来提高机器工具、材料、工人的工作效率，这已展示出了科学管理的萌芽，因此后人把巴贝奇称为科学管理的先驱。

当然，这个阶段的管理理论尚处于萌芽时期，企业的管理者一般就是企业的所有者，企业主大权独揽，完全凭个人的能力和经验来制订企业的大政方针，并实施管理。各类人员主要采用师傅带徒弟和自己摸索的经验来操作，没有统一的操作规程，没有统一的管理方法。研究的管理问题也着重在企业内部，管理内容主要局限于生产管理、成本管理、工资管理等方面，还没有形成系统化的管理理论。

引入案例点评：大连三洋从公司创建起，就制定了严格规范的管理制度，要求员工适应制度、遵守制度。而当员工把严格遵守制度当成他们自我安全和成长需要的自觉行动时，就进一步使制度能有利于发挥员工的潜能，使制度能促进员工的发展，具有相对的灵活性。

例如，大连三洋现在的“员工五准则”中第一条“严守时间”规定的后面附有这样的解释，“当您由于身体不适、交通堵塞、家庭有困难，不能按时到公司时，请拨打××××××通知公司”。在这里没有单纯的“不准迟到”“不准早退”的硬性规定，充分体现了公司规章制度“人性化”的一面。逢年过节，公司常驻外地的营销人员，都会收到总经理的亲笔慰问信。在他们那里，“努力工作型”的员工受到尊重。职工合理化提案被采纳的有奖，未被采纳的也会受到鼓励。

第二节 古典管理理论

19 世纪末 20 世纪初，伴随第二次科技革命，电力、内燃机等新技术在企业中广泛应用，大大促进了资本主义生产的发展，推动了资本的积累和集中，企业的生产规模不断扩大，生产技术更加复杂，生产的专业化、社会化程度日益提高。同时，随着自由竞争，资本主义发展为垄断资本主义，企业主为了获得高额垄断利润，往往采取提高工人劳动强度、延长工人工作时间、降低工人工资等办法，导致劳资双方矛盾不断扩大。此时单凭企业主个人经验和传统管理方式已行不通，客观上要求有科学的管理来代替传统的经验管理。

正是基于上述形势的客观需要，很多人都在总结、研究、探讨新的管理理论和管理方法，以取代落后的经验管理。于是出现了以泰罗、法约尔等为代表的着眼于寻找科学组织生产、提高劳动生产率的古典管理理论。

一、泰罗的“科学管理理论”

弗里德里克·W. 泰罗(1856～1915)，出身于美国费城一个富有的律师家庭，中学毕业后考上哈佛大学法律系，但不幸因眼病终止了学习。随后他到一家机械厂当学徒工，1878 年进入费城的米德维尔钢铁公司当技工，由于工作表现突出，先后当了领班、车间工长、总机械师、总绘图师、总工程师。1898～1901 年，泰罗受雇于宾夕法尼亚的伯利恒钢铁公司。1901 年以后，他把大部分时间用在写作和演讲上。他的代表著作有：《计件工资制》(1895 年)、《车间管理》(1903 年)和《科学管理原理》(1911 年)等。泰罗在这些书中提出的管理理论奠定了科学管理的理论基础，标志着管理科学的正式形成，泰罗也因此被西方管理学界称为“科学管理之父”。泰罗的“科学管理理论”主要包括以下几个方面的内容：

(一)工作定额原理

泰罗认为，提高工人劳动生产率的潜力非常大。工人之所以“磨洋工”，是由于雇主和工人对工人一天究竟能做多少工作都心中无数，而且工人工资太低，多劳也不能多得。为了发掘工人的劳动生产率潜力，就必须制订出科学的操作方法和有科学依据的“合理的日工作量”。为此，必须进行“时间—动作”的研究。方法是挑选合适且技术熟练的工人，把他们的每一个动作、每一道工序及所使用的时间记录下来，然后进行分析研究，消除其中多余的不合理的部分，得出最有效的操作方法作为标准。然后，累计完成这些基本动作的时间，加上必要的休息时间和其他延误时间，就可以得到完成这些操作的标准时间，据此制订一个工人的“合理的日工作量”。

(二)标准化原理

泰罗认为，要用标准操作方法训练工人，使工人掌握标准化的操作方法。同时还要使用标准化的工具、机器和材料，并且使作业环境也标准化。用标准操作方法进行操作，工人每天搬运生铁的数量提高了 3.8 倍。

(三)挑选和训练“第一流的工人”

泰罗指出，为了提高劳动生产率，必须为工作挑选第一流的工人。第一流的工人，是指他的能力最适合做这种工作而且他又愿意干这项工作的人，并不是指体力超过常人的“超人”。泰罗认为，健全的人事管理的基本原则是：要根据工人的能力把他们分配到相应的工作岗位上，并进行培训，教会他们科学的工作方法，使他们成为第一流的工人，激励他们尽最大的力量工作。

(四)有差别的计件工资制

泰罗认为,工人"磨洋工"的一个重要原因是报酬制度不合理。计时工资不能体现劳动的数量,计件工资虽能体现劳动的数量,但工人又担心劳动效率提高后,雇主会降低工资率。针对这种情况,泰罗提出了一种新的报酬制度——有差别的计件工资制。这种工资制度主要通过制订合理的工作定额、实行有差别的计件工资制来鼓励工人完成或超额完成工作定额,即按照完成工作定额的不同情况规定差别工资率:完成定额的以正常工资率付酬,未达到工作定额标准的以低工资率付酬,超过工作定额标准的则以高工资率付酬。这种工资制度促使工人掌握科学的操作方法,不断提高劳动生产率。

(五)计划职能与执行职能相分离

泰罗认为,应该用科学的工作方法取代经验工作方法。工人凭经验很难找到科学的方法,而且他们也没有时间研究这方面的问题,所以应该将计划同执行分离开来,计划由管理当局负责,并设立专门的计划部门来承担,这样才能把分散在工人手中的手工艺知识和实践经验集中起来,使之条理化、系统化、标准化,然后要工人执行,而且对工人执行计划的情况进行控制,而工人就是服从管理当局的命令,从事执行的职能,并且根据执行的情况领取工资。在这里,泰罗明确了管理者和工人各自的工作和责任。

(六)实行职能工长制

泰罗主张实行职能管理,即把管理工作进行细分,使每一位管理者只承担一两种管理职能。泰罗将原来由一个工长负责的工作细分为八个职能工长负责,其中四个在计划部门,分别负责纪律、工时成本、工作程序、指令卡四项职能;另外四个在车间,分别负责工作分配、速度、检验、维修四项职能。每个职能工长在其职能范围内,可以直接向工人发布命令。这样一个工人同时要从几个职能工长那里接受命令,后来的实践证明,这种多头领导的职能工长制,容易引起混乱,因而没有得到推广。但是泰罗的这种职能管理思想,为以后职能部门的建立和管理专业化提供了思路。

(七)例外原则

泰罗认为,规模较大的企业组织及其管理,需要运用例外原则,即企业的高层管理人员为了减轻处理纷繁事务的负担,把例行的一般日常事务授权给下级管理人员去处理,自己只保留对例外事项(重大事项)的决策权和监督权。这种以例外原则为依据的管理控制原理,后来发展成为管理上的分权化原则和实行事业部制的管理体制。

(八)劳资双方的"精神革命"

泰罗认为,雇主和工人两方面都必须来一次"精神革命",认识到提高效率对双方都是有利的。双方应把原来的相互对立变为互相协作,共同为提高劳动生产率而努力。双方应把注意力从过去的注意剩余的分配,转移到如何增加剩余上来,要把剩余这张"饼"做得足够大,以致没有必要为"饼"的如何分配而争吵。

泰罗的上述理论,在今天看来也许是平常的,但在19世纪末20世纪初,泰罗的理论使企业管理掀起了一场声势浩大的革命,开创了科学管理的新阶段。从此,企业管理从只凭经验管理,走上了科学管理的道路。列宁对此的评价是:泰罗制同资本主义其他一切进步的东西一样,有两个方面,一方面是资产阶级剥削的最巧妙的残酷手段,另一方面是一系列的最丰富的科学成就。

现代管理学家德鲁克认为，泰罗的发现是一个转折点，在泰罗以前人们认为取得更多产出的唯一途径是增加劳动强度和劳动时间，但是泰罗发现，要取得更多产出的方法是使工作更聪明一些，也就是更具有生产力。他发现使工作具有生产力的责任不在于工人而在于管理者。

这一时期，对科学管理做出贡献的还有另一些人，如吉尔布雷斯夫妇创立的动作研究、甘特发明的用于制订生产作业计划和控制计划执行的“甘特图”、福特创立的汽车工业的流水线生产，促进了生产组织工作的进一步标准化，并为生产自动化创造了条件。

由上述可见，这一时期泰罗等人所研究的科学管理，是以工厂内部的生产管理为重点，以提高生产效率为中心，主要研究和解决生产组织方法的科学化和生产程序的标准化问题，没有超出车间管理的范围。

二、法约尔的一般管理理论

亨利·法约尔(Henry Fayol，1841～1925)，法国人，被称为“经营管理之父”。法约尔 19 岁从圣艾帝安国立矿业学院毕业后进入一家大型采矿冶金公司担任工程师，很快显露出他的管理才能，28 岁担任公司总经理。他与泰罗不同，泰罗是从企业底层开始研究管理问题，着重研究生产过程中的工作管理，而法约尔位居高层，是从企业上层开始研究管理问题，着重研究企业的经营管理问题。1916 年出版了他的代表作《工业管理和一般管理》，这本著作是法约尔一生的管理经验和管理思想的总结，法约尔被公认为是第一位概括和阐述一般管理理论的管理学家。他的管理理论主要体现在以下几个方面：

(一)明确区分经营和管理

法约尔认为，企业的全部经济活动可以归结为六项基本活动，分别是：技术活动、商业活动、安全活动、财务活动、会计活动、管理活动。这六项基本活动构成了企业的经营。可见，管理只是经营六项活动中的一项活动。在经营的六项基本活动中，管理活动处于核心地位，不但企业本身需要管理，而且其他五项活动也需要管理。

(二)指出管理的五项职能

法约尔认为，管理包括计划、组织、指挥、协调和控制五项职能或要素。计划，是对未来的预测和对未来行为的安排，是管理的首要职能；组织，是指建立企业的物质结构和社会结构，并通过其对人力、物力、财力等资源进行合理配置；指挥，是让已经组建的组织发挥作用；协调，是指企业人员团结一致，使企业中的所有活动和努力得到统一与和谐；控制，是保证企业中进行的一切活动符合所制订的计划和所下达的命令，保证计划得以实现。

(三)首次提出管理的 14 条原则

1. 分工

通过专业化分工使人们的工作更有效率。

2. 职权与职责

职权是管理者命令下级的权力和要求服从的威望，但责任与权力是相对应的，凡是行使职权的地方，就应当承担相应的责任。

3. 纪律

用统一、良好的纪律来规范人们的行为可以提高组织的有效性，人们必须遵守和尊重组织的规则，违反规则的行为应受到惩罚。

4. 统一指挥

每一个下属应当只接收来自一位上级的命令。

5. 统一领导

围绕同一目标的所有活动,只能有一位管理者和一项计划,多头领导将造成管理的混乱。

6. 个人利益服从整体利益

任何个人或小群体的利益,不应当置于组织的整体利益之上。当二者不一致时,主管人员必须想办法使它们一致起来。

7. 个人报酬

报酬与支付方式要公平合理,对工作成绩和工作效率优良者给予奖励,但奖励应有一个限度,尽可能使职工和公司双方都满意。

8. 集权与分权

集权与分权反映的是下属参与决策的程度。集权与分权可以不同程度地存在,管理者的任务在于根据组织的情况找到两者的平衡点。

9. 等级链

从组织的最高层管理到最底层管理之间应建立关系明确的职权等级系列,它是组织内部权力等级的顺序和信息传递的途径。但当组织的等级太多时,会影响信息的传递速度,此时同一层级的人员在有关上级同意的情况下可以通过"跳板"("法约尔桥")进行信息的横向交流,以便及时沟通信息,快速解决问题。

10. 秩序

包括"人"的秩序和"物"的秩序。要求每个人和每一件物品,都处在恰当的位置上。

11. 公平

管理者应当公平善意地对待下属。

12. 人员的稳定

人员的高流动率会导致组织的低效率,为此,管理者应当制订周密的人事计划,当发生人员流动时,要保证有合适的人接替空缺的职务。

13. 首创精神

指人们在工作中的主动性和积极性。当组织允许人们发起和实施他们的计划时,将会调动他们的极大热情。

14. 团体精神

提倡团结精神,在组织中建立起和谐、团结、协作的氛围。

法约尔强调,这些原则不是死板的概念,而是灵活的,是可以适应于一切需要的。关键是要懂得如何根据不同的情况灵活运用。

(四)对一般管理理论的重要贡献

主要体现在以下三个方面:

1. 提出"管理"的普遍性

法约尔不再把管理局限于某一个特定的范围内,即不仅看成某一类组织的活动,而是认为所有的组织都需要实行管理。同时,他把管理活动从经营中单独列出来,作为一个独立的功能和研究项目。这种对管理"普遍性"的认识和实践,在当时是一个重大的贡献。

2. 提出更具一般性的管理理论

由于泰罗是以工厂管理这一具体对象为出发点的,因此,泰罗的科学管理理论非常富有实践性，但缺乏一般的理论性。与泰罗的科学管理理论相比较，法约尔的管理理论是概括性的，所涉及的是带普遍性的管理理论问题，其形式和对象均是在极其普遍的条件下得出的有关管理的一般理论，所以更具理论性和一般性。

3. 为管理过程学派奠定了理论基础

法约尔的主张和术语在现代的管理文献中使用得很普遍。这说明一般管理理论对现代管理理论有重要的影响。他所开创的一般管理理论，后来成为管理过程学派的理论基础。

三、马克斯·韦伯的理想的行政组织体系理论

德国社会学家马克斯·韦伯(1864～1920)的研究主要集中在组织理论方面，他被后人称为“组织理论之父”。他的代表作是1921年出版的《社会组织和经济组织》(他死后由其妻子整理出版)。他的主要贡献是提出了所谓理想的行政组织体系理论(也称官僚行政组织理论)，这一理论的核心是：组织活动要通过职务或职位而不是通过个人或世袭地位来管理。他所讲的“理想的”，不是指最合乎需要，而是指现代社会最有效和最合理的组织形式。

韦伯的理想的行政组织体系具有以下特点：

(1)明确的分工。每个职位的权力和义务都应有明确的规定，人员按职业专业化进行分工。

(2)形成自上而下的等级体系。一个组织应遵循等级原则，上一级部门应控制和管理下一级部门，直到每一成员都被控制为止，形成一个自上而下的指挥链或等级体系。

(3)人员的任用。人员作用应通过正式选拔，要完全按照职务的要求，通过考试和教育训练来实行。

(4)职业管理人员。组织中的管理人员是专业的公职人员，而不是该组织的所有者。这些管理人员有固定的薪水和明文规定的升迁考核制度。

(5)正式的规则和纪律。管理人员必须严格遵守组织中规定的规则和纪律，明确办事的程序。

(6)非人格化。组织中成员之间的关系以理性准则为指导，只是职位关系，而不受个人情感的影响。这种公正不倚的态度，不仅适用于组织内部，而且也适用于组织与外界的关系。

韦伯认为，这种体现劳动分工原理的、有着明确定义的等级和详细的规则与制度，以及非个人关系的组织模型是最符合理性的原则，是达到目标、提高劳动生产率的最有效的形式，并在精确性、稳定性、纪律性以及可靠性等方面均优先于其他组织。这是由于程序化的工作方式和结构化的正式关系网络，并用规则和法规来规范着人们的行为，能够消除管理者的主观判断，即使是人事变动也不会影响组织的正常运行。同时，这种组织模式对人没有偏见，无论是上级还是下属，无论是顾客还是员工，都应当一视同仁地遵守规则，使得领导的权威更多地来源于位置而不是个人。这样，组织可以更加公正有效地运作。所以它适用于所有的大型组织，如教会、国家机构、军队、政党、经济企业和各种团体。

四、古典管理理论评析

(一)古典管理理论的特点

1. 以提高生产效率为主要目标

泰罗等人从事的一系列企业管理科学研究，都是以提高生产效率为目标的。

2. 以科学求实的态度进行调查研究

"科学管理"这一名称本身就表明泰罗等人对企业管理问题研究的科学求实精神。为了提高劳动生产率,泰罗等人运用科学方法对生产方法的改进做了长时间的、大量的调查研究。例如,泰罗进行了著名的"铁块搬运试验""金属切削试验",吉尔布雷斯对砌砖工人动作与效率的关系进行了大量的调查研究。

3. 强调以物质利益为中心,重视个人积极性的发挥

泰罗认为,生产效率的提高主要取决于工人个人积极性的发挥,而物质利益则是刺激工人劳动积极性的唯一有效的手段。

4. 强调规章制度的作用

泰罗等人在企业管理实践中,通过大量调查研究总结出一套科学管理的方法,如职能分工、劳动定额、操作规程、作业标准化、计件工资等,并主张把科学管理的措施形成企业规章制度,以约束工人在生产经营活动中的行为,并区别表现的好坏,给予一定的奖罚;强调组织中上下级的关系必须遵从规章制度,把规章制度作为企业组织重要的管理工具。可见,在企业管理工作中,应当重视规章制度对职工行为的约束功能和导向功能。

(二)古典管理理论的贡献与局限性

1. 古典管理理论的贡献

古典管理理论家们建立了管理研究和实践的科学基础。他们把提高组织效率作为其研究的目标,把科学的方法运用到管理活动和管理过程中,使管理学成为一个独立的研究领域,使管理活动能够在科学的基础上进行,从而使管理者能够管理大型的复杂的组织。

2. 古典管理理论的局限性

第一,对组织中人的因素的研究不够,一般只是把人看做"经济人"。

第二,主要强调对组织内部有效运行问题的研究,而忽略了或较少地分析有关外部环境对组织的影响问题。

第三,对解决管理实践中的协调问题以及为贯彻各种管理职能提供服务方面较少涉及。

第三节　行为科学理论

一、行为科学

行为科学是研究人的行为或人类集合体的行为,在心理学、人类学、社会学、经济学、政治学和语言学等的边缘领域协作的一门科学。它广泛应用于企业管理,研究如何激发人的工作积极性、提高劳动生产率、改善并协调人与人之间的关系、缓和劳资矛盾。

行为科学的研究,基本上可以分为两个时期。

前期以人际关系学说(或人群关系学说)三条结论为主要内容,从20世纪30年代梅奥的霍桑实验开始,到1949年在美国芝加哥讨论会上第一次提出行为科学的概念为止。

在1953年美国福特基金会召开的各大学科学家参加的会议上,正式定名为行为科学,视为行为科学研究时期。

今天的行为科学之所以成为根深叶茂的学科大树,在很大程度上得益于梅奥及其霍桑实验对人性的探索。

图 2.1　梅奥

(一)霍桑实验

霍桑实验是心理学史上最出名的研究之一,这一系列在美国芝加哥西部电器公司所属的霍桑工厂进行的心理学研究是由哈佛大学的心理学教授梅奥主持的。

霍桑工厂是一个制造电话交换机的工厂,具有较完善的娱乐设施、医疗制度和养老金制度,但工人们仍愤愤不平,生产成绩很不理想。为找出原因,美国国家研究委员会组织研究小组开展实验研究。

霍桑实验共分四个阶段:

1. 照明实验

时间是从1924年11月至1927年4月。

当时关于生产效率的理论占统治地位的是劳动医学的观点,认为也许影响工人生产效率的是疲劳和单调感等,于是当时的实验假设便是“提高照明度有助于减少疲劳,使生产效率提高”。可是经过两年多的实验发现,照明度的改变对生产效率并无影响。具体结果是:当实验组照明度增大时,实验组和控制组都增产;当实验组照明度减弱时,两组依然都增产,甚至实验组的照明度减至0.06烛光时,其产量也无明显下降;直至照明减至如月光一般、实在看不清时,产量才急剧降下来。研究人员面对此结果感到茫然,失去了信心。

从1927年起,以梅奥教授为首的一批哈佛大学心理学工作者将实验工作接管下来,继续进行。

2. 福利实验(继电器装配测试室研究)

时间是从1927年4月至1929年6月。

实验目的总的来说是查明福利待遇的变换与生产效率的关系。但经过两年多的实验发现,不管福利待遇如何改变(包括工资支付办法的改变、优惠措施的增减、休息时间的增减等),都不影响产量的持续上升,甚至工人自己对生产效率提高的原因也说不清楚。

后经进一步的分析发现,导致生产效率上升的主要原因如下:

(1)参加实验的光荣感。实验开始时6名参加实验的女工曾被召进部长办公室谈话,她们认为这是莫大的荣誉。这说明被重视的自豪感对人的积极性有明显的促进作用。

(2)成员间良好的相互关系。

3. 访谈实验

研究者在工厂中开始了访谈计划。此计划的最初想法是要工人就管理当局的规划和政策、工头的态度和工作条件等问题作出回答,但这种规定好的访谈计划在进行过程中却得到了意想不到的效果。工人想就工作提纲以外的事情进行交谈,他们认为重要的事情并不是公司或调查者认为意义重大的那些事。访谈者了解到这一点,及时把访谈计划改为事先不规定内容,每次访谈的平均时间从30分钟延长到1～1.5小时,多听少说,详细记录工人的不满和意见。访谈计划持续了两年多。工人的产量大幅提高。

工人们长期以来对工厂的各项管理制度和方法存在许多不满,无处发泄,访谈计划的实行恰恰为他们提供了发泄机会。发泄过后心情舒畅、士气提高,产量得到提高。

4. 群体实验(银行电汇室研究)

梅奥等人在这个实验中选择了14名男工人在单独的房间里从事绕线、焊接和检验工作,并且对这个班组实行特殊的工人计件工资制度。

实验者原来设想,实行这套奖励办法会使工人更加努力工作,以便得到更多的报酬。但观察的结果发现，产量只保持在中等水平上，每个工人的日产量平均都差不多，而且工人并不如实地报告产量。深入的调查发现，这个班组为了维护他们群体的利益，自发地形成了一些规范。他们约定，谁也不能干得太多，突出自己；谁也不能干得太少，影响全组的产量；并且约法三章，不准向管理当局告密，如有人违反这些规定，轻则挖苦谩骂，重则拳打脚踢。进一步调查发现，工人们之所以维持中等水平的产量，是担心产量提高，管理当局会改变现行奖励制度，或裁减人员，使部分工人失业，或者会使干得慢的伙伴受到惩罚。

这一实验表明，为了维护班组内部的团结，可以放弃物质利益的引诱。由此提出"非正式群体"的概念，认为在正式的组织中存在着自发形成的非正式群体，这种群体有自己的特殊的行为规范，对人的行为起着调节和控制作用。同时，加强了内部的协作关系。

5. 实验结论

(1)改变工作条件与劳动效率没有直接关系；

(2)提高生产效率的决定因素是员工情绪，而不是工作条件；

(3)关心员工的情感和员工的不满情绪，有助于提高劳动生产率。

通过霍桑实验，梅奥等人提出了人际关系学说，其主要论点如下：

第一，职工是"社会人"。

古典管理理论把人看作"经济人"，他们只是为了追求高工资和良好的物质条件而工作。因此，对职工只能用绝对的、集中的权力来管理。梅奥等人提出了与"经济人"观点不同的"社会人"观点。其要点是：人重要的是同别人合作，个人是为保护其集团的地位而行动，人的思想行为更多地是由感情来引导。工作条件和工资报酬并不是影响劳动生产率高低的唯一原因。对职工的新的激励重点必须放在社会、心理方面，以使他们之间更好地合作并提高生产率。

第二，正式组织中存在着"非正式组织"。

所谓正式组织，就是为了有效地实现企业的目标，规定组织各成员之间相互关系和职责范围的一定组织管理体系，其中包括组织机构、方针政策、规划、章程等。但人是社会的动物，在组织内共同工作的过程中，人们必然发现相互之间的关系，形成非正式团体。在非正式团体里，又形成了共同的感情，进而构成一个体系，这就是所谓的非正式组织。

非正式组织对人起着两种作用：

一是保护工人免受内部成员忽视所造成的损失，如生产得过多或过少。

二是保护工人免受外部管理人员的干涉所造成的损失，如降低工资率或提高产量标准。至于非正式组织形成的原因，并不完全取决于经济发展情况，而是同更大的社会组织有联系。

不能把这种在正式组织中形成的非正式组织看成一种坏事，而必须看到它是必需的。它同正式组织相互依存，并对生产率的提高有很大影响。

想一想

你的生活中存在非正式组织吗？你能加以区分吗？

第三，新的领导能力在于提高职工的满足度，以提高职工的士气，从而提高劳动生产率。

金钱或经济刺激对促进工人提高劳动生产率只起第二位的作用，起重要作用的是工人的情绪和态度，即士气。而士气又与工人的满足度有关。这个满足度在很大程度上是社会地位决定的。所谓职工的满足度，主要是指为获取安全感和归属感这些社会需求的满意度。工人满足度越高，士气越高，劳动生产率也就越高，而工人的满足度又依存于两个因素：

一是工人的个人情况，即工人由于历史、家庭生活和社会生活所形成的个人态度。

二是工作场所的情况，即工人相互之间或工人与上级之间的人际关系。

所谓新的领导能力，是指能够区分事实与感情，能够在生产效率与职工感情之间取得平衡的能力。这种新的领导能力可以弥补古典管理理论的不足，解决劳资之间以至工业社会的种种矛盾，提高劳动生产率。新的领导能力既然表现为能通过提高职工的满足度提高职工的士气，最后达到提高生产率的目的，那就要转变管理方式，应该重视"人的因素"，采用以"人"为中心的管理方式，改变古典管理理论以"物"为中心的管理方式。

(二)X/Y 理论

麦格雷戈在他所著的《企业的人性方面》一书中，提出了著名的"X/Y 理论"的人性假定。

在麦格雷戈看来，每一位管理人员对职工的管理都基于一种对人性看法的哲学，或者就有一套假定。他把传统管理对人的观点和管理方法称为"X 理论"，其要点是：

(1)一般人的天性都是好逸恶劳的，只要可能，就会设法逃避工作。

(2)人几乎没有什么进取心，不愿承担责任，而宁愿被别人领导。

(3)人天生就反对变革，把安全看得高于一切。

(4)要使人们真正想干活，那就必须采用严格的控制、威胁和经常不断地施加压力。

Y 理论是建立在对人性和人的行为的动机更为恰当的认识基础上的新理论。其要点如下：

(1)人并不是天生就厌恶工作，工作对人们来讲，正如娱乐和休息一样是自然的。

(2)控制和威胁并不是促使人们为实现组织目标而努力的唯一办法。人对自己所参与的目标能实现自我指挥和自我控制。

(3)对目标做出贡献是同所得成就的报酬直接相关的。这些报酬中最重要的是自尊和自我实现的需要的满足，它们能促使人们为实现组织目标而努力。

Y 理论给管理人员提供了一种对于人的乐观主义看法，而这种乐观主义看法是争取职工的协作和热情支持所必需的。有人指出，Y 理论有些过于理想化了。所谓自我指导和自我控制，并非人人都能做到。人固然不能说生来就是懒惰而不愿负责任的，但是，在实际生活中也的确有些人是这样的，而且坚决不愿改变。对于这些人，采用 Y 理论进行管理，难免会失败。

(三)马斯洛需求理论

需求层次理论(Need-hierarchy Theory)，由美国著名犹太裔人本主义心理学家亚伯拉罕·马斯洛(Abraham Maslow)提出，是研究组织激励时应用最广泛的理论。

马斯洛认为，人类价值体系存在两类不同的需要：一类是沿生物谱系上升方向逐渐变弱的本能或冲动，即低级需要和生理需要；一类是随生物进化而逐渐显现的潜能或需要，即高级需要。人都潜藏着五种不同层次的需要，但在不同时期表现出来的各种需要的迫切程度是不同的。人的最迫切的需要才是激励人行动的主要原因和动力。人的需要是从外部得来的满足逐渐向内在得到的满足转化。在高层次的需要充分出现之前，低层次的需要必须得到适当的满足。其需求理论可用图 2.2 表示。

马斯洛坚信人有能力创造出一个对整个人类及每个人来说是更好的世界，坚信人有能力实现自己的潜能和价值，即达到自我实现。在心理学上，他的最大贡献在于领导了著名的第三思潮运动。他的需要层次理论和自我实现理论成为人本主义心理学最重要的理论之一。

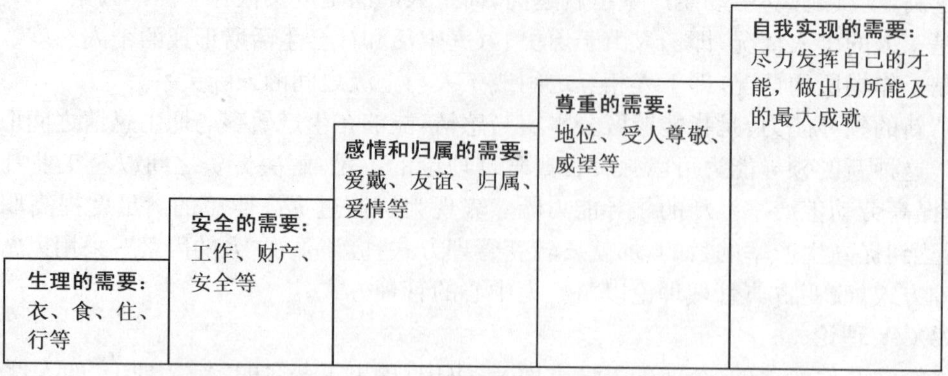

图 2.2 马斯洛需求理论示意图

马斯洛的需求层次理论有两个基本论点：

(1)人是有需要的动物，其需要取决于他已经得到了什么、还缺少什么，只有尚未满足的需要能够影响行为。

(2)人的需要都有轻重层次，某一层需要得到满足之后，另一层需要才会出现。马斯洛认为，在特定时刻，人的一切需要如果都未能得到满足，那么满足最主要的需要就比满足其他需要更为迫切。

马斯洛将需求划分为生理的需要、安全的需要、感情和归属的需要、尊重的需要、自我实现的需要共五类，依次由较低层次到较高层次。各层次需要的基本含义如下：

(1)生理的需要。这是人类维持自身生存的最基本要求，包括饥、渴、衣、住、性方面的要求等。如果这些需要得不到满足，人类的生存就成了问题。从这个意义上说，生理需要是推动人们行动的最强大的动力。马斯洛认为，只有这些最基本的需要满足到维持生存所必需的程度后，其他的需要才能成为新的激励因素，而到了此时，这些已相对满足的需要也就不再成为激励因素了。

(2)安全的需要。这是人类要求保障自身安全、摆脱事业和丧失财产威胁、避免职业病的侵袭、接触严酷的监督等方面的需要。马斯洛认为，整个有机体是一个追求安全的机制，人的感受器官、效应器官、智能和其他能量主要是寻求安全的工具，甚至可以把科学和人生观都看成是满足安全需要的一部分。当然，这种需要一旦相对满足后，也就不再成为激励因素了。

(3)感情和归属的需要。这一层次的需要包括两个方面的内容。一是友爱的需要，即人人都需要伙伴之间、同事之间的关系融洽或保持友谊和忠诚；人人都希望得到爱情，希望爱别人，也渴望接受别人的爱。二是归属的需要，即人都有一种归属于一个群体的感情，希望成为群体中的一员，并相互关心和照顾。感情上的需要比生理上的需要来的细致，它与一个人的生理特性、经历、教育、宗教信仰都有关系。

(4)尊重的需要。人人都希望自己有稳定的社会地位，要求个人的能力和成就得到社会的承认。尊重的需要又可分为内部尊重和外部尊重。内部尊重是指一个人希望在各种不同情境中有实力、能胜任、充满信心、能独立自主。总之，内部尊重就是人的自尊。外部尊重是指一个人希望有地位、有威信，受到别人的尊重、信赖和高度评价。马斯洛认为，尊重需要得到满足，能使人对自己充满信心，对社会满腔热情，体验到自己活着的用处和价值。

(5)自我实现的需要。这是最高层次的需要，是指实现个人理想、抱负，发挥个人的能力到最大程度，完成与自己的能力相称的一切事情的需要。也就是说，人必须干称职的工作，这样才会使他们感到最大的快乐。马斯洛提出，为满足自我实现需要所采取的途径是因人而异的。自我实现的需要是在努力实现自己的潜力，使自己越来越成为自己所期望的人物。

(四)赫茨伯格的双因素理论

双因素理论(Two Factor Theory)，也称激励保健理论(Motivator Hygiene Theory)，由美国心理学家弗里德里克·赫茨伯格于20世纪50年代末提出。

20世纪50年代末期，赫茨伯格和同事们对匹兹堡附近一些工商业机构的约200位专业人士作了一次调查。在调查访问后他发现，使职工感到满意的都是属于工作本身或工作内容方面的；使职工感到不满的，都是属于工作环境或工作关系方面的。他把前者称为激励因素，后者称为保健因素。

保健因素的满足对职工产生的效果类似于卫生保健对身体健康所起的作用。保健从人的环境中消除有害于健康的事物，它不能直接提高健康水平，但有预防疾病的效果；它不是治疗的，而是预防性的。保健因素包括公司政策、管理措施、监督、人际关系、物质工作条件、工资、福利等。当这些因素恶化到人们认为可以接受的水平以下时，就会产生对工作的不满。但是，当人们认为这些因素很好时，它只是消除了不满意，并不会导致积极的态度，这就形成了某种既不是满意又不是不满意的中性状态。那些能带来积极态度、满意和激励作用的因素就称为激励因素，这是那些能满足个人自我实现需要的因素，包括成就、赏识、挑战性的工作、增加的工作责任，以及成长和发展的机会。如果这些因素具备，就能对人们产生更大的激励。从这个意义出发，赫茨伯格认为传统的激励假设，如工资刺激、人际关系的改善、提供良好的工作条件等，都不会产生更大的激励；它们能消除不满意，防止产生问题，但这些传统的激励因素即使达到最佳程度，也不会产生积极的激励。按照赫茨伯格的观点，管理当局应该认识到保健因素是必需的，不过它一旦使不满意中和以后，就不能产生更积极的效果。只有激励因素才能使人们有更好的工作成绩。

赫茨伯格和他的助手们又对各种专业性和非专业性的工业组织进行了多次调查，他们发现，由于调查对象和条件的不同，各种因素的归属会有些差别，但总的来看，激励因素基本上是属于工作本身或工作内容的，保健因素基本上是属于工作环境和工作关系的。但赫茨伯格注意到，激励因素和保健因素都有若干重叠现象，如赏识属于激励因素，基本上起积极作用；但当没有受到赏识时，又可能起消极作用，这时又表现为保健因素。工资是保健因素，但有时也能产生使职工满意的结果。

二、行为科学的基本内容

(一)个体行为研究

这是行为科学分析研究企业组织中人们行为的基本单元。在个体行为层次中，行为科学主要是用心理学的理论和方法研究两大类问题，一类是影响个体行为的各种心理因素，另一类是关于个性的人性假说。

(二)动机与激励理论

社会心理学家和行为科学家认为人的行为都是由动机引起的，而动机是由于人们本身内在的需要而产生的，能满足人的需求活动本身就是一种奖励。

(三)群体行为研究

群体行为在组织行为学中是一个重要的问题,它主要探讨群体是一种非正式组织、群体的特征、群体的内聚力等。

(四)组织行为

行为科学家认为,一个人的一生大部分时间是在组织环境中度过的。人们在组织中的行为就称为组织行为,它建立在个体行为和群体行为的基础上。通过研究人的本性和需要、行为动机以及在生产组织中人与人之间的关系,总结出人类在生产中行为的规律。

第四节　现代管理理论

西方现代管理理论的形成标志着西方管理理论进入了第三个发展阶段。它是在第二次世界大战后,随着社会生产力的发展以及社会学、系统科学、电子计算机技术在管理领域中日益广泛的应用而逐渐形成的。人们通常所说的西方现代管理理论不是一种管理理论,而是对各种不同管理学派理论的统称。

一、主要管理学派理论介绍

(一)管理过程学派

过程学派认为管理是一个过程,是在有组织的集体中让别人和自己一起去实现既定的目标。该学派最初的代表人物就是法约尔。管理人员在管理活动中执行着计划组织、领导、控制等若干职能。管理是一个循环的过程,从计划到控制,再从控制到计划,表明了过程的连续性。控制职能确保组织达到其计划的目标。

(二)社会系统学派

该学派认为,人的相互关系就是一个社会系统,它是人们在意见、力量、愿望以及思想等方面的一种合作关系。管理人员的作用就是要围绕着物质的、生物的和社会的因素去适应总的合作系统。

社会系统学派最早的代表人物是美国的巴纳德。巴纳德的主要贡献是:

(1)提出了社会的各种组织都是一个协作系统的观点。他认为,组织的产生是人们协作愿望导致的结果。个人办不到的许多事,协作就可以办到。

(2)分析了正式组织存在的三种要素,即成员协作的意愿、组织的共同目标及组织内的信息交流。

(3)提出了权威接受理论。过去的学者是从上到下解释权威的,认为权威都是建立在等级系列或组织地位基础上的。而巴纳德则是自下而上解释权威,认为权威的存在必须以下级的接受为前提。至于怎样才能接受,需具备一定的条件。

(4)对经理的职能进行了新的概括。经理应主要作为一个信息交流系统的联系中心,并致力于实现协作努力工作。

(三)决策理论学派

决策理论学派的主要代表人物是美国的赫伯特·西蒙。其主要论点有:

(1)强调了决策的重要性。该理论认为,管理的全过程就是一个完整的决策过程,即决策贯穿于管理的全过程,管理就是决策。

(2)分析了决策过程中的组织影响。上级不是代替下级决策，而是给下级提供决策前提，包括价值前提和事实前提，使之贯彻组织意图。价值前提是对行动进行判断的标准，而事实前提是对能够观察的环境及环境作用方式的说明。

(3)提出了决策应遵循的准则。主张用“令人满意的准则”去代替传统的“最优化原则”。

(4)分析了决策的条件。管理者决策时，必须利用并凭借组织的作用，尽量创造条件，以解决知识的不全面性、价值体系的不稳定性及竞争中环境的变化性问题。

(5)归纳了决策的类型和过程。把决策分为程序化决策和非程序化决策两类。程序化决策是指反复出现和例行的决策，非程序化决策是指那种从未出现过的，或者其确切的性质和结构还不是很清楚或相当复杂的决策。

(四)系统管理理论学派

该学派强调管理的系统观点，要求管理人员树立全局观念、协作观念和动态适应观念，既不能局限于特定领域的专门职能，也不能忽视各自在系统中的地位和作用。

系统管理学派的代表人物是理查德·约翰逊、卡斯特和罗森茨韦克。

(五)经验主义学派

经验主义学派的主要代表人物是德鲁克。该学派通过案例研究，向一些大企业的经理提供在相同情况下管理的经验和方法。其基本观点是，否认管理理论的普遍价值，主张从“实例研究”、“比较研究”中导出通用规范，由经验研究来分析管理。他们特别重视关于某个公司组织结构、管理职能和程序等方面的研究。

(六)管理科学学派

管理科学学派也被称为管理数理学派或管理计量学派。这一学派的主要代表人物是美国的伯法等人。他们认为“管理”就是用数学模型及其符号来表示计划、组织、控制、决策等合乎逻辑的程序，求出最优解，以达到企业目标。因此，他们认为管理科学就是创建用于管理决策的数学和统计模型，并将这些模型通过电子计算机应用于管理实践中。

(七)权变理论学派

权变理论是一种较新的管理思想。权变的意思，通俗地讲，就是权宜应变。该学说认为，在企业管理中，由于企业内外部环境复杂多变，因此管理者必须根据企业环境的变化而随机应变，没有什么一成不变、普遍适用的“最佳”管理理论和方法。要求管理者根据组织的实际情况来选择最好的管理方式。

二、现代管理的主要特点

与传统科学管理相比，现代管理已发生了很大变化，主要表现出以下几个特点：

(1)现代管理的中心由物向人转变，管理方式由刚向柔发展。在传统管理中，大生产以机器为中心，工人只是机器系统的配件，因此人被异化为物，管理的中心是物。但是，随着社会的发展和生产力水平的提高，个人因素如创造性、个性、才能等，在生产活动中越来越显出重要作用。这就促使管理部门日益重视人的因素，管理工作的中心也从物转向人。在管理方式上，现代管理更强调用柔的方法，注重强调职工参与管理、民主管理、人力资源开发和职工激励。例如，实行“民主化管理”“扩大工作范围和内容”“弹性工作时间”“提案制度”“目标管理”“培育企业文化”，重视非正式组织，重视员工的培训和继续教育，用情感手段和办法去做“人”的工作，协调人际关系，想方设法激发职工的工作干劲。这种尊重个人的价值和能力，通过激励、关心人，以感情调动职工积极性、主动性和创造性的管理方法，充分体现了现代管理“以人为本”的管理新理念。

(2)现代管理理论十分强调系统、权变、创新等管理观点。现代管理理论认为，管理的对象是一个系统，因此必须运用系统思想和系统分析方法来指导管理实践活动，解决和处理管理的实际问题。由于管理所处的环境系统是十分复杂和多变的，因此已经没有一套固定的管理模式能适应各种组织的发展，每个组织必须根据自己的特点、根据现代管理的基本法则来创造性地形成自己的管理特色，这就要求管理者必须具有权变和创新的思想，不断丰富管理实践，不断推动管理理论、方法和手段的发展。

(3)现代管理的组织形式呈现多样化、扁平化发展趋势。现代管理的组织形式多样化，并且随着社会经济的发展，正进行着不断的变革和完善。在组织形式上，一些新的组织形式不断推出，如事业部制、矩阵制、立体三维制、柔性化经营管理特征的“虚拟组织”以及与资产重组和一体化相适应的控股、参股等管理组织模式等；在组织的结构方面，借助于信息技术，组织的层次逐渐减少，从金字塔形组织结构逐步向扁平化、柔性化的组织结构转变，柔性化的组织结构的有形界限逐渐模糊，有利于借用外力和整合外部资源；在组织成员的配备上，组织中各类人员的比例发生了明显的变化，管理者和业务专家的比例大大提高，他们对组织的影响力也越来越强。

(4)现代管理的目标由传统的单纯追求利润转向追求企业、员工、顾客、社会各方利益的共同满足。被誉为“经营之神”的日本松下电器公司董事长松下幸之助曾说，如果要扩大自己的公司，仅想赚钱是不够的，着眼点要放在更高的地方，要与社会共同发展，或对社会有所裨益。只有如此，才会产生梦想与希望的力量。实践证明，从长远看，企业发展与履行社会职责是一致的。仅仅谋求最大利润管理目标已经显得过时，与社会共同发展，重视员工和顾客的利益，越来越成为企业经营的强有力信念。

(5)现代管理十分重视对组织环境的研究，以提高管理者的工作成效。组织不是一个封闭的系统，它必然要与周围各种环境发生相互作用。管理者的工作成效通常取决于他们对周围环境的了解、认识和掌握程度，取决于他们是否能够正确、及时地作出反应。现代管理理论，特别是权变管理理论，十分强调环境对管理决策和管理行为的重要性，并对影响管理的环境因素进行了探讨。

(6)现代管理广泛运用现代自然科学新成果和现代化管理工具。现代管理广泛运用运筹学、数学、统计学以及电子计算机等现代科学技术和工具，来提高管理工作的效率和经济效益。例如，运用概率论、线性规划、排队论、对策论、网络技术、预测技术、价值工程等，将经营管理中的复杂问题编制成数学模型，通过计算求解、定量分析，作为制订各种可行的较为满意方案的依据，并运用电子计算机进行工资管理、成本核算、存贮控制、订货管理、编制生产计划等。而且，信息技术的发展促使管理方法和手段进一步完善，并得到更为深入的应用。例如，20 世纪 70 年代后出现的管理信息系统(MIS)、人工智能技术、分布式数据库技术、虚拟技术、办公自动化系统(OAS)、专家系统(ES)、决策支持系统(DSS)、经理信息系统(EIS)、计算机集成制造系统(CIMS)等管理手段得到不断的发展和完善，并在管理各个领域中得到更加广泛和深入的应用。

本章小结

1. 外国早期的管理思想的代表:(1)亚当·斯密的劳动分工与“经济人”思想;(2)罗伯特·欧文的人事管理思想;(3)查尔斯·巴贝奇的科学管理。

2. 古典管理理论的代表:(1)泰罗的“科学管理理论”;(2)法约尔的一般管理理论;(3)马克斯·韦伯的“理想的行政组织体系理论”。

3. 古典管理理论的特点:(1)以提高生产效率为主要目标;(2)以科学求实的态度进行调查研究;(3)强调以物质利益为中心,重视个人积极性的发挥;(4)强调规章制度的作用。

4. 古典管理理论的局限性:(1)对组织中人的因素的研究不够,一般只是把人看做“经济人”;(2)主要强调对组织内部有效运行问题的研究,而忽略了或较少地分析有关外部环境对组织的影响问题;(3)对解决管理实践中的协调问题以及为贯彻各种管理职能提供服务方面较少涉及。

5. 行为科学:是研究人的行为或人类集合体行为的一门科学。它经历了两个发展时期:前期以人际关系学说(或人群关系学说)三条结论为主要内容,从 20 世纪 30 年代梅奥的霍桑实验开始,到 1949 年在美国芝加哥讨论会上第一次提出行为科学的概念止。在 1953 年美国福特基金会召开的各大学科学家参加的会议上,被正式定名为行为科学,自此之后视为行为科学研究时期。

6.“非正式组织”:在组织内共同工作的过程中,人们必然会发现相互之间的关系,从而形成非正式团体。在这种团体里,又形成了共同的感情,进而构成一个体系,这就是所谓的非正式组织。

7. X/Y 理论:在麦格雷戈看来,每一位管理人员对职工的管理都基于一种对人性看法的哲学,或者就有一套假定。他把传统管理对人的观点和管理方法称为 X 理论,而 Y 理论是建立在对人性和人的行为的动机更为恰当的认识基础上的新理论。

8. 马斯洛需求理论:是研究组织激励时应用最广泛的理论。马斯洛认为,人类价值体系存在两类不同的需要:一类是沿生物谱系上升方向逐渐变弱的本能或冲动,称为低级需要和生理需要;一类是随生物进化而逐渐显现的潜能或需要,称为高级需要。马斯洛将需求划分为五级:生理的需要、安全的需要、感情的需要、尊重的需要、自我实现的需要。

9. 赫茨伯格的双因素理论:使职工感到满意的都是属于工作本身或工作内容方面的;使职工感到不满的,都是属于工作环境或工作关系方面的。赫茨伯格把前者称为激励因素,把后者称为保健因素。

本章习题

一、单项选择题

1. (　　)不是古典管理理论的代表人物。

A. 泰勒　　B. 法约尔　　C. 韦伯　　D. 马斯洛

2. (　　)是行政组织理论的代表人物。

A. 韦伯　　B. 梅奥　　C. 法约尔　　D. 马斯洛

3. 泰勒的科学管理原理反映了(　　)思想。

A. 经济人假设　　B. 社会人假设

C. 自我实现人假设　　D. 复杂人假设

4. 最早对管理的具体职能加以概括和系统论述的是(　　)。

A. 泰勒　　B. 法约尔　　C. 孔茨　　D. 韦伯

5. 法约尔的一般管理理论对西方管理理论的发展有着重大影响,并成为后来管理过程学派的理论基础。他的代表作是(　　)。

A.《社会组织与经济组织理论》　　B.《工业管理与一般管理》

C.《科学管理理论》　　D.《工业文明中人的问题》

二、简答题

1. 亚当·斯密提出的劳动分工理论为什么能极大地提高生产效率?

2. 泰勒的科学管理理论的主要内容是什么?该理论有什么贡献?有何局限性?

3. 法约尔的组织理论的主要内容有哪些?

4. 行为科学研究的主要内容是什么?它与早期管理理论有什么不同?

5. 有人认为,管理要取得成功,研究现在是很重要的,研究过去是次要的,而研究未来是最不重要的。你同意这种观点吗?为什么?

【参考答案】

一、单项选择题

1. D　2. A　3. A　4. B　5. B

二、简答题(略)

案例分析

百年老“店”的现代管理启蒙

北京同仁医院是一所以眼科闻名中外的百年老“店”,走进医院的行政大楼,其大堂的指示牌上却令人诧异地标明:五楼 MBA 办公室。目前该医院已经从北大、清华聘请了 11 位 MBA(工商管理硕士),另外还有 1 名学习会计的研究生,而医院的常务副院长毛羽就是 1 位留美的医院管理 MBA。内忧外患迫使同仁下定决心引进职业经理人并实施规模扩张,希望建立一套行政与技术相分离的现代医院管理制度。

根据我国加入世贸组织达成的协议,2003 年,我国将正式开放医疗服务业。2002 年初,圣新安医院管理公司对国内数十个城市的近 30 家医院及其数千名医院职工进行了调查访谈,得出的结论是:目前国内大部分医院还处于极低层次的管理启蒙状态,绝大多数医院并没有营销意识,普遍缺乏现代化经营管理常识。更为严峻的竞争现实是:医院提供的服务不属于那种单纯通过营销就可以扩大市场规模的市场——医院不能指望通过市场手段来刺激每年病人数量的增长。

同仁显然是同行中的先知先觉者。2002 年,医院领导层在职代会上对同仁医院的管理做过“诊断”:行政编制过大、员工队伍超编导致流动受限;医务人员的技术价值不能得到体现;管理人员缺乏专业培训，管理方式、手段滞后，经营管理机构力量薄弱。同时他们开出药方：引入MBA，对医院大手笔改造，涉及岗位评价及岗位工资方案、医院成本核算、医院工作流程设计、经营开发等。

目前，国内几乎所有的医院都没有利润的概念，只计算年收入。但在国外，一家管理有方的医院，其利润率可高达20%。这也是外资对国内医疗市场虎视眈眈的重要原因。

同仁要在医院中引入现代市场营销观念，启动品牌战略和人事制度改革。树立“以病人为中心”的服务观念：以病人的需求为标准，简化就医流程，降低医疗成本，改善就医环境；建立长期利润观念，走质量效益型发展的道路；适应环境、发挥优势、实行整合营销；通过扩大对外宣传、开展义诊咨询活动、开设健康课堂等形式，有效扩大潜在的医疗市场。

同仁所引进的MBA背景各异，绝大多数都缺乏医科背景。他们能否胜任医院的管理工作？医院职业化管理至少包括了市场营销管理、人力资源管理、财务管理、科研教学管理、全面医疗质量管理、信息策略应用及管理、流程管理7个方面的内容。这些职能管理与医学知识相关，但非医学专业。

同仁将MBA“下放”到手术室3个月之后，都悉数调回科室，单独辟出MBA办公室，以课题组的形式，研究医院的经营模式和管理制度。医院引入的企业化管理，主要包含医院经营战略、医疗市场服务营销、医院服务管理、医院成本控制、医院人力资源、医疗质量管理、医院信息系统和医院企业文化等内容。其中，医院成本控制研究与医院人力资源研究是当务之急。

几乎所有的中国医院都面临着成本控制的难题，如何堵住医院漏洞，进行成本标准化设计，最后达到成本、质量效益的平衡是未来中国医院成本控制研究的发展方向。另外，现有医院的薪酬制度多为“固定工资+奖金”的模式，而由于现有体制的限制，并不能达到有效的激励效果，医生的价值并没有得到真实的体现，导致严重的回扣与红包问题。如何真正体现员工价值，并使激励制度透明化、标准化，成为当前首要解决的问题。

这一切都刚刚开始。指望几名MBA就能改变中国医院管理的现状是不可能的。不过，医院管理启蒙毕竟已经开始，这就是未来中国医院管理发展的大趋势。

思考：

(1)结合案例说说你对管理及管理职能的理解。

(2)同仁为什么要引进如此多的MBA？你认为MBA们能否胜任医院的管理工作？

实训环节

1. 根据对科学管理的学习所得，请就一个项目制订一份关于人员、时间、环节等的具体安排，使之科学合理化。

2. 如果你带领着一个团队在跟其他团队竞赛，在第一轮之后成绩不是很理想，后面还有五轮，这时的运营战略也产生了严重分歧。请你拟订一个相应的解决方案。

3. 实践训练：

管理中的矛盾：你会拒绝吗？

任何企业都会面临人才的引进与流失问题，武汉的一所独立院校也不例外。投资方和校领导高层都明确表示要引进符合应用技术型人才培养目标的高素质教师，严把教师关，可是该校一位具有硕士学位的工程教研室主任却面临一个难题——有位应聘该校教师岗位的博士是该校某领导亲戚，应届毕业生，没进过企业，学的是管理科学。领导找工程主任三次，都被主任拒绝，理由很简单，不符合要求。结果领导对这位主任说："你怎么心胸如此狭隘，容不下博士？可以慢慢培养的嘛！"虽然主任知道这样做会得罪领导，但还是坚持自己的立场。如果你是这位工程教研室主任，你会拒绝这位博士吗？

参考文献

1. 朱镕基：《管理现代化》，企业管理出版社 1985 年版。
2. 周三多：《管理学》（第五版），复旦大学出版社 2009 年版。
3. 陈传明："管理发展新趋势"，《南京大学学报》，1995 年第 6 期。
4. 经济合作与发展组织：《以知识为基础的经济》，机械工业出版社 1997 年版。
5.（美）彼得·圣吉：《第五项修炼》，三联书店 1998 年版。
6.（美）斯蒂芬·P. 罗宾斯：《管理学》（第九版），中国人民大学出版社 2008 年版。
7.（美）P. F. 德鲁克：《公司的概念》，上海人民出版社 2002 年版。
8.（美）P. F. 德鲁克：《工业人的未来》，上海人民出版社 2002 年版。
9.（美）P. F. 德鲁克：《有效的管理者》，工人出版社 1989 年版。
10.（德）E. 海能：《企业文化——理论和实践的展望》，知识出版社 1990 年版。
11.（法）H. 法约尔：《工业管理与一般管理》，中国社会科学出版社 1998 年版。

第三章　计划与决策

学习目标

1. 理解计划的概念、特点和作用；
2. 了解计划的分类；
3. 掌握制订计划的程序和方法；
4. 理解决策的概念、分类；
5. 掌握制定决策的过程和方法。

技能目标

1. 具备根据实际情况制订计划的能力；
2. 掌握决策的方法并具备基本决策分析的能力。

引入案例

远大公司的出路

15 年前，远大公司的总经理张诚志靠贩运水泥起家，凭苦干、借机遇，发展到今天已是一个拥有几千万资产的民营企业。总公司现拥有一家贸易分公司、建筑装饰分公司和房地产公司，员工有 300 多人。

自公司成立以来，公司的管理全靠张总个人的经验，从来没有通盘的目标与计划。近年来，公司的日子愈发不好过了。由于成本上升、市场竞争加剧，建筑分公司的创利逐年减少，处于略有盈余的维持状态。贸易分公司也只是靠以前的家底维持公司的日常活动，大笔生意几乎没有了。房地产分公司更是一年不如一年，房地产市场疲软，公司手里积压的房产成为公司巨大的负担。但公司也有一些发展的机会，如做小型柴油机的代理商、开拓市中心商业街工程，虽投入较大，但利润可观。

总之，摆在张总面前的困难很多，但机会也不少。新的一年到底该干什么？以后的 5 年、10 年又该怎样发展？张总现在正苦苦思考着这些问题。

第一节　计划的概念与分类

《礼记 · 中庸》："凡事预则立，不预则废。"不论做什么事，事先有准备，就能成功，不然就会失败。计划是管理的四个职能中最基础的一个,通常先于组织、领导和控制。有了计划,就有了明确的目的,避免盲目性,才能使工作循序渐进,有条不紊。

一、计划的概念、特点和作用

(一)计划的概念

计划有动词和名词之分,名词意义上的计划是指用文字和数字等形式表述出来的,组织在未来一定时期内关于行动方向、内容和方式安排的管理文件;动词意义上的计划是指为了实现决策所确定的目标,预先进行行动安排的过程。在概念上存在很明显的区分,名词是指管理文件,动词是指一个过程。正如前面哈罗德·孔茨所言:“计划工作是一座桥梁,它把我们所处的此岸与我们要去的彼岸连接起来,以克服这一天堑。”计划工作给组织提供了通向未来目标的明确道路,给组织、领导和控制等一系列管理工作提供了基础。

无论是从动词还是从名词上诠释计划,它都应该包括“5W2H”:

What(做什么?)——目标与内容;

Why(为什么做?)——原因;

Who(谁去做?)——人员;

Where(何地做?)——地点;

When(何时做?)——时间;

How(怎样做?)——方式、手段;

How much(多大的代价?)——成本。

(二)计划的特点

在计划的定义中,不难归纳其主要特点:

1. 预见性

这是计划最明显的特点之一。计划不是对已经形成的事实和状况的描述,而是在行动之前对行动的任务、目标、方法和措施所作出的预见性确认。这种预见性不是盲目的,而是以搜集大量的信息并认真分析为基础的。

2. 针对性

计划是针对具体的工作任务、主客观条件和相应能力而确定的,从实际出发制订的计划才有意义,才有价值。

3. 可行性

可行性是和预见性、针对性紧密联系在一起的,预见准确、针对性强的计划,在现实中才真正可行。如果目标定得过高,措施不力,这样的计划就是空中楼阁;相反,如果目标定得过低,措施和方法都没有创造性,目标实现起来虽然很容易,但是并不能取得有价值的成就,也算不上有可行性。

4. 约束性

计划一经通过、批准和认定,在其所指向的范围内就具有了约束作用,在这个范围内无论是集体还是个人都必须按计划的内容开展工作。

(三)计划的作用

作为管理的首要职能,计划主要发挥以下作用:

1. 计划是管理者指挥的依据

管理者在制订计划之后，还要根据计划进行指挥。他们要分派任务，要根据任务确定下级的权力和责任，要促使组织中的全体人员的活动方向趋于一致而形成一种复合的、巨大的组织化行为，以保证达到计划所设定的目标。如国家要根据五年计划安排基本建设各项目的投资，企业要根据年度生产经营计划安排各月的生产任务、新产品开发和技术改造。管理者正是基于计划来进行有效的指挥。

2. 计划是降低风险、掌握主动的手段

计划是针对未来的，但和组织本身和组织的未来环境却是动态的。计划是预期这种变化并且设法消除变化对组织造成不良影响的一种有效的手段。这就使计划制订者不得不对将来的变化进行预测，根据过去和现在的信息来推测将来可能出现的变化，这些变化将对达成组织目标产生何种影响，在变化确实发生的时候应该采取什么对策，并制订出一系列备选方案。

虽然有些变化无法预知，而且随着计划期的延长，这种不确定性也会相应增大，这种情况的出现是由于人们掌握的与将来有关的信息是有限的，但不管怎样，通过合理的计划，进行科学的预测至少可以将未来的风险减少到最低限度。

小故事

试飞员的诀窍

国外某先生是一家飞机制造厂的飞机试飞员。在他60多岁退休之后，报纸、广告、电台等媒体纷纷前往采访。这是一个传奇式的人物，据说这位老先生，尽管经历了很多次事故和意外，但都化险为夷。媒体记者问他有什么诀窍。

"为什么别人在各种各样的灾难面前躲不过去，而你却能化险为夷呢?"这位老先生解释道："我有一个习惯，就是我在每次执行任务之前都会做脑操。我会设想可能出现的各种情况，假如出现某种不测的时候，我应当如何应对，假如发生某种意外的时候，我如何处理才是最佳的选择。每次执行任务之前，我都会闭上眼睛进行这样的冥想。所以在很多次执行任务过程中，尽管碰到了意外，但对我来讲，却是意料之中的事。"

启示：在面临不确定性风险的时候，经过周密的计划可以把这种不确定性风险降到最低限度。

3. 计划是减少浪费、提高效益的方法

计划工作的一项重要任务就是要使未来的组织活动均衡发展。通过对计划进行认真的研究，消除不必要的活动所带来的浪费，能够避免在今后的活动中由于缺乏依据而进行轻率判断所造成的损失。计划工作要对各种方案进行技术分析，选择最适当的、最有效的方案来达到组织目标。此外，由于有了计划，有利于组织内各成员统一思想，激发干劲，组织内成员的努力将合成一种组织效应，这将大大提高工作效率从而带来经济效益。计划工作还有助于用最短的时间完成工作，减少迟滞和等待时间，减少盲目性所造成的浪费，促使各项工作能够均衡稳定地发展。计划工作对现有资源的使用可以经过充分的分析研究，各部门都明确整个组织的现状，减少闭门造车的工作方式，使组织的可用资源充分发挥作用，从而降低成本。

4. 计划是管理者进行控制的标准

计划工作包括建立目标和一些指标，这是一份好的计划所应包括的内容。这些目标和指标将被用于控制。控制的所有标准几乎都源于计划。计划职能与控制职能具有不可分离的联系。计划的实施需要控制活动给予保证。在控制活动中发现的偏差，又可使管理者修订计划，建立新的目标。

小故事

穷人的奋斗

曾经有一个富人路过一个村子，看见一个衣衫褴褛的穷人，心生怜悯，于是富人送给穷人一头牛。穷人满怀希望地开始奋斗，立志改变穷苦的处境，成为一个衣食无忧的人。可牛要吃草，人要吃饭，日子难过。穷人于是把牛卖了，买了几只羊，吃了一只，剩下的用来生小羊。可小羊迟迟没有生出来，日子又艰难了。穷人把羊卖了，买了鸡，想让鸡生蛋赚钱为生，但是日子并没有改变，最后穷人把鸡也杀了，穷人的理想彻底崩溃了，仍旧过着清贫的日子。

启示：要想成功，不能只有目标，还必须有相应可行的计划。计划是实现目标方案的途径。

二、计划的分类

依照不同的标准，可以把计划分成不同的类型。

（一）按计划完成的时间分类

按计划完成的时间，可把计划分为长期计划、中期计划和短期计划。一般来说，人们习惯于把1年或1年以下的计划称为短期计划，1年以上到5年的计划称为中期计划，而5年以上的计划则称为长期计划。长期计划体现的是较长时间内的发展方向、目标及要求，以问题和目标为中心。中期计划比长期计划更具体，主要用于协调长期计划和短期计划之间的关系，以时间为中心。短期计划最为详尽和具体，规定了组织的各个部门在短时间内应该从事的活动及应达到的要求，为组织成员提供短期行动的依据。

（二）按计划的层次分类

按计划的层次，可把计划分为战略计划、战术计划和作业计划。

1. 战略计划

战略计划是由高层管理者制订的、涉及企业长远发展目标的计划。它的特点是长期性，一次计划可以决定在相当长的时期内大量资源的运动方向；它的涉及面很广，相关因素较多，这些因素的关系既复杂又不明确，因此战略计划要有较大的弹性；战略计划还应考虑许多无法定量化的因素，必须借助于非确定性分析和推理判断才能对它们有所认识。战略计划对战术计划和作业计划起着指导作用。

2. 战术计划

战术计划是由中层管理者制订的，涉及企业生产经营、资源分配和利用的计划。它将战略计划中具有广泛性的目标和政策转变为确定的目标和政策，并且规定了达到各种目标的确切时间。战术计划中的目标和政策比战略计划具体、详细，并具有相互协调的作用。一般情况下，战术计划是按年度分别拟订的。

3. 作业计划

作业计划是由基层管理者制订的。战术计划虽然已经相当详细，但在时间、预算和工作程序方面还不能满足实际实施的需要，还必须制订作业计划。作业计划根据管理计划确定计划期间的预算、利润、销售量、产量以及其他更为具体的目标，确定工作流程，划分合理的工作单位，分派任务和资源，以及确定权力和责任。

小故事

工作面前，人人平等

张强是北京大学的毕业生，以优异成绩应聘到一家省级机关工作。当时他胸中豪情万丈，一心只想鹏程万里。不料上班以后才发现，每日无非干些琐碎的事务，既不需要太多的智慧，也看不出什么成果，热情便不知不觉冷却下来。

一次机关系统开大会，处里彻夜准备文件，分配给他的工作是装订和封套。处长叮嘱："一定要做好准备，别到时措手不及。"他听了不以为然，心想：初中生也会的事，还用得着这样嘱咐？于是根本没理会。同事忙忙碌碌，他也懒得帮忙，只在旁边看报纸。文件终于完成，交到他手里。他开始一份份装订，没想到只订了十几份，钉书机"咔"地发出空响，钉书钉用完了。他漫不经心地抽开钉书钉的纸盒，脑子里"嗡"的一声：里面是空的。不知怎的，平时仿佛满坑满谷的小东西，此刻竟连一根都找不到。此时已是深夜11:30，而文件必须在第二天早晨8:00大会召开之前发到代表手中。处长咆哮："不是叫你做好准备的吗？连这点小事也做不好，大学生有个屁用啊！"张强脸上像挨了一巴掌似的滚烫刺痛。

几经周折，凌晨4:00在一家通宵商务中心买到了钉书钉。事后，处长只说了一句话："工作面前，人人平等。"这句话让他深深地领悟到：以十分的准备迎接三分的工作并非浪费，而以三分的精神态度面对十分的工作，注定会带来不完美的结果。

"令千里马失足的往往不是崇山峻岭，而是柔软青草结成的环；在通往成功的路途中，真正的障碍有时只是一点点疏忽与轻视，比如，那一盒小小的钉书钉。"

启示：作业计划一定要细致入微。细微的破绽可能导致重大的失败，要考虑周全，不可忽略一切细节。如果你成功了，也不要得意，对自己说上一句："我这回运气好，没有风。"

（三）按计划的对象分类

按计划的对象，可把计划分为综合计划、局部计划和项目计划三种。顾名思义，综合计划所包括的内容是多方面的，局部计划只包括单个部门的业务，而项目计划则是为某种特定任务而制订的。

1. 综合计划

综合计划一般指具有多个目标和多方面内容的计划。就其涉及对象来说，它关系到整个组织或组织中的许多方面。习惯上人们把预算年度的计划称为综合计划。它主要包括：销售计划、生产计划、劳动工资计划、物资供应计划、成本计划、财务计划、技术组织措施计划等。这些计划都有各自的内容，但它们又互相联系、互相影响、互相制约，形成一个有机的整体。由于目前的企业已经形成了一种开放的系统，外界环境对这个系统有着直接的影响。为此，就要使资源在各个部门合理分配，用有限的投入获得更大的产出，产生更大的组织效应。所以应把制订综合计划放在首要的位置上。

2. 局部计划

局部计划限于指定范围的计划。它包括各种职能部门制订的职能计划，如技术改造计划、设备维修计划等；还包括执行计划的部门制订的部门计划。局部计划是在综合计划的基础上制订的，它的内容专一性强，是综合计划的一个子计划。它是为了达到整个组织的分目标而确立的。例如，企业年度销售计划是在国家计划、市场预测和订货合同的基础上，规定年度销售的产品品种、质量、数量和交货期，以及销售收入、销售利润和销售渠道。应该注意各种局部计划相互制约的关系,如销售计划直接影响生产计划和财务计划等其他局部计划。

3. 项目计划

项目计划是针对组织的特定活动作出的计划。例如,某种新产品开发计划、企业的扩建计划、与其他企业联合计划、职工俱乐部建设计划等都是项目计划。

(四)按计划的明确程度分类

按计划的明确程度,可把计划分为指令性计划和指导性计划。指令性计划是由上级下达的具有行政约束力的计划,它规定了计划执行单位必须执行的各项任务,其规定的各项指标没有讨价还价的余地。指导性计划是由上级给出的一般性的指导原则,具体如何执行具有较大的灵活性。现实生活中,指导性计划由于没有明确的要求,因而具有较好的灵活性,而且,由于指导性计划规定了一般性的原则,从而使其在多变的环境中具有较好的可控性。

(五)按计划的重复程度分类

按计划的重复程度,可把计划分为程序性计划和非程序性计划。例行重复要做的计划就是程序性计划,也称常规计划,包括政策、标准方法和常规作业程序,主要用来解决常发性问题。非例行不重复要做的计划就是非程序性计划,也称专项计划,包括为特定情况专门设计的方案、进度表等,它用来处理一次性的非重复性的问题。

引入案例点评:远大公司当前的情况比较复杂,公司在激烈的竞争中既有优势,比如资产相对雄厚,经营的范围并不单一等;也有劣势,比如管理方面主要依靠张总的经验,以及有些经营的项目盈利状况不理想等。而当前公司面对的发展机会也比较多,如做小型柴油机的代理商、开拓市中心商业街工程等。如此复杂的局面,不能靠张总的经验直接决定公司未来的方向,而是要对市场竞争及各行业的未来发展进行大量的信息搜集和周密的分析,作出相关的决策,并为实现目标制订详细的计划。在制订计划的时候,可以根据计划的时效分别制订短期计划、中期计划及长期计划。

第二节　制订计划的程序及方法

一、制订计划的程序

制订计划本身就是一个过程。为了保证编制的计划合理,以确保组织目标的实现,计划编制过程中必须采用科学的方法。无论是长期计划还是短期计划,也无论是战略计划还是战术计划,或者其他种种,管理者在编制任何完整的计划时,实质上都要遵循相同的步骤。主要环节如下:

(一)环境分析

环境分析在计划开始前,管理者应该对组织的外部环境和内部条件进行分析,认清组织的长处和不足、外部环境存在的机会和威胁,并评估把握机会所需要的资源和能力。环境分析是计划的起点。主要分宏观环境和微观环境,具体内容如表 3.1 所示。

表 3.1 宏观环境与微观环境分析

宏观环境	微观环境
政治环境,如政府的各种经济政策、方针、法令等	供应商:供货的及时和稳定、供货的质量和价格、货源的选择性等
社会环境,如社会风气、风俗习惯、消费倾向等	顾客:顾客的需求质量、需求数量、购买能力等
经济环境,如人口趋势、就业状况、国民收入水平、价格水平等	竞争对手:竞争对手的市场占有率、产品质量、产品价格、服务质量等
技术环境,如国内外科学技术发展趋势等	替代新产品:种类、质量、价格、技术等
资源环境,包括人力资源、物质资源、自然资源等	社会公众:组织在社会中的形象、与媒体的关系、与金融机构的关系、与政府机构的关系等

一般来说,管理人员都必须花大量的时间去调查和分析各种有关的信息和情报,做好环境分析,以便能捕捉良机,制订出正确的计划。

(二)确定目标

在环境分析的基础上就可以确定目标。目标为组织整体、各部门和各成员指明了方向,并且作为标准可用来衡量实际的绩效。

小故事

目标的力量

有个年轻人去采访心理学教授朱利斯·法兰克博士。博士虽然已有70岁高龄,却保有相当年轻的体态。

"我在很多很多年前遇到过一个中国老人,"法兰克博士解释道,"那是第二次世界大战期间,我在远东地区的俘虏集中营里。那里的情况很糟,简直无法忍受,对他们来说,死已经变成最好的解脱。我自己也想过一死了之。"

年轻人非常专注地听着法兰克博士诉说那天的遭遇。"有一天我坐在囚犯放风的广场上,心里正想着爬上通了电的围篱自杀。不知什么时候,身旁坐了个中国老人。他转过头来问了我一个非常简单的问题,却救了我的命。"年轻人马上追问:"是什么样的问题可以救人一命呢?"

"他问的问题是,"法兰克博士继续说,"'你从这里出去之后,第一件想做的事情是什么?'这是我从来没想过的问题,我从来不敢想。但是我心里却有答案:我要再看看我的太太和孩子们。突然间,我认为自己必须活下去,那件事情值得我活着回去做。那个问题救了我一命,因为它给我某个我已经失去的东西——活下去的理由!中国老人的问题不只救了我的命,还教了我从来没学过的却是最重要的一课。"

"是什么?"年轻人问。

"目标的力量。"

"目标?"

"是的,目标,企图,值得奋斗的事。目标给了我们生活的目的和意义。"

启示:有了目标,我们才会把注意力集中在追求喜悦而不是避免痛苦上。做事才会更有动力,化被动为主动。

在确定目标的时候，通常遵循 SMART 原则：Specific——目标要具体；Measurable——目标要可量度；Attainable——目标要有可达性；Related——目标要有相关性；Time-bound——目标要有时限性。

1. 目标的四方面内容

一般在确定目标时必须考虑目标的优先次序、目标的时间、目标的结构和衡量目标的标准四方面的内容。

(1)目标的优先次序

目标的优先次序意味着，在一定的时间内某一个目标的实现相对来说比实现其他目标更为重要。例如，对一个在支付工资都有困难的公司来说，实现保持最低限度的现金平衡的目标可能是至关重要的。

(2)目标的时间

目标的时间因素意味着一个组织的活动受各种行动时间长短不同的目标所支配，即目标有短期、中期和长期目标之分。一般长期目标是企业的最终目标，而中期目标是为了实现最终目标而必须达到的目的，短期目标关心的是组织眼前的问题。

(3)目标的结构

将所确立的组织目标分解到各个部门，然后落实到各个活动环节。主要部门的目标依次控制下属各部门的目标。以此类推，形成了组织的目标结构。

(4)衡量目标的标准

在说明目标时，使用的语言一定要能让努力实现目标的人理解和接受，即有效的计划要求目标要容易衡量。常见的衡量标准如：

①利润率指标：利润与销售之比，利润额和销售额可直接根据损益报表计算出来；利润与总资产之比，衡量的是管理部门使用各种资源的效率如何；利润与资本(净值)之比，可根据损益报表和资产负债表结合起来进行衡量。

②销售指标：对每一项现有产品和可能生产的产品，都必须在总产量、市场份额、利润等方面制订出具体的目标，即数量指标、市场份额指标和利润指标。

③生产率指标：产出与投入之比。

④物质和财力指标。该指标可以反映公司为实现更大的目的获取充足资源的能力。可有很多种会计方法既适合衡量物质目标又适合衡量财力目标。

小故事

父考三子

有一位父亲带着三个孩子到沙漠去猎杀骆驼。他们到了目的地，父亲问老大："你看到了什么?"老大回答："我看到了猎枪，还有骆驼，还有一望无际的沙漠。"父亲摇摇头说："不对。"父亲以同样的问题问老二，老二回答说："我看见了爸爸、大哥、弟弟、猎枪，还有沙漠。"父亲又摇摇头说："不对。"父亲又以同样的问题问老三，老三回答："我只看到了骆驼。"父亲高兴地说："你答对了。"

启示：老三的回答，说明他明确来沙漠的目标，而且眼中只有目标。一个人若想走上成功之路，首先必须有明确的目标，目标一经确立，就要心无旁骛、勇往直前。

2. 目标管理

目标管理(Management by Objective，MBO)是1954年由彼得·德鲁克提出的以目标为导向、以人为中心、以成果为标准，而使组织和个人取得最佳业绩的现代管理方法。目标管理，又称成果管理，俗称责任制，还可以理解为是在企业个体职工的积极参与下，自上而下地确定工作目标，并在工作中实行“自我控制”，自下而上地保证目标实现的一种管理办法。

小故事

驴子和马

唐太宗贞观年间，有一头马和一头驴子，它们是好朋友。贞观三年，这匹马被玄奘选中，前往印度取经。

17年后，这匹马驮着佛经回到长安，便到磨坊会见它的朋友驴子。老马谈起这次旅途的经历：浩瀚无边的沙漠、高耸入云的山峰、炽热的火山、奇幻的波澜……神话般的境界，让驴子听了大为惊异。

驴子感叹道：“你有多么丰富的见闻呀！那么遥远的路途，我连想都不敢想。”

老马说：“其实，我们跨过的距离大体是相同的，当我向印度前进的时候，你也一刻没有停步。不同的是，我同玄奘大师有一个遥远的目标，按照始终如一的方向前行，所以我们走进了一个广阔的世界。而你被蒙住了眼睛，一直围着磨盘打转，所以永远也走不出狭隘的天地……”

启示：马与驴子最大的差别就在于目标的不同，最终导致了不同的结果。企业或团队有目标不等于有好目标。好目标一定要结合企业的长远发展和员工的特点来制定。彼得·德鲁克说：“目标并非命运，而是方向。目标并非命令，而是承诺。目标并不决定未来，而是动员企业的资源与能源以便塑造未来的一种手段。”

目标管理是按照一定的程序进行的，具体操作分为以下三个步骤：

(1)目标的制定与展开。这是目标管理最重要的一步，一般先由高层管理者根据组织的特点、优势与劣势以及组织面临的机会与威胁，确定组织在未来一定时期内的总体目标任务，再逐步展开，确立下级的目标。当然，为了使每个目标都有合适的人负责，在确立下级目标的时候，首先要让下级参与到目标的制定中，使确定的目标能得到员工的认同，要与下级共同商量确立下级的分目标，并就实现目标所需要的条件及实现目标后的奖惩事宜达成一致意见，同时，分目标确定后，要授予下级相应的资源配置的权利，真正体现权、责、利的统一。

(2)实现目标的过程管理。目标管理强调结果，重视员工的自我控制，但并不等于管理者就不应该管或者可以不管；相反，由于制定的目标环环相扣，牵一发而动全身，一旦在某个环节上出现了失误，会影响整个目标的实现，而且管理者要负最终责任，因此，管理者在目标实施过程中的管理和控制是不可或缺的。

(3)成果的考核。到了规定期限后，下级首先提交书面报告，进行自评，然后上下级一起根据预先设定的目标和奖惩条例进行考核，给予相应的奖励和惩罚。

(三)拟订各种可行性计划方案

目标确定以后，就需要拟订尽可能多的可行的计划方案。可供选择的计划方案越多，被选中的计划的相对满意程度就越高，行动就越有效。因此，在可行的行动计划拟订阶段，要发扬民主，广泛发动群众；充分利用组织内外的专家，通过他们献计献策，产生尽可能多的行动计划；同时还要依赖过去的经验，已经成功的或失败的经验对于拟订可行的计划方案都有借鉴作用;并且要重视创新,因为企业内、外部情况的迅速发展变化,昨天的方案不一定适应今天的要求。

(四)评估选择方案

在拟订了多种可行性方案之后,就要根据企业的内、外部条件和对计划目标的研究,充分分析各个方案的优缺点,作出认真的评价和比较,选择最接近许可条件和计划目标的要求、风险最小的方案。评估时,要注意考虑以下几点:

(1)认真考察每一个计划的制约因素和隐患。

(2)要用总体的效益观点来衡量计划。

(3)既要考虑每一个计划的许多有形的可以用数量表示的因素,又要考虑许多无形的不能用数量表示的因素。

(4)要动态地考察计划的效果,不仅要考虑计划执行所带来的利益,还要考虑计划执行所带来的损失,特别注意那些潜在的、间接的损失。

(5)按一定的原则选择出一个或几个较优计划。之所以是“较优”,是因为存在人类理性的局限性、未来的不确定性和个人价值观的差异等。

(6)若考虑因素较多时,还要依靠决策人员的经验、实验和研究分析进行比较。

(五)拟订主要计划

完成了拟订和选择可行性行动计划后,拟订主要计划就是将所选择的计划用文字形式正式地表达出来,作为一项管理文件。拟写计划要清楚地确定和描述 5W2H 的内容等。

(六)制订派生计划

派生计划是为了支持主计划实现而由各个职能部门和下属单位制订的计划。比如,一家公司年初制订了“当年销售额比上年增长 15%”的销售计划,这一计划发出了许多信号,如生产计划、促销计划等。再如,当一家公司决定开拓一项新的业务时,这个决策是要制订很多派生计划的信号,比如雇用和培训各种人员的计划、筹集资金计划、广告计划等。

(七)制定预算,用预算使计划数字化

在作出决策和确定计划后,赋予计划含义的最后一步就是把计划转变成预算,使计划数字化。编制预算,一方面是为了使计划的指标体系更加明确,另一方面是企业更易于对计划执行进行控制。定性的计划往往在可比性、可控性和进行奖惩方面比较困难,而定量的计划则具有较好的约束性。

小故事

计划的执行

一群老鼠吃尽了猫的苦头,他们召开全体大会,号召大家贡献智慧,商量对付猫的万全之策,争取一劳永逸地解决这一事关大家生死存亡的大问题。

老鼠们苦思冥想。有的提议培养猫吃鱼、吃鸡的新习惯,有的建议加紧研制毒猫药……

最后,一只老奸巨猾的老老鼠出了一个主意,让大家佩服得五体投地,连呼高明。这个妙主意就是给猫的脖子上挂个铃铛,只要猫一动,就发出响声,大家得到警报,就可以躲起来。这一建议终于被投票通过,但是谁去给猫的脖子上挂铃铛呢?老鼠们想尽了办法,高薪奖励、颁发荣誉证书等,但无论什么高招,都无法将这一决策执行下去。至今,老鼠们还在争论不休,也经常举行会议……

(资料来源:朱晓杰编著:《一生必知的101个管理寓言》,中国商业出版社2004年版)

启示:一项计划不管在理论上有多合理、多英明,如果不能执行也是枉然。执行与执行力,现在已成为所有管理者都必须重视的问题。

二、制订计划的方法

制订计划常用的方法有很多种,这里主要介绍甘特图法、滚动计划法和网络计划技术。

(一)甘特图法

甘特图(Gantt Chart)又称横道图、条状图(Bar Chart),是在20世纪由亨利·甘特开发的。它是一种线条图,横轴表示时间,纵轴表示要安排的活动及其进度。甘特图可直观地表明任务计划定在什么时候进行和完成,并可对实际进展与计划要求作对比检查。这种方法虽然简单,却是一种重要的作业计划与管理工具。它能使管理者很容易地搞清一项任务或项目还剩下哪些工作要做,并评估出某项工作是提前了还是拖后了或者是按计划进行着。图3.1就是一个甘特图。其中,横轴表示时间单位,纵轴表示任务。每个任务后面的横线表示这个任务开始的时间和结束的时间。

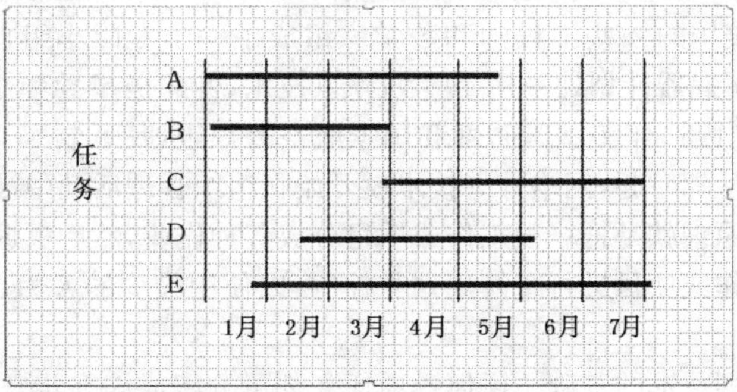

图3.1 甘特图的表示方法

(二)滚动计划法

滚动计划法是一种定期修订未来计划的方法。它是按照"近细远粗"的原则制订一定时期内的计划,然后按照计划的执行情况和环境变化调整和修订未来的计划,并逐期向后移动,把短期计划、中期计划和长期计划结合起来的一种计划方法。

滚动计划法的具体做法是:在制订计划时,同时制订未来若干年的计划,但计划内容粗细不同,越是近期计划,内容越细、越具体;越是远期计划,内容越粗、越概括。当执行了最近一个周期的计划后,根据该期计划执行的具体情况与预期结果做差异分析,同时根据当前内部条件和外部环境的变化情况,对原定的下一期计划进行修订,并将整个计划向前滚动一个周期,以后逐年根据同样的原则进行定期的修订与滚动。

例如,应用滚动计划编制企业五年计划,其过程如图3.2所示。

从图3.2中可以看出五年计划的滚动程序,首先是企业编制出2011~2015年的五年计划,到2011年末,企业根据当年计划的完成情况及客观条件变化等因素对原定的上期五年计划做必要的调整,在此基础上再编制出2012~2016年新的五年计划。同理,到2012年末再根据2012年计划的执行情况、计划修正因素等再编制出2013~2017年的五年计划。在编制时,

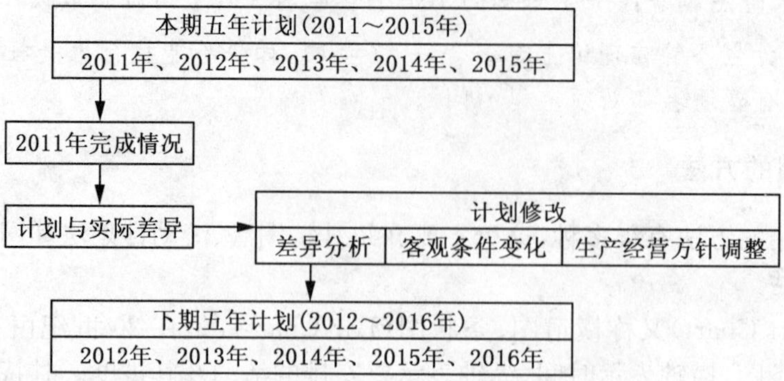

图 3.2　应用滚动计划法编制五年计划

近期计划部分较详细,远期计划部分较粗略,如此不断地向前滚动,不断地编制出各期计划。

(三)网络计划技术

网络计划技术(Network Planning Technology)于20世纪50年代后期在美国产生和发展起来。这种方法包括各种以网络为基础制订计划的方法,如关键路径法、计划评审技术、组合网络法等。1956年,美国的一些工程师和数学家组成了一个专门小组首先开始这方面的研究。1958年,美国海军武器计划处采用了计划评审技术,使北极星导弹工程的工期由原计划的10年缩短为8年。1961年美国国防部和国家航空署规定,凡承制军用品必须用计划评审技术制订计划上报。从那时起,网络计划技术就开始在组织管理活动中被广泛地应用。

网络计划技术的原理就是把一项工作或项目分成各种作业,然后根据作业顺序进行排列,通过网络图对整个工作或项目进行统筹规划和控制,以便用最少的人力、物力、财力以及最高的速度完成工作。

网络图是网络计划技术的基础。任何一项任务都可分解成许多步骤的工作,根据这些工作在时间上的衔接关系,用箭线表示它们的先后顺序,画出一个由各项工作相互联系并注明所需时间的箭线图,这个箭线图就称作网络图。图3.3就是一个简单的网络图。

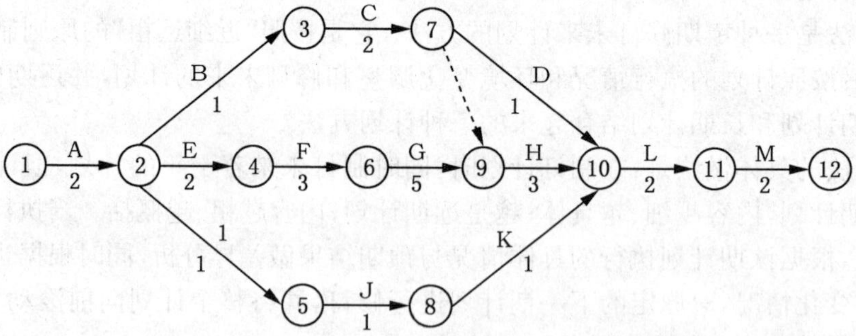

图 3.3　网络图

一个网络图主要包括以下几个构成要素:

(1)"→"代表工序。它是一项工作的过程,有人力、物力参加,经过一段时间才能完成。图中箭线下的数字便是完成该项工作所需的时间。此外,还有一些工序既不占用时间,也不消耗资源，是虚设的，称为虚工序，在图中用虚线箭头表示。网络图中应用虚工序的目的也是为避免工序之间关系的含混不清，以正确表明工序之间先后衔接的逻辑关系。

(2)"○"代表事项。它是两个工序间的连接点。事项既不消耗资源，也不占用时间，只表示前道工序结束、后道工序开始的瞬间。一个网络图中只有一个始点事项，一个终点事项。

(3)路线。它是网络图中由始点事项出发，沿箭线方向前进，连续不断地到达终点事项为止的一条通道。一个网络图中往往存在多条路线，如图 3.3 中从始点①连续不断地走到终点的路线有 4 条，即

①:①→②→③→⑦→⑩→⑪→⑫

②:①→②→③→⑦→⑨→⑩→⑪→⑫

③:①→②→④→⑥→⑨→⑩→⑪→⑫

④:①→②→⑤→⑧→⑩→⑪→⑫

比较各路线的路长，可以找出一条或几条最长的路线，这种路线被称为关键路线。关键路线上的工序被称为关键工序。关键路线的路长决定着整个计划任务所需的时间。关键路线上各工序完工时间提前或推迟都直接影响着整个活动能否按时完工。确定关键路线、据此合理地安排各种资源、对各工序活动进行进度控制，是利用网络计划技术的主要目的。

绘制网络图要把握以下几条原则：

(1)有向性，即各项工序都用箭线表示。

(2)无回路，即网络图中不能出现循环回路。

(3)两点一线，即两个结点之间只能有一条箭线。

(4)源汇各一，即网络图只能有一个起点和一个终点。

(5)结点编号应从小到大，从左到右，不能重复。

第三节 决策的概念和类型

一、决策的概念

西蒙认为管理就是决策，决策是管理的核心。决策是管理中经常发生的一种活动，是人们在政治、经济、技术和日常生活中普遍存在的一种行为。决策是决定的意思，它是为了实现特定的目标，根据客观的可能性，在占有一定信息和经验的基础上，借助一定的工具、技巧和方法，对影响目标实现的诸因素进行分析、计算和判断选优后，对未来行动作出决定。

准确地讲，决策就是为了达到某一特定的目标而从若干个可行方案中选择一个满意方案的分析判断和选择的过程。从这个定义可以看出，决策的内涵包括以下几个方面：

第一，决策要有明确的目标，这是决策的前提条件；

第二，决策的过程中要拟订多个可行的备选方案，这是科学决策的根本；

第三，决策的重点在于科学地分析、判断与选择，这是决策质量的保证；

第四，决策的结果在于选择"满意"方案，而不一定是"最优"方案。

在决策的过程中，应该遵循以下原则：

第一，系统性原则。要利用系统科学的理论，分析外部受到的经济、社会和自然条件的限制，同时分析企业内部整个系统的优势和劣势。将企业的内部条件与外部环境、局部利益与整

体利益、当前利益与长远利益相结合。

第二，效益原则。要以最小的人、财、物及时间耗费取得最大的效益或争取最小的损失。

第三，定量分析与定性分析相结合的原则。在决策的过程中要采用定量分析的方法和定性分析的方法辅助决策，使最终作出的决策是相对最满意的一个决策。

案例

尼西奇的成功决策

日本尼西奇公司在战后初期仅有三十余名职工，生产雨衣、游泳帽、卫生带、尿布等橡胶制品，订货不足，经营不稳，企业有朝不保夕之感。公司董事长多川博从人口普查中得知，日本每年大约有250万名婴儿出生，如果每个婴儿用两条尿布，一年就需要500万条，这是一个相当可观的尿布市场。多川博决定放弃尿布以外的产品，一心把尼西奇公司打造成尿布专业公司。通过集中力量，创立名牌，尼西奇公司成了“尿布大王”。资本仅1亿日元，年销售额却高达70亿日元。

点评：决策对企业至关重要，一个成功的决策，可以扭转企业的命运，使企业避免倒闭的危险，使处于“山穷水尽”状况的企业顿感“柳暗花明”。

第四，集体智慧与个人力量相结合的原则。单凭决策者个人的知识和能力很难作出有效决策，所以在决策的过程中要发扬民主，善于集中和依靠集体的智慧和力量。

第五，创新原则。决策是对未来经营目标、行动方案的决策活动，会不断随着情况而变化和调整，需要管理者勇于开拓、提出设想、创造新办法。

第六，反馈原则。所选的方案要有一定的应变措施，一旦环境发生了变化，应及时反馈，据此采取相应补救措施。

小故事

猿猴的决策

热带雨林中，虎啸猿啼，草木丛生，各种动物在树枝上、草丛间玩耍，上蹿下跳，十分活跃，一切都显得生机盎然，那么正常、理想、幸福。但天有不测风云，暴雨袭来，不久洪水就淹没了森林的大部分，大小动物拼命向最高处奔去。待大家聚到高处，洪水还在暴涨，于是大家推选最聪明的猿猴主持召开会议，大家为如何脱险议论纷纷，一时不知所措。

猿猴说：看谁能游泳？很快推选出青蛙、水蛇等四大水手。猿猴灵机一动说：“不行！只会游泳，跑得不快，不能迅速报信求救。”大家一致赞成，但谁是水陆都行的能手呢？猿猴脑子快，瞥了一眼蜈蚣，心想：它会水，腿又多，一定跑得快。猿猴自鸣得意地断然作出决定：马上让蜈蚣出发。大家也心情坦然地继续开会。当天已漆黑散会时，大家发现蜈蚣还没有走，因为脚太多，穿鞋成了最费时间的事。大家对猿猴的错误决策十分愤慨，群起而攻之。

启示：一是决策不能想当然，也不能就事论事，简单了事。而是要像张瑞敏提出的“要有二次决策”，即针对决策之后的负效应再做一次决策，以保证决策的顺利。二是要有反向思维，即在决策取得一致意见的过程中，要想到与其相反的决策。只有能正反双渠道思考的决策者，才表现出决策者的成熟、能力与水平。

二、决策的类型

按照不同的标准，决策可以分为不同的类型。对于决策者而言，在弄清所面临的决策属于什么类型之后，才能做到有的放矢，寻找相应的决策方法。

（一）按照决策的重要程度，决策可以分为战略决策、战术决策和业务决策

1. 战略决策

即有关组织全局利益和长远利益的决策。这类决策对组织的生存与发展有决定性的影响，并作用于一个较长的时期。一般由高层管理者作出，如企业长期发展战略的决策。

2. 战术决策

即有关实现战略目标的方式、途径、措施等的决策，它比战略性决策更为具体、作用范围相对较小，影响的时间相对短一些。一般由中层管理者作出，如生产计划、工资水平等。

3. 业务决策

即为解决日常工作中的问题所作的具体决策。它的作用范围相对更小，影响的时间也更短。一般由基层管理者作出。

（二）按决策的重复程度，决策可以分为程序化决策和非程序化决策

1. 程序化决策

即对重复出现的日常事件所作的决策，也就是例行问题的决策。由于经常重复发生，所以能按已规定的程序、处理方法和标准进行决策，如常见的设备故障等。

2. 非程序化决策

即对非重复性的新颖事件所作的决策，也就是例外问题的决策。由于事件具有极大偶然性、随机性，又无先例可循，且有大量不确定性的因素，其方法和步骤也难以程序化、标准化，不能重复使用，如重大的人事调整。

一般高层管理者所作的非程序化的决策更多，基层管理者所作的程序化的决策更多。

（三）按决策制定条件的确定性，决策可以分为确定型决策、风险型决策和非确定型决策

1. 确定型决策

确定型决策的制定条件是决策者完全知道所面对的问题，替代方案也很明确，且每个方案的结果是唯一的且可以预见的。

2. 风险型决策

对某事件出现的结果不能确定其唯一性，但可能出现的几种状态是可以预见的，且每种状态出现的概率和经济效果是可以估算到的，可以通过比较各方案的期望值来进行决策。风险型决策常用的方法是决策树分析法，这点在后面将会详细介绍。

3. 非确定型决策

决策事件未来各种自然状态完全是随机的，选中的方案的执行结果是无法预知的。也就是说，在可供选择的方案中存在两种或两种以上的自然状态，而且，这些自然状态所发生的概率是无法估计的。

（四）按决策主体所处的管理层次，决策可以分为高层决策、中层决策和基层决策

1. 高层决策

组织的高层管理者所作的决策，这类决策事关全局、事关长远。

2. 中层决策

组织的中层管理者所作的决策，其影响范围大多只涉及一个部门。

3. 基层决策

组织的基层管理者所作的决策，这类决策主要解决局部的日常工作中的问题。

一般来说，越接近高层的决策越具有战略性、非程序性、非确定性，而越接近基层的决策，就越具有战术性、程序性、确定性。

(五)按决策主体的多少，决策可以分为个体决策和群体决策

1. 个体决策

仅有一个人参与决策，也称个人决策。

2. 群体决策

群体决策是由多人共同参与决策分析和决策制定的整个过程。

相对于个人决策，群体决策的优点为：能集思广益、有利于决策的执行、更能承担风险等。群体决策的缺点为：决策速度慢、责任不明、可能存在少数人对群体的操纵、个人可能屈服于群体的压力等。

(六)按需要解决的问题，决策可以分为初始决策与追踪决策

初始决策是指组织对从事某种活动或从事该种活动的方案进行初次选择。追踪决策是指在初始决策的基础上对组织活动的方向、内容或方式的重新调整。

第四节 决策的过程和方法

小故事

犹太人的选择

有三个人要被关进监狱三年，监狱长准许他们仨一人提一个要求。美国人爱抽雪茄，要了三箱雪茄。法国人最浪漫，要一个美丽的女子相伴。而犹太人说，他要一部与外界沟通的电话。三年过后，第一个冲出来的是美国人，嘴里、鼻孔里塞满了雪茄，大喊道："给我火，给我火！"原来他忘了要火了。接着出来的是法国人。只见他手里抱着一个小孩子，美丽女子手里牵着一个小孩子，肚子里还怀着第三个。最后出来的是犹太人，他紧紧握住监狱长的手说："这三年来我每天与外界联系，我的生意不但没有停顿，反而增长了200%，为了表示感谢，我送你一辆劳斯莱斯！"

启示：什么样的选择决定什么样的生活。今天的生活是由三年前我们的选择决定的，而今天我们的抉择将决定我们三年后的生活。我们要选择接触最新的信息，了解最新的趋势，从而更好地创造自己的将来。

一、决策的过程

决策并不是仅仅需要一个简单的"是"与"否"的答案，而是一个复杂的过程，要想作出科学可行的决策，就需要遵循一定的程序，否则，可能导致决策失败。一般而言，决策的过程包括以下几个步骤：

(一)识别机会

决策是为了解决现实中存在的需要解决的问题或者实现某个目标，那么决策者必须知道哪里出现了问题或者哪里需要行动，这就需要对问题进行诊断，以识别机会。要想诊断问题，必须搜集相关的信息，因为信息是决策的基本依据，信息是否准确、充足和及时，会直接影响决策的质量。信息的搜集，更要围绕问题来进行；同时，组织要借助一定的信息管理系统，对已搜集的信息加以有效的处理、传递和使用，以便为决策方案的拟订提供可靠的依据。

(二)明确决策目标

决策目标是制定和实施决策的基础，目标明确，内容具体，才能对控制和实施决策起指导作用。因为同样的问题，如果目标不同，所作的决策就可能不同。

在确定决策目标时，应该把握以下几点：

(1)决策目标要具体，不能笼统；

(2)明确决策目标附加的约束条件；

(3)确定衡量目标实现程度的具体标准；

(4)区分目标的重要程度和主次程序。

(三)拟订备选方案

一旦决策目标识别出来，就要提出达到目标和解决问题的各种可行的备选方案。备选方案的质量直接决定着将来的决策效果。所以在拟订备选方案时，应该注意以下几点：

(1)拟订的备选方案不能只有一个，而应该是两个以上并且尽可能多；

(2)每个备选方案都应该完整、详尽；

(3)各个备选方案之间应相互排斥；

(4)方案应该大胆创新。

案例

决策失误实例

1991年开工建设，1994年投产，总投资达7.8亿元的冶钢170毫米无缝钢管厂，投产4年不仅未赚1分钱，反而亏损4.3亿元人民币。时任湖北冶钢集团有限公司董事长刘建新称，市场预测不准、决策严重失误是这一项目失败的根本原因。

(四)评估备选方案

根据当前情况和对未来发展趋势的预测，选用科学的评估方法对各个备选方案进行比较、分析和评价，这是决策的关键。

小故事

"布里丹选择"的陷阱

生活中守着粮囤饿死的人不是没有。比如，有一个叫布里丹的外国人，他的驴子饿得咕咕叫，他就牵着驴子到野外去找草吃。看到左边的草很茂盛，他便带驴子到了左边，又觉得右边的草颜色更绿，他就带他的驴子跑到右边，但又觉得远处的草品种更好，他便牵着驴子到了远处。布里丹带着他的驴子一会儿左一会儿右，一会儿远一会儿近，始终拿不定主意。结果，驴子被饿死在寻找更好的草的路途中。

有些决策者总希望得到最优最佳的方案，其实这已经走进了认识的误区。完美无缺的决策方案是不存在的，因为人是有瑕疵的，而方案是有瑕疵的人制定的。在激烈竞争的现代市场经济大潮中，十年磨一剑已经太慢，要一年磨十剑才是正好。

启示：决策过分地追求完美无疑等于死亡！只会在犹豫和彷徨中浪费时间并错失良机。

（五）选择满意方案

评估备选方案的目的是优中选优，而决策者的动机当然是要选择一种最优化的方案。但是，根据西蒙的观点，要实现决策的最优化必须同时满足三个条件：第一，决策者对可供选择的方案及其未来的后果“无所不知”。第二，决策者要有无限的估算能力。第三，决策者对各种可能的结果有一个完全而一贯的优先顺序。但是由于决策者受认识能力、时间、经费、信息等方面的限制，要完全具备上述条件是不可能的，因此，人们不可能作出完全合理和最优化的决策，而只能寻求一种令人相对更满意的决策。

西蒙给决策者提出了两个建议：(1)用相对更满意的准则代替最优化原则；(2)不考虑一切可能的复杂情况，只考虑与问题有关的特定情况。

在这一阶段，要求决策者有广博的知识、正确的思维方法、创新精神、进取精神，并要有一定的胆识和魄力。

（六）实施方案

一旦作出了最终决策，就要付诸实施，要制订切合实际的实施计划，并向执行决策方案的人员传达相关要求，落实各项行动。

（七）方案实施过程中的监控和信息反馈

决策结果的正确与否是通过实践检验出来的，同时，选定的决策方案可能涉及较长的时间，在这段时间里，外部形势和内部条件都可能发生变化，而初步分析建立在对问题或机会的初步估计上，因此，管理者要不断对方案进行修改和完善，以适应变化了的形势和条件。如果方案在实施的过程中，遇到环境有重大变化或原决策有失误，就需要对决策作出根本性的改变。

案例

超音速民航客机研制的成与败

1962年，英法航空公司开始合作研制“协和”式超音速民航客机，其特点是快速、豪华、舒适。经过十多年的研制，耗资上亿英镑，终于在1975年研制成功。然而，随着时间的流逝，情况发生了很大变化。能源危机、生态危机威胁着西方世界，乘客和许多航空公司都因此而改变了对在航客机的要求。乘客的要求是票价不要太贵，航空公司的要求是节省能源、多载乘客、噪音小。但“协和”式飞机却不能满足消费者的这些要求。首先是噪音大，飞行时会产生极大的声响，有时甚至会震碎建筑物上的玻璃。再就是由于燃料价格增长快，运行费用也相应大大提高。这些情况表明，消费者对这种飞机需求量不会很大。因此，不应大批量投入生产。但是，由于公司没有决策运行控制计划，也没有重新进行评审，而且飞机是由两国合作研制的，雇用了大量人员参与这项工作，如果中途下马，就要解雇大量人员。上述情况使得飞机的研制生产决策不易中断，后来两国对是否要继续协作研制生产这种飞机发生了争论，但由于缺乏决策运行控制机制，只能勉强将决策继续实施下去。结果，飞机生产出来后却卖不出去，原来的宠儿变成了弃儿。

点评：企业决策运行控制与企业的命运息息相关。一项决策在确定后，能否最后取得成功，除了决策本身性质的优劣外，还要依靠对决策运行的控制与调整，包括在决策执行过程中的控制,以及在决策确定过程中各阶段的控制。

决策的完整过程除以上几个步骤外,同时还要注意决策是人为的决定,因而会受到决策者的个性、态度、行为、伦理和价值观以及文化背景等诸多因素影响。因此可以说,决策的过程是一个长期的、复杂的系统工程。

案例

阿斯旺大坝的灾难

埃及阿斯旺水坝在20世纪70年代初竣工。从表面上看,这座水坝给埃及人带来了廉价的电力,控制了水旱灾害,灌溉了农田。然而,实际上却破坏了尼罗河流域的生态平衡,造成了一系列灾难:由于尼罗河的泥沙和有机质沉积到水库底部,使尼罗河两岸的绿洲失去了肥源——几亿吨淤泥,土壤日益盐碱化;由于尼罗河河口供沙不足,河口三角洲平原内陆收缩,工厂、港口、国防工事有跌入地中海的危险;由于缺乏来自陆地的盐分和有机物,沙丁鱼的年收获量减少1.8万吨;由于大坝阻隔,尼罗河下游的活水变成相对静止的"湖泊",并且使血吸虫病流行。埃及造此大坝所带来的灾难性后果,使人们深深地感叹:一失足成千古恨!

二、决策的方法

(一)德尔菲法

德尔菲法又名专家意见法,是依据系统的程序,采用匿名发表意见的方式,即团队成员之间不得互相讨论,不发生横向联系,只能与调查人员发生关系,以反复地填写问卷,以集结问卷填写人的共识及搜集各方意见。这种决策方法可用于构造团队沟通流程、应对复杂任务难题。因此,德尔菲法具有匿名性、反馈性和统计性的特点。

案例

兰德咨询公司的一次成功决策

美国著名的兰德咨询公司在20世纪50年代接受美国空军委托,针对一个课题作出判断。这个课题是:"如果苏联对美国发动核袭击,其袭击目标会在什么地点?后果如何?"(因为该课题系绝密,故以古希腊阿波罗神殿所在地"德尔菲"命名)。该公司决策时,发现使用数学模型很难准确计算出结果,于是改用专家估计的方法,依靠其独创的行为集结法,并成功地综合了众多专家的智慧和直觉判断。此后,这种定性决策技术就被冠以"德尔菲法"而广泛应用于复杂问题的决策过程中。

运用德尔菲法进行预测时,应遵循的原则有以下几点:

(1)挑选的专家应有一定的代表性、权威性。

(2)在进行预测之前,首先应取得参加者的支持,确保他们能认真地进行每一次预测,以提高预测的有效性。同时也要向组织高层说明预测的意义和作用,取得决策层和其他高级管理人员的支持。

(3)问题表设计应该措辞准确,不能引起歧义,征询的问题一次不宜太多,不要问那些与预测目的无关的问题,列入征询的问题不应相互包含;所提的问题应是所有专家都能答复的问题,而且应尽可能保证所有专家都能从同一角度去理解。

(4)进行统计分析时,应该区别对待不同的问题,对于不同专家的权威性应给予不同权重而不是一概而论。

(5)提供给专家的信息应该尽可能地充分，以便其作出判断。

(6)只要求专家作出粗略的数字估计，而不要求十分精确。

(7)问题要集中，要有针对性，不要过分分散，以便使各个事件构成一个有机整体，问题要按等级排队，先简单后复杂，先综合后局部。这样容易引起专家回答问题的兴趣。

(8)调查单位或领导小组意见不应强加于调查意见之中，要防止出现诱导现象，避免专家意见向领导小组靠拢。

(9)避免组合事件。如果一个事件包括专家同意和专家不同意两个方面，专家将难以作出回答。

案例

用德尔菲法预测销售量

某书刊经销商采用德尔菲法对某一专著销售量进行预测。该经销商首先选择若干书店经理、书评家、读者、编审、销售代表和海外公司经理组成专家小组。然后，将该专著和一些相应的背景材料发给各位专家，要求大家给出该专著最低销售量、最可能销售量和最高销售量三个数字，同时说明自己作出判断的主要理由。将专家们的意见收集起来，归纳整理后返还给各位专家，然后要求专家们参考他人的意见对自己的预测重新考虑。专家们完成第一次预测并得到第一次预测的汇总结果以后，除书店经理B外，其他专家在第二次预测中都做了不同程度的修正。重复进行以上步骤，在第三次预测中，大多数专家又一次修改了自己的看法。直至所有专家统一意见，都不再修改自己的意见。

(二)头脑风暴法

头脑风暴法又称智力激励法、BS法、自由思考法，是由美国创造学家A. F. 奥斯本于1939年首次提出、1953年正式发表的一种激发性思维的方法。其思想是邀请有关专家敞开思路，不拘形式地针对某些问题畅所欲言。其目的在于创造一种自由奔放的思考环境，诱发创造性思维的共振和连锁反应，产生更多的创造性思维。它适用于简单决策，一般参与者为5～6人，时间1～2小时为宜。

头脑风暴法的基本原则有以下几点：

(1)对别人的建议不作任何评价，将相互讨论限制在最低限度内；

(2)建议越多越好，允许不同意见之间存在矛盾；

(3)鼓励每个人积极思考、广开思路，想法越新颖越好；

(4)可以补充和完善已有的建议，使其更有说服力。

案例

用直升飞机扇雪

有一年，美国北方格外寒冷，大雪纷飞，电线上积满冰雪，大跨度的电线常被积雪压断，严重影响通信。过去，许多人试图解决这一问题，但都未能如愿以偿。后来，电信公司经理应用奥斯本发明的头脑风暴法，尝试解决这一难题。他召开了一种头脑风暴式座谈会，参加会议的是不同专业的技术人员。

按照这种会议规则，大家七嘴八舌地议论开来。有人提出设计一种专用的电线清雪机；有人想到用电热来化解冰雪；也有人建议用振荡技术来清除积雪；还有人提出能否带上几把大扫帚，乘坐直升机去扫电线上的积雪。对于这种“坐飞机扫雪”的设想，大家心里尽管觉得滑稽可笑，但在会上也无人提出批评。相反，有一工程师在百思不得其解时，听到用飞机扫雪的想法后，突然受到启发，一种简单可行且高效率的清雪方法冒了出来。

他想，每当大雪过后，出动直升机沿积雪严重的电线飞行，依靠高速旋转的螺旋桨即可将电线上的积雪迅速扇落。他马上提出“用直升机扇雪”的新设想，顿时又引起其他与会者的联想，有关用飞机除雪的主意一下子又多了七八条。不到一小时，与会的10名技术人员共提出90多条新设想。

会后，公司组织专家对设想进行分类论证。专家们认为设计专用清雪机，采用电热或电磁振荡等方法清除电线上的积雪，在技术上虽然可行，但研制费用大、周期长，一时难以见效。那种因“坐飞机扫雪”激发出来的几种设想，倒是一种大胆的新方案，如果可行，将是一种既简单又高效的好办法。经过现场试验，发现用直升机扇雪果真能奏效，一个久悬未决的难题终于在头脑风暴式座谈会中得到了巧妙的解决。

（三）名义小组技术

名义小组技术又称名义群体法、名义小组法等，是管理决策中的一种定性分析方法，具体做法是管理者先召集一些相关人员组成决策小组，把要解决的问题的关键内容告诉他们，并请他们独立思考，要求每个人尽可能地把自己的备选方案和意见写下来。然后再按次序让他们逐个陈述自己的方案和意见。在此基础上，由小组成员对提出的全部备选方案进行投票，根据投票结果，赞成人数最多的备选方案即为所要选择的方案。这种名义上的小组可以有效地激发个人的创造力和想象力。这种方法一般用于对问题的性质不完全了解且意见严重分歧的时候。

（四）确定型决策方法

确定型决策是指在确定条件下进行决策，决策者不仅确知自然状态的发生，且每一方案只有一个确定的结果。只要对不同方案进行直接比较，就能选择导致最优结果的方案并作出决策——这种方法比较简单。常用线性规划法和盈亏平衡分析法等数学方法辅助决策。

线性规划是在一些线性等式或不等式的约束条件下，求解线性目标函数的最优解。这种方法的决策步骤如下：(1)确定影响目标的变量；(2)列出目标函数方程；(3)找到实现目标的约束条件；(4)求得最优解。

盈亏平衡分析法又称保本点分析法或本量利分析法，是根据对产品的业务量(产量、销售量、销售额、工作量等)、成本(费用)、利润三者之间的依存关系的综合分析，来进行企业经营决策、利润预测、成本控制、生产规划的一种简便可行的决策方法。其中心内容是盈亏平衡点的分析确定。所谓盈亏平衡点，是指产品收入等于产品总成本时的销售量或销售额。

（五）风险型决策方法

在实际工作中，当比较和选择活动方案时，如果未来情况不确定，但知道每种情况发生的概率，就需要用风险型决策方法。常用的风险型决策方法是决策树法。

决策树法是指借助树形分析图，根据各种自然状态出现的概率及方案预期损益，计算与比较各种方案的期望值，从而选择最优方案的方法。

决策树由“三点两枝”构成，分别指决策点、状态点、结果点、方案分枝和概率分枝。决策点用□表示；从决策点引出的分枝称为方案分枝；方案分枝的终点是状态点，用○表示；从状态点引出的分枝称为概率分枝，概率分枝的终点是结果点，用△表示。

决策树法分三个步骤：

(1)画出决策树图形；

(2)根据公式 $E=\sum X_iP_i$（X_i 表示经济效果，P_i 表示概率）计算期望值；

(3)决策。

【例 3—1】 某公司计划在未来 3 年生产某种产品，现在需要确定产品批量。根据对市场的预测估计，这种产品的销量在未来 3 年畅销、一般和滞销的概率分别为 0.2、0.5 和 0.3。现在有大、中、小三种批量的生产方案，求能取得最大经济效益的方案。有关数据如表 3.2 所示。

表 3.2　各方案损益值　　单位：万元

	畅销(0.2)	一般(0.5)	滞销(0.3)
大批量	40	30	－10
中批量	30	20	8
小批量	20	18	14

(1)画决策树。

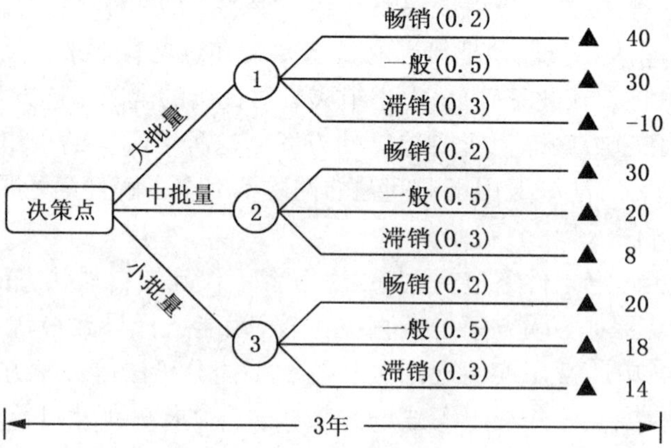

(2)计算期望值。

大批量生产期望值＝[40×0.2＋30×0.5＋(－10)×0.3]×3＝60(万元)

中批量生产期望值＝[30×0.2＋20×0.5＋8×0.3]×3＝55.2(万元)

小批量生产期望值＝[20×0.2＋18×0.5＋14×0.3]×3＝51.6(万元)

(3)决策。

大批量生产的期望收益最高，所以选择大批量生产的方案。

(六)不确定型决策方法

这种决策方法多用于知道各个方案可能面临的自然状态，但每种状态的概率未知，甚至有多少自然状态都未知的决策问题。进行不确定型决策时，决策者的主观因素起很大作用。

常用的不确定型决策方法有乐观分析法、悲观分析法和最大后悔值最小法等。为了便于比较，在这里将例 3—1 进行适当的修改。

【例 3—2】 某公司计划在未来 3 年生产某种产品，现在需要确定产品批量。该种产品的市场销售情况有三种可能：畅销、一般和滞销。每种情况出现的概率均无法预测。现在有大、中、小三种批量的生产方案。有关数据如表 3.3 所示。

表 3.3 各方案损益值 单位:万元

	畅销	一般	滞销
大批量	40	30	−10
中批量	30	20	8
小批量	20	18	14

1. 乐观分析法(大中取大法)

乐观分析法的决策准则是最大最大损益值准则,又称大中取大法。这种决策方法的程序是:首先从每个方案中选择一个最大的收益值;再从这些最大收益值中选择一个最大值,该方案对应的就是决策方案。这种决策方法的主要特点是乐观、冒险,不放弃任何一个获得最好结果的机会,争取好中取好。

从表 3.3 中可以看出,三种方案的最大收益值分别是 40、30、20。根据大中取大的原则,应该选择 40 所对应的方案,即大批量生产的方案。

2. 悲观分析法(小中取大法)

悲观分析法的决策准则是最小最大损益值准则,又称小中取大法。这种决策方法的程序是:首先从每个方案中选择一个最小的收益值;再从这些最小收益值中选择一个最大值,该方案对应的就是决策方案。

这种决策方法的主要特点是谨慎、稳健,总是从最坏的结果着想,但又从最坏的结果中选择最好的结果。

从表 3.3 中可以看出,三种方案的最小收益值分别是−10、8、14。根据小中取大的原则,应该选择 14 所对应的方案,即小批量生产的方案。

3. 最大后悔值最小法

后悔值是每种自然状态下应采用的方案(损益值最大)的损益值与实际方案的损益值之差。最大后悔值最小法的程序为:首先从各种自然状态下找出各个方案的最大损益值;将每种自然状态下各种方案的损益值与最大损益值进行比较,求得后悔值表;从各个方案的后悔值中找出最大后悔值;从最大后悔值中选择最小后悔值,对应的方案就是决策方案。

从表 3.4 中可以得到后悔值,见表 3.4。

表 3.4 各方案的后悔值 单位:万元

	畅销	一般	滞销
大批量	0	0	24
中批量	10	10	6
小批量	20	12	0

大批量生产的最大后悔值是 24,中批量生产的最大后悔值是 10,小批量生产的最大后悔值是 20。最大后悔值中最小的是 10。故选择中批量生产的方案。

本章小结

计划是管理的首要职能，它提供了通向未来目标的明确道路，给组织、领导和控制等一系列管理工作提供了基础。西蒙认为管理就是决策，决策是管理的核心。决策是为了达到某一特定的目标而从若干个可行方案中选择一个满意方案的分析、判断和选择的过程。本章围绕计划和决策展开，重点内容简要概括如下：

(1)计划的概念：名词意义上的计划是指用文字和数字等形式表述出来的，组织在未来一定时期内关于行动方向、内容和方式安排的管理文件。动词意义上的计划是指为了实现决策所确定的目标，预先进行行动安排的过程。计划的特点有预见性、针对性、可行性、约束性。

(2)计划的分类：按计划完成的时间，可分为长期计划、中期计划和短期计划；按计划的层次分类，可分为战略计划、战术计划和作业计划；按计划的对象，可分为综合计划、局部计划和项目计划；按计划的明确程度，可分为指令性计划和指导性计划；按计划的重复程度，可分为程序性计划和非程序性计划。

(3)制订计划的程序：环境分析——确定目标——拟订各种可行性计划方案——评估选择方案——拟订主要计划——制订派生计划——制定预算，用预算使计划数字化。

(4)制订计划的方法：甘特图法、滚动计划法、网络计划技术。

(5)决策的概念：决策就是为了达到某一特定的目标而从若干个可行方案中选择一个满意方案的分析、判断和选择的过程。在决策的过程中，应该遵循的原则有：系统性原则、效益原则、定量分析与定性分析相结合的原则、集体智慧与个人力量相结合的原则、创新原则、反馈原则。

(6)决策的分类：按照决策的重要程度，可分为战略决策、战术决策和业务决策；按决策的重复程度，可分为程序化决策和非程序化决策；按决策制定条件的确定性，可分为确定型决策、风险型决策和非确定型决策；按照决策主体所处的管理层次，可分为高层决策、中层决策和基层决策；按决策主体的多少，可分为个体决策与群体决策；按需要解决的问题，可分为初始决策与追踪决策。

(7)决策的过程：识别机会——明确决策目标——拟订备选方案——评估备选方案——选择满意方案——实施方案。

(8)决策的方法：德尔菲法、头脑风暴法、名义小组技术、确定型决策方法、决策树法、乐观分析法、悲观分析法和最大后悔值最小法。

本章习题

一、单项选择题

1. 我们把“确保事情按计划进行”的工作称为(　　)。

A. 领导工作　　B. 组织工作　　C. 协调工作　　D. 控制工作

2. 使计划数字化的工作被称为(　　)。

A. 规划　　B. 决策　　C. 预测　　D. 预算

3. 最先提出目标管理的是(　　)。

A. 孔茨　　B. 德鲁克　　C. 巴纳德　　D. 西蒙

4. 下列计划工作的前提条件中,组织可以控制的是(　　)。

A. 价格水平　　B. 政治环境　　C. 职工情绪　　D. 组织内部政策

二、多项选择题

1. 一个企业在进行一项决策,而且确定这项决策是不确定型决策时,可以依据(　　)来解决。

A. 乐观分析法　　B. 悲观分析法

C. 最大后悔值最小法　　D. 决策树法

2. 按照决策的重要程度,决策可以分为(　　)。

A. 战略决策　　B. 战术决策　　C. 业务决策　　D. 随意决策

3. 按计划的明确程度,计划可以分为(　　)。

A. 指令性计划　　B. 指导性计划

C. 程序性计划　　D. 非程序性计划

4. 头脑风暴法要遵循的原则有(　　)。

A. 对别人的建议不作任何评价

B. 建议越多越好

C. 允许不同意见之间存在矛盾

D. 鼓励每个人积极思考、广开思路,想法越新颖越好

三、判断题

1. 计划的特点有:预见性、针对性、可行性、约束性。(　　)

2. 德尔菲法是定量决策方法。(　　)

3. 决策中的满意方案就是最优方案。(　　)

4. 悲观分析法又称大中取大法。(　　)

5. 管理就是决策,决策贯穿于管理的全过程。(　　)

四、简答题

1. 指出战略计划、战术计划和作业计划的区别。

2. 制订计划的程序是什么?

3. 决策的过程包括哪些环节?

4. 为什么说决策只能以"满意"(最佳)为原则而非"最优"?

5. 指出确定型决策、风险型决策、不确定型决策之间的区别。

6. 头脑风暴法的基本原则有哪些?

【参考答案】

一、单项选择题

1. D　2. D　3. B　4. D

二、多项选择题

1. ABC 2. ABC 3. AB 4. ABCD

三、判断题

1. √ 2. × 3. × 4. × 5. √

四、简答题(略)

案例分析

1

安通公司是一家特种机械制造公司。下设10个专业工厂,分布全国10个省市,拥有20亿元资产,8万员工,其中本部员工200人。本部员工中60%以上属技术管理人员,基本上是学特种机械专业的。该公司所属企业所生产的产品由政府有关部门集中采购,供应全国市场。改革开放以来,安通公司的生产经营呈现较好的局面,在机械行业普遍不景气的情况下,该公司仍保持各厂都有较饱和的产品。但是,进入20世纪90年代以后,国内市场开始呈现供大于求的趋势。政府有关部门的负责人曾透露,如果3年不买安通公司的产品,仍可维持正常生产经营。面对这样的新形势,安通公司领导连续召开两次会议,分析形势,研究对策。

第一次会议专门分析形势,由刘总经理主持会议。

刘总经理:安通公司要保持良好的发展趋势,取得稳定的效益,首先必须分析形势,认清形势,才能适应形势。我们的产品在全国市场已经趋于饱和。如果不是有政府主管部门干预和集中采购,我们的生产能力一下子就过剩30%,甚至更多。

负责经营的李副总经理:改革开放以来,全公司的资金利润率达到了8%左右,居全国机械行业平均水平之上。但是现在产品单一,又出现供大于求的趋势,今后再保持这样的发展水平很难。目前,公司本部和各厂都有富余资金和富余人员,应该作出新的选择。

分管技术工作的赵副总经理:总公司和各厂的产品特别是有一部分产品通过近几年引进国外先进技术,基本上能满足国内市场目前的需要,总公司和各厂的专业技术力量很强,如果没有新产品持续不断开发出来,单靠现有老产品很难使本行业有较大发展,专业人员也要流失。

其他的副总也都从各自的角度分析了安通公司所面临的形势,大家都感到这次会议开得及时,开得必要。

第二次会议仍由刘总主持。

刘总经理:我们上次会议全面分析了形势,使我们大家头脑更清醒、认识更加一致,这就是总公司要适应新形势,必须研究自己的发展战略。

分管经营的李副总经理:我们应该充分利用富余人员和富余资金,寻找新的门路,发展多种经营。要敢于进入机械行业外的产品。现在,国家不是提倡发展第三产业吗?我们应该利用国家的优惠政策,开展多种经营,取得更好的经济效益。

分管技术工作的赵副总经理:安通公司的产品虽然经过引进国外先进技术,已经升级换代,但是与国际先进水平比还有相当差距。我们现在应该充分利用技术力量和资金,进一步引进技术,开发新产品,为国内市场做一些储备,以适应未来市场的需要,同时争取把产品打到国际市场上去。

其他各位老总认为,安通公司是一个专业化很强的企业,虽然现在主产品是供大于求的趋势,但现在特别是将来还是有比较稳定的市场的,这个主业绝不能放松,但单靠这个主业要想过得富裕是不行的,要不断地开辟新的经营领域,开展多种经营。基于这样的认识,安通公司提出了适应市场的新的经营战略:“一业为主,多种经营,立足本业,面向全国,走向世界。”

两次会议统一了思想,提出了新的经营战略,各个分厂和本部各个部门都积极行动起来,研究自己今后的发展方向和目标。这时,安通公司听到这样两条信息:一是山东省有一家饭店正在建设之中,由于缺乏资金,就要面临停工。该饭店投资100万元,地处市中心,预计年利润率可达25%以上,4年就可全部收回投资,是一个投资少、见效快的项目。二是辽宁省有个年产40万吨的煤矿,正在筹资,寻求合作伙伴。该矿允诺投资回报率至少20%,目前煤炭正供不应求,市场前景也是很可观的。

听到这两条信息后,总公司派出两队人马分别到山东省和辽宁省了解情况。几天后,两队人马回到总部,证实两条信息是真实可靠的,而且经营者都是国营单位,投资前景看好,并写了向山东省饭店和辽宁省煤矿分别投资50万元的请示报告。请示报告很快批了下来,资金迅速划了过去。

由于有了这笔资金的注入,山东省的饭店得以顺利施工,并于第二年开始营业。饭店开始营业以后,安通公司的有关领导出差路过,也到饭店看过,看上去饭店经营得还不错,也上档次。到第三年的年底,传来消息,山东省饭店全年亏损10万元,辽宁省煤矿亏损5万元,都没有利润可分。第四年也是这种局面,饭店和煤矿都是小亏,没有利润可分。安通公司对此感到很棘手,一下子拿不出有效策略。

问题:

(1)安通公司的投资决策是否正确?如果存在问题,主要问题是什么?

(2)安通公司应对饭店和煤矿采取什么样的对策?

点评:安通公司具有良好的内部资源条件,(人、财、物)优势明显,但产品单一,供大于求,面临外部环境的威胁,因此,开辟新市场、实行多元化经营的思路是正确的,但投资煤矿和餐饮业,论证不充分。加之行业跨度大,在该领域的经营业务中,安通不具备一定优势。投产后,又缺乏必要的监控和指导,以致经营不善并造成亏损。可采取的对策有:(1)对两个项目进行再论证和追踪决策决定取舍,如有继续发展的机会应加强监控和管理,力争尽快扭亏为盈;(2)利用企业的资源和人力优势,引入新技术、开发新产品,开辟国际、国内两个市场。

2

李某是某县副县长,主管工业。一上任,遇到了“70”型炼焦炉的修建工程问题。他的前任已为此工程做了大量工作并经省、地计委批复投资400万元。现在要进行的是拿出施工方案并组织实施。李某经过调查研究发现,“70”型炼焦炉对本地情况不适合,在煤质、原煤用量、水源等方面的需要很难得到保证,于是重新制订方案,不用“70”型炼焦炉,而改用别的。经县委讨论后,决定废弃原方案,采纳新方案。

问题:

(1)本案例中的决策属于个人决策还是集体决策?

(2)李副县长纠正原决策是否正确?

点评：

(1)本案例中的决策属于集体决策。

(2)李副县长的做法是正确的。作为主管工业的副县长，对此修建工程有权进行研究、决策。虽然他的前任已经作出决策并开始实施，但是，李某在实施过程中发现了原决策者的失误，根据调查的结果取消原方案并且制订了新方案，这就是决策执行过程中的发现问题、纠正决策。李某的决策实际上是在原决策的基础上所进行的追踪决策。追踪决策对于及时发现错误、避免更大损失有极其重要的意义。因此，在决策中，有关人员一定要注意调查研究，密切注意现实情况，修正决策甚至中止原决策。李某的做法不仅正确而且值得大力提倡。

实训环节

1. 在踏进大学校门之前，每个同学对大学生活都有美好的憧憬。进入大学之后，大家发现大学里要上课，要参加班级及社团活动，要考各种类似 CET4 的证书，要安排自己的日常生活，等等。很多同学都觉得时间不够用，顾此失彼。作为大学生的你，是否也存在这样的问题呢？根据本章所学的知识，请为你的大学生活做一个四年长期计划和一个本学期的短期计划。

2. 毕业后是读书深造还是走入社会？就你的决定写一份决策分析报告。

3. 实践训练：

管理中的矛盾：效率高与工作量大

当领导给你布置一件事情时，高效率的完成可能会带来领导对你的赏识，但坏处可能是能者多劳，一件接着一件，事情总是做不完；按截止日期完成情况则可能恰恰相反。请你分别从管理者和被管理者的角度分析这类事情。

参考文献

1. 李英、欧阳翰夫：《管理学基础》(第二版)，大连理工大学出版社 2009 年版。

2. 余敌：《管理学原理》，中国地质大学出版社 2011 年版。

第四章　组　织

学习目标

1. 理解和掌握组织的含义；
2. 掌握常见的组织结构形式，包括其优缺点和适用范围；
3. 理解组织的职权及关系，如管理的幅度与管理层次，以及集权与分权等；
4. 明确人员配备的原则与内容；
5. 理解组织文化的含义、内容与作用；
6. 了解组织变革的动因和类型。

技能目标

1. 培养分析组织结构、协调职权关系、制定组织规范的能力；
2. 具备一定构建组织架构的能力；
3. 整合各种资源和有效地协调各方关系的组织能力。

引入案例

两个早餐店

有一个早餐摊点，只有40岁左右的夫妇两人，男人负责蒸包子、炸油条和收钱，女人负责煮馄饨、给客人盛稀饭和收拾桌子。一般客人去了只需告诉女人要吃什么，女人负责把食品端到客人桌上，客人吃完经过门口的时候男人负责收钱，然后女人抽空收拾桌子。在中国各个城市的大街小巷，有无数这样的"夫妻档"早餐摊点，运营得井井有条。

有一家三星级酒店的餐厅，早晨兼卖早餐，服务员就是酒店的服务员，制作食品的就是餐厅厨师，前台4个人，后台洗碗、做饭的约7个人。客人去了先要在一个由专人负责的点餐处点餐，交钱打出小票，然后拿着小票去领餐处和若干客人挤在一起找几个手忙脚乱的服务员领餐，交钱的时候还经常看见收钱的专职人员扯着脖子问领餐的人："包子还有没有？"桌子经常没有人收拾，经常听到客人端着盘子站着喊服务员收拾桌子，盘子也洗得不干不净。

思考：两个早餐点，后者占地面积和服务的客户数大概是前者的两倍。前一个硬件设施远落后于后一个，但是人均效率、利润，甚至客户满意度，却高于后者。这是什么原因造成的呢？

第一节　组织的概念与分类

"个个是英雄，一块成狗熊"。"兵熊熊一个，将熊熊一窝。"前者说的是组织，后者说的是领导。将人、财、物按目标的要求整合成一个整体，体现的就是管理的组织职能。

管理离开了组织，管理活动就无法有效开展。

本章主要阐述组织的概念、组织结构的设计、常见的组织结构类型、人员配备的原则与程序、组织文化与变革等。

一、组织的概念

(一)组织的定义

管理学家哈罗德·孔茨认为：组织是正式的、有意形成的职务结构或职位结构。显然他认为，为了使人们能为实现目标而有效地工作，就必须设计和维持一种职务结构，这就是组织管理职能的任务。

那么什么是职务结构？计划职能根据组织总目标制定组织战略和各级分目标。定下目标就需要执行，如何执行？其实就是怎么做，谁来做，做什么的问题。这就需要定岗、定人、定责，这种框架就是职务结构或组织架构。

知识链接

自然界常见的组织

秋天到了，我们望着南飞的大雁，在欣赏它们优美队形的同时，我们想过没有，它们为什么会这样飞呢？这就是动物生存的本能，生存的需要。所以大雁有一种天生的合作本能。在飞行时，一群大雁排成整齐的V字形，一只头雁充当领飞者；过一段时间，另一只雁再去领飞，其他的呈V字形散开，一只跟随着另一只。科学家研究发现：前面的雁能帮助后面飞的雁形成局部的真空，以减小空气的阻力，这样飞要比单独飞行节省12%的距离！这就是团队协作中"1+1>2"的倍增效果。

我们认为，组织是为了达到预定的目标，对各种资源的配置过程和由此而产生的权力机构。可以从下面三个方面来理解：

(1)名词，指组织结构。管理者在组织中开展组织工作的结果是创建了一个框架，这个框架充分体现了组织的分工与协作关系，是指有共同目标与功能的人的集合体，是一个体系和一个架构，是一种实体。我们称为组织结构，简称"组织"。

(2)动词，即组织工作。如进行组织结构的设计与再设计，包括对组织中各个成员的职位安排、任务分工和权力资源的分配等，是一种活动。

(3)组织概念中，资源包括我们通常所说的人、财、物。而权力不应简单地理解为决定权或指挥权，还包括建议权。

作为管理学的一种管理职能，组织通常指的是动态的组织。

引入案例点评：通俗地讲，酒店管理工作就是没有组织好。

首先，后者的运营流程需要再造，从交钱到取餐，流程不连贯，存在无效环节和信息传递问题，需要整合。

其次，后者组织结构需要调整，使其更加吻合再造后的运营流程，缩减不必要的岗位，但全部岗位必须覆盖所有工作，分工明确。同时明确岗位责任。

最后，二者的薪酬结构不同是造成二者区别的另一个主要原因，一个盈亏自负，一个待遇固定，激励效果不同。

(二)组织的特征

“没有组织的群体，就如同是一盘散沙”，即意味着方向不明，责任不清。组织的特征主要包括：

(1)由多人构成。通常由一群人组成(大于等于2个人)。

(2)有共同的目标。通常称为组织目标，这是组织存在的前提和基础。

(3)是分工与协作关系的组织结构。它包括不同层次的分工合作。组织内部有多个部门，每个部门有特定的工作内容，由部门人员来承担，为了顺利地完成工作，组织中的员工都有特定的职责和权力。有上下层次结构，特定分工协作是组织区别于群体的重要标志。

知识链接

关于组织

(1)组织的纪律性。没有纪律的队伍是打不出胜仗的。只有有结构、有组织地进行团队协作，才能真正产生效益。从小到大，从学生时代到职场时代，班级里、职场上，总有一些章程。小至小学生行为规范，大到工厂规则，任何一类规定，都是管理者为了更好地组织团队而制作的条例。周报会、动员会、会场安排，这些都是组织的外在表现形式。

(2)以一当十并不难，难的是以十当一。在非洲大草原上，夏季烈日炎炎，一队蚂蚁正在行走，突然前面的草起火了，火势迅猛的把蚁群包围，蚂蚁们似乎已无路可逃。这时，蚂蚁突然聚拢起来，紧紧缩成一团，滚成一个大大的蚁球，滚动着冲向火海，熊熊大火中，在外围的蚂蚁们牺牲了，但更多的蚂蚁却逃了出来。这就是蚂蚁“抱成团”的力量，如果哪只蚂蚁自己往外冲，必死无疑。而以十当一的往外冲，就战胜了困难。

(3)团队利益高于个人利益，组织品牌永远大于个人品牌。蒙牛之所以那么“牛”，是因为有牛根生“人聚财散，财聚人散”的聪明哲学。为什么很多中关村的IT企业一过200人就四分五裂？为什么很多咨询公司一做大就裂变成几个小公司？因为大家“太聪明”了，都是高智商的人，但摆不平个人利益与团队利益的关系，最后只能“宁为鸡头，不做凤尾”。

小故事

同花顺理论

接到H公司李总的电话之后，我犹豫了很久。李总是我的好友，自然不便推脱。但H公司的现状很棘手，组织结构、管理制度、人力资源、市场营销……问题一大堆，我该从何入手呢？因为与H公司接触过几次，对公司的情况有一定的了解，我知道公司决策层的做法竟是邓小平在改革之初说过的一句话：“摸着石头过河。”于是老总摸石头，员工们也摸石头，却手忙脚乱摸不着石头。所以，我提议必须首先改变操作层面上的混乱状态。我拿出一沓扑克牌(牌面上有各种漂亮的图案)，把在场的公司员工分成两组，请A组每人从中选取自以为最好看的两张；请B组每人选取两张红桃，并对点数作了明确的要求。最后，请两组人员把牌亮出来。

于是，出现了下面的结果：A组选出的有黑桃2、方块A、黑桃8、梅花Q、红桃3……B组选出的有红桃A、红桃K、红桃Q、红桃J、红桃10……"发现问题了吗?"我问李总。李总仍然迷惑不解,要求我解释。

我说:"两组的结果是完全不同的,A组是一副杂牌,B组却是一手红桃同花顺。为什么会这样呢?这是因为,对于A组我没有明确的指令,所以A组的人都是按照各自不同的审美观念来选牌。我们不必评判他们的选择孰优孰劣,但很显然,他们每个人的做法都是个人行为。个人行为与个人行为混合在一起叫什么?叫乌合之众。再看看B组,清一色的同花顺,这才是组织行为。"我继续说:"你能拿一副杂牌去打败对手的同花顺吗?当然不能。所谓'世有三亡,以邪攻正者亡,以逆攻顺者亡,以乱攻治者亡'。如果公司的管理现状不及时改变,恕我直言,恐怕会印证'以乱攻治者亡'这句哲言。"

点评:公司处于A组状态,不是员工的过错,而是决策层有问题。如果你想得到一手同花顺,必须满足两个条件——第一,决策层一定要思路清晰;第二,要给员工发出明确的指令。否则,员工们要么茫然失措,要么自行其是,就像游戏中的A组那样,形成一手杂牌。

二、组织的分类

依照不同的标准,可以把组织分成不同的类型。

(一)依照组织的形成方式分类

1. 正式组织

正式组织是具有一定结构、同一目标和特定功能的行为系统。它有明确的目标、任务、结构和相应的机构、职能和成员的权责关系以及成员活动的规范。它包括三个基本要素:意愿协作、共同目标和信息沟通。

正式组织的特征为:(1)正规性。经过特定规划建立起来的,而不是自发形成的。(2)目的性。有明确的组织目标。(3)稳定性。组织内各部门职责、权限及工作任务皆有明确规定;职位按照等级原则进行法定安排,每个人承担一定的角色;有明确的法律、制度和行为规范。

2. 非正式组织

非正式组织是正式组织内若干成员在共同的工作过程中自然形成的以感情、喜好等情绪为基础的松散的、没有正式规定的群体。

非正式组织具有以下特征:(1)自发性。组织的建立是以人们之间具有共同的思想、相互喜爱、相互依赖为基础,是自发形成的。(2)内聚性。组织最主要的作用是满足个人不同的需要。组织一经形成,会产生各种行为规范,约束个人的行为。这种规范可能与正式组织目标一致,也可能不一致,甚至发生抵触。(3)不稳定性。非正式组织会因为各种原因,如人员的变化、兴趣的转移、工作环境的改善而解散。(4)领袖作用较大。非正式组织中的领袖人物往往威信较高,说话分量重。

(二)依照人类社会生活的基本领域以及组织的性质分类

依据人类社会生活的基本领域,以及组织的性质可以把组织划分为政治、经济、文化、群众、宗教组织。

(1)政治组织,是一种以追求、运用、分配社会公共权力为基本目标的组织。

(2)经济组织,是人类社会最基本的社会组织,它承担着为社会创造和提供物质财富的职能,存在于生产、交换、分配、消费等不同领域。

(3)文化性组织,是以满足人们各种文化需求为目的,为社会提供和创造精神财富为职能的组织。

(4)群众性组织,是特定社会群体为追求和保障自己地位和权利的自治性组织。

(5)宗教性组织,是以某种宗教信仰为宗旨而形成的组织。

(三)依照组织目标和受益者的关系分类

美国著名社会学家、交换学派的代表布劳及史考特根据组织目标和受益者的关系,把组织划分为互利组织、服务组织、企业组织和公益组织四类。

1. 互利组织

以组织的参与者或成员为主要受惠对象,组织的目的在于维护及促进组织成员所追求的利益,如工会、俱乐部。

2. 服务组织

基本功能以服务为主。组织的受惠者,是公众中与组织有直接接触的人群,如医院、学校。

3. 企业组织

企业组织也称工商组织,它的受惠者是组织的所有者、股东、经营者和员工,如工厂、商店。

4. 公益组织

公益组织的主要受惠对象是全体公民,如政府机构、研究机构。

(四)依照组织的基本性质分类

1. 营利性组织

营利性组织是指以市场为导向,以销售物质商品或提供服务来满足顾客需求,追求经济效益的经济实体。以企业为主体,主要履行社会的经济功能。

2. 非营利性组织

这种组织的运营目标不以获取利润为目的,而是追求拟订的社会目标。非营利性组织并不等于没有盈利,而是指它具有为公众服务的宗旨,不以营利为目的,组织所得不为任何个人牟取私利,组织自身具有合法的免税资格并可为捐赠人减免税的组织。

非营利性组织的认定有严格的标准,必须是经有权机关登记,按上级有关规定收取一定的费用或有偿提供服务并收取费用,纳入财政预算管理的单位,并具有以下特征:

(1)必须依法成立;

(2)有必要的财产和经费;

(3)有自己的名称、组织机构和场所;

(4)不具有营利性,不以获取利润为目的。

这些特征必须同时具备,否则就不是非营利性组织。非营利性组织主要分布在教育、医疗、文化、科研、体育,以及各类社会团体中。其具体表现形式大致分为三类:第一类是行政部门的服务性单位,第二类是行政主管部门与民间资金相结合组成的单位,第三类是自治性的民间组织。

第二节 组织结构的类型与设计

一、传统的组织结构

(一)直线制结构

直线制结构是一种最早也是最简单的组织形式。它的特点是企业各级行政单位从上到下实行垂直领导，下属部门只接受一个上级的指令，各级主管负责人对所属单位的一切问题负责。厂部不另设职能机构（可设职能人员协助主管工作），一切管理职能基本上由行政主管自己执行。其结构如图 4.1 所示。

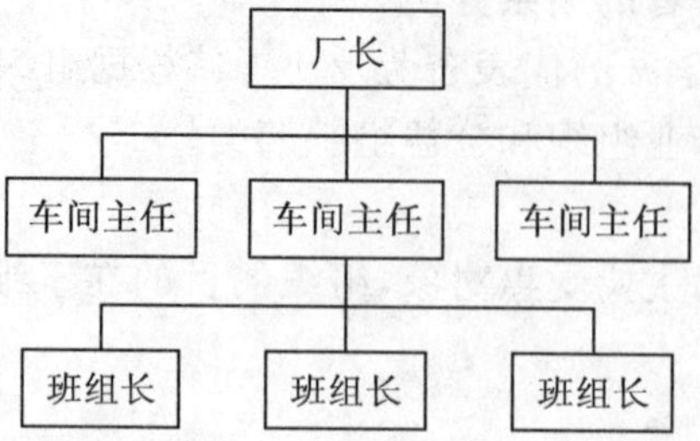

图 4.1　直线制结构

直线制组织结构的优点是：结构比较简单，责任分明，命令统一。缺点是：它要求行政负责人通晓多种知识和技能，亲自处理各种业务。这在业务比较复杂、企业规模比较大的情况下，把所有管理职能都集中到最高主管一人身上，显然是难以胜任的。

因此，直线制只适用于规模较小、生产技术比较简单的企业，对生产技术和经营管理比较复杂的企业并不适宜。

（二）职能制结构

职能制结构是指按职能组织部门分工，从企业高层到基层均把承担相同职能的管理业务及其人员组合在一起，设置相应的管理部门和管理职务。例如，把所有同销售有关的业务工作和人员都集中起来，成立销售部门，由分管市场营销的副经理领导全部销售工作。研究开发、生产制造、工程技术等部门同样如此。其结构如图 4.2 所示。

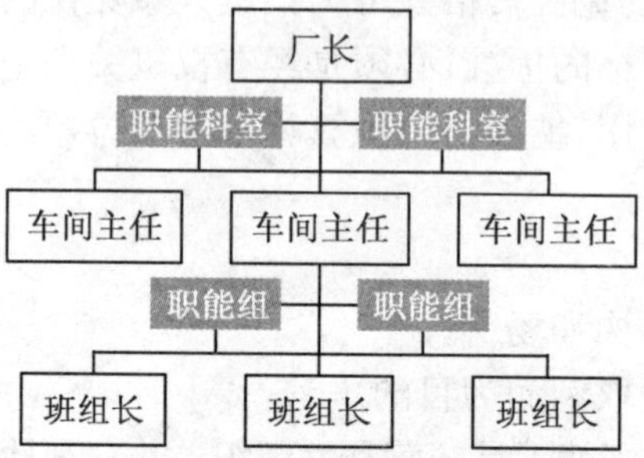

图 4.2　职能制结构

职能制的优点是能适应现代化工业企业生产技术比较复杂，管理工作比较精细；能充分发挥职能机构的专业管理作用，减轻直线领导人员的工作负担。但缺点也很明显：它妨碍了必要的集中领导和统一指挥，形成了多头领导；不利于建立和健全各级行政负责人和职能科室的责任制，在中间管理层往往会出现“有功大家抢，有过大家推”的现象；另外，在上级行政领导和职能机构的指导和命令发生矛盾时，下级就无所适从，影响工作的正常进行，容易造成纪律松弛，生产管理秩序混乱。

由于这种组织结构形式存在明显的缺陷，现代企业一般都不采用职能制。

(三)直线职能制结构

直线职能制组织结构是现实中运用最为广泛的一个组织形态,在各国的组织中被普遍地采用,而且采用的时间也较长。我国目前大多数企业,甚至机关、学校、医院等一般也都采用直线职能制结构。

直线职能制,也称生产区域制,或直线参谋制。它是在直线制和职能制的基础上取长补短,吸取这两种形式的优点而建立起来的。在组织内部既有保证组织目标实现的直线部门,也有按专业分工设置的职能部门。直线职能制是直线制与职能制的结合。但职能部门在这里的作用是作为该级直线领导者的参谋和助手,它不能对下级部门发布命令,只能进行业务指导。其结构如图 4.3 所示。

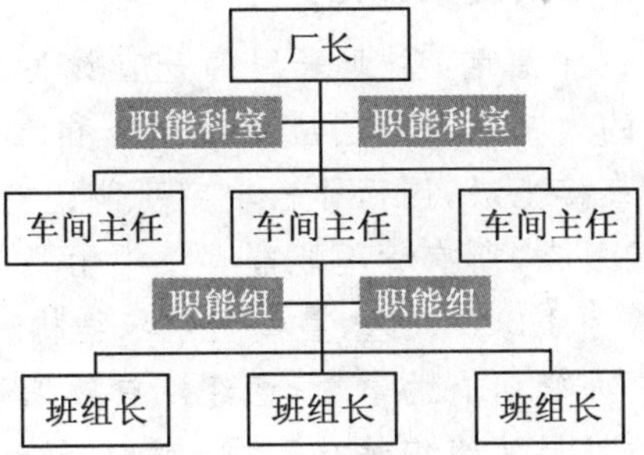

图 4.3 直线职能制结构

直线职能制的优点为:(1)把直线制组织结构和职能制组织结构的优点结合起来,既能保持统一指挥,又能发挥参谋人员的作用;(2)分工精细,责任清楚,各部门仅对自己应做的工作负责,效率较高,有利于企业各职能部门的独立运作和管理;(3)组织稳定性较高,在外部环境变化不大的情况下,易于发挥组织的集团效率。

直线职能制的缺点为:(1)部门间缺乏信息交流,不利于集思广益地作出决策;(2)直线部门与职能部门(参谋部门)之间目标不易统一,职能部门之间横向联系较差,信息传递路线较长,矛盾较多,上层主管的协调工作量大;(3)难以从组织内部培养熟悉全面情况的管理人才;(4)系统刚性大,适应性差,容易因循守旧,对新情况不易及时做出反应;(5)各职能部门间的封闭式管理会导致企业业务流程的脱节和不连贯;(6)容易引起各职能部门间因各自利益所得而互相推诿、互相推卸责任的情况发生。为了克服这些缺点,可以设立各种综合委员会,或建立各种会议制度,以协调各方面的工作,起到沟通作用,帮助高层领导出谋划策。

案例

忙碌的王厂长

景德镇一家专门生产传统陶瓷工艺品的企业,伴随着我国对外开放政策,逐渐发展壮大起来。销售额和出口额近十年来平均增长 15%以上。员工由原来的不足 50 人增加到 1 000 人。企业一把手王厂长既管销售,又管生产,是一个多面全能型的管理者。最近企业发生了一些事情,让王厂长应接不暇。

其一,生产基本是按订单生产,平时厂长只需传达生产指令。碰到交货紧时,厂长带头,与员工一起挑灯夜战。虽然按时交货,但质量不过关,产品被退回,并被要求索赔。

其二，以前企业规模小，招聘人数少，所以王厂长一人就可以轻松决定。现在每年要招收大中专学生近50人，还要牵涉人员的培训等，王厂长发现无论时间、精力还是具体业务能力，都已经跟不上公司发展的需要。

其三，过去总是王厂长临时抓人去做后勤等工作，现在这方面的工作太多，临时抓人去做，已经做不完和做不好了。

一句话就是以前有效的管理方法现在已经失去了作用。

思考：

(1)你知道该企业采取的是什么类型的组织结构吗？

(2)从组织工作的角度看，该企业存在着哪些问题？

(3)针对企业存在的问题，你有何建议措施？

点评：(1)从案例中给出的信息看，企业采用的是直线型组织结构的形式，这种组织结构优点是：结构比较简单，所有的人都明白他们应向谁报告和谁向他报告。责任与职权明确。每个人有一个并且只能有一个直接上级，因而作出决定可能比较容易和迅速。其缺点是：在组织规模较大的情况下，业务比较复杂，所有管理职能都集中由一个人承担，比较困难。

(2)显然当企业已经发展成为1 000人时，直线型组织结构制约企业的正常发展。如同案例中王厂长面临的困境，要一个人管所有的事情，已经没有效果和效率了。

(3)企业需要采用适合企业发展的组织结构形式，例如，管理进行专业化分工的直线职能制组织结构，考虑设立生产计划部门、人力资源部门以及后勤部门。这样就可以发挥直线职能制组织结构的优点，即各级直线管理者都有相应的职能机构和人员作为参谋和助手，因而能够对本部进行有效管理，以适应现代管理工作比较复杂而细致的特点，而每个部门都是由直线人员统一指挥，这就满足了现代组织活动需要统一指挥和实行严格责任制度的要求。

(四)事业部制

事业部制最早是由美国通用汽车公司总裁斯隆于1924年提出的，故有“斯隆模型”之称，也叫“联邦分权化”。事业部制是指以某个产品、地区或顾客为依据，将相关的研究开发、采购、生产、销售等部门结合成一个相对独立单位的组织结构形式(见图4.4)。它表现为，在总公司领导下设立多个事业部，各事业部有各自独立的产品或市场，从产品的设计、原料采购、成本核算、产品制造，一直到产品销售，均由事业部及所属工厂负责，实行单独核算，独立经营，公司总部只保留人事决策、预算控制和监督大权，并通过利润等指标对事业部进行控制。

其特征表现为决策权并不完全集中于公司最高管理层，而是分权给事业部。好处主要体现在：(1)有利于统一管理、独立核算；(2)公司最高管理层摆脱了日常事务，集中精力进行重大决策的研究；(3)公司的适应性强。

它适用于规模庞大、品种繁多、经营范围广、分地区经营、技术上和生产上可以相互独立进行的企业，是国外较大的跨国公司所采用的一种组织形式，近几年我国一些大型企业集团或公司也引进了这种组织结构形式。其缺点主要为：管理层次多，管理费用高，各事业部协调比较困难，易各自为政。

二、现代的组织结构

(一)团队结构

团队是由员工和管理层组成的一个共同体，它合理利用每一个成员的知识和技能协同工

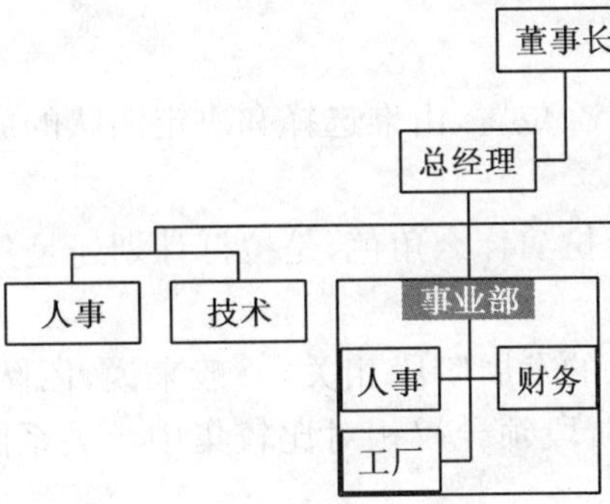

图 4.4 事业部制结构

作，解决问题，达到共同的目标。

团队和群体有着根本性的一些区别，群体可以向团队过渡。管理学家罗宾斯认为，团队就是由两个或者两个以上的，相互作用、相互依赖的个体，为了特定目标而按照一定规则结合在一起的组织。

1. 团队的构成要素

团队的构成要素总结为 5P，分别为目标（Purpose）、人（People）、定位（Place）、权限（Power）、计划（Plan）。

（1）目标

团队应该有一个既定的目标，为团队成员导航，知道要向何处去。没有目标，这个团队就没有存在的价值。

小故事

喜欢吃三叶草的昆虫

自然界中有一种昆虫很喜欢吃三叶草（也称鸡公叶）。这种昆虫在吃食物的时候都是成群结队的，第一只趴在第二只的身上，第二只趴在第三只的身上，由一只昆虫带队去寻找食物，这些昆虫连接起来就像一节一节的火车车厢。管理学家做了一个实验，把这些像火车车厢一样的昆虫连在一起，组成一个圆圈，然后在圆圈中放了它们喜欢吃的三叶草。结果它们爬得精疲力竭也吃不到这些草。

启示：在团队失去目标后，团队成员就不知道上何处去，最后的结果可能是饿死，这个团队存在的价值可能就要打折扣。团队的目标必须跟组织的目标一致，此外还可以把大目标分成小目标具体分到各个团队成员身上，大家合力实现这个共同的目标。同时，目标还应该有效地向大众传播，让团队内外的成员都知道这些目标，有时甚至可以把目标贴在团队成员的办公桌上、会议室里，以此激励所有的人都为这个目标去工作。

（2）人

人是构成团队最核心的力量。2 个（包含 2 个）以上的人就可以构成团队。目标是通过人员实现的。在一个团队中可能需要有人出主意，有人制订计划，有人实施，有人协调不同的人一起去工作，还有人去监督团队工作的进展并评价团队最终的贡献等。不同的人通过分工来共同完成团队的目标。

(3)定位

定位包括团队的定位和个体的定位。

团队的定位即团队在企业中处于什么位置,由谁选择和决定团队的成员,团队最终应对谁负责,团队采取什么方式激励下属。

个体的定位即作为成员在团队中应扮演什么角色,是拟订计划还是具体实施或评估。

(4)权限

团队当中领导人的权力大小与团队的发展阶段相关,一般来说,团队越成熟,领导者所拥有的权力相应越小,在团队发展的初期阶段领导权相对比较集中。关系团队权限的两个方面是:

①整个团队在组织中拥有什么样的决定权?如财务决定权、人事决定权、信息决定权。

②组织的基本特征。如组织的规模多大?团队的数量是否足够多?组织对于团队的授权有多大?它的业务是什么类型?

(5)计划

①制订计划:保证方向的正确性。目标最终的实现,需要一系列具体的行动方案,可以把计划理解成目标的具体工作的程序。

②执行计划:按计划进行可以保证团队能如期实现目标。

2. 团队的类型

根据团队存在的目的和拥有自主权的大小可将团队分成以下三种类型:

①问题解决型团队:其核心点是提高生产质量、提高生产效率、改善企业工作环境等。

②自我管理型团队:通常由十多人组成,他们承担着以前自己的上司所承担的一些责任。彻底的自我管理型团队甚至可以挑选自己的成员,并让成员相互进行绩效评估。世界上许多知名的大公司都是推行自我管理团队的典范。但对自我管理型工作团队效果的总体研究表明,实行这种团队形式并不一定带来积极效果。

③多功能型团队:由来自同一等级、不同工作领域的员工组成,他们走到一起的目的就是完成某项任务。它能使组织内(甚至组织之间)不同领域员工之间交换信息,激发产生新的观点,解决面临的问题,协调复杂的项目。但是多功能型团队在形成的早期阶段需要耗费大量的时间,因为团队成员需要学会处理复杂多样的工作任务。在成员之间,尤其是那些背景、经历和观点不同的成员之间,建立起信任并能真正合作也需要一定的时间。

在一些大型组织中,团队结构是与通常的职能型结构或事业部型结构的结合。

(二)项目型和矩阵型结构

1. 项目型结构

项目型组织是指那些一切工作都围绕项目进行、通过项目创造价值并达成自身战略目标的组织。它包括企业、企业内部的部门、政府或其他机构。

项目型组织结构适用于同时进行多个项目,但不生产标准产品的企业。常见于一些涉及大型项目的公司,如建筑业的施工与安装单位、航空航天业等。

在项目型组织中,每个项目就像一个微型公司那样运行。完成每个项目目标所需的所有资源完全分配给这个项目,专门为这个项目服务。专职的项目经理对项目团队拥有几乎完全的项目权力和行政权力。项目型组织的设置完全是为了迅速、有效地对项目目标和客户需要作出反应。

项目型组织的缺点是：成本低效、项目间缺乏知识信息交流；每个项目必须为专门工作的团队成员提供薪金，即使是在项目某些工作很轻松的阶段；在多个同时进行的项目上存在任务上的重复，造成大量重复劳动；资源不能共享，某个项目专用的资源即使闲置，也无法应用于另一个同时进行的类似项目。

同样，不同项目团队的成员也不能共享知识或专业技术技能，因为每个项目团队都是独立的，团队成员完全效力于自己的团队。

项目型组织的优点是：目标明确，统一指挥；有利于项目控制；有利于培养全面型人才；有利于迅速对客户需求作出反应。

2. 矩阵型结构

矩阵型结构是指从各职能部门中抽调有关人员，分派他们在一个或多个由项目经理领导的项目小组中工作的组织设计。矩阵型组织是职能型组织与项目型组织的混合体，它既有项目型组织结构注重项目和客户的特点，也保留了职能型组织结构的职能特点。这种结构将职能与任务很好地结合在一起，既可满足对专业技术的要求，又可满足对每一项目任务快速反应的要求。各员工组织上仍归属其职能部门，项目结束，员工回各自部门。其结构如图 4.5 所示。

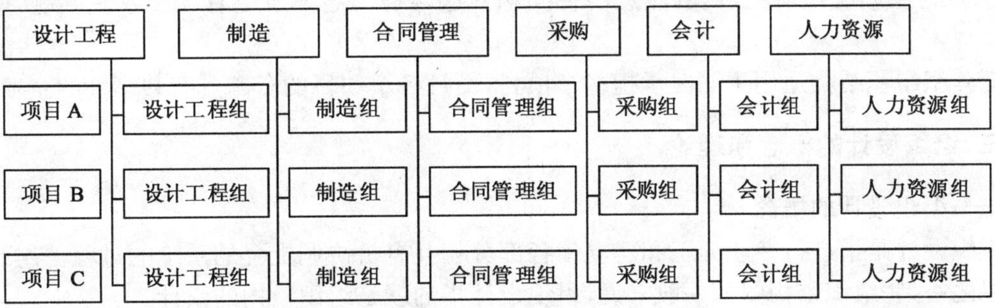

图 4.5　矩阵组织结构

项目组织与职能部门同时存在，既可以发挥职能部门的纵向优势，又可以发挥项目组织的横向优势。职能部门是永久性的，项目组织是临时性的。职能部门负责人对参与项目组织的人员有组织调配和业务指导的责任，项目经理将参与项目组织的职能人员在横向上有效地组织在一起。项目经理对项目的结果负责，而职能经理则负责为项目的成功提供所需资源。

矩阵型结构具有以下特点：

(1)双重指挥链。每个职员有两个上司，如项目经理和职能经理，可能会由于工作的优先次序而产生冲突。公司一定要制定工作纲领，保证在项目经理和职能经理之间恰当的权力平衡。

知识链接

手表定律

只有一块手表时，可以知道时间；若拥有多块表，却无法确定具体时间。更多钟表并不能告诉人们更准确的时间，反而会让看表的人失去对准确时间的信心。

启示：对于任何一件事情，不能同时设置两个不同的目标，否则将使人无所适从；同样，一个人不能同时选择两种不同的价值观，否则他的行为将陷于混乱。

一个人不能由两个以上的人来指挥，否则将使这个人无所适从；对于一个企业，更是不能同时采用两种不同的管理方法，否则将使这个企业无法发展。

美国在线与时代华纳的合并就是一个典型的失败案例。美国在线是一个年轻的互联网公司，企业文化强调操作灵活、决策迅速，要求一切为快速抢占市场的目标服务。时代华纳在长期的发展过程中建立起强调诚信之道和创新精神的企业文化。

两家企业合并后，企业高级管理层并没有很好地解决两种价值标准的冲突，导致员工完全搞不清企业未来的发展方向。最终，时代华纳与美国在线的世纪联姻以失败告终。这也充分说明，要搞清楚时间，一块走时准确的手表就足够了。

(2)工作效率较项目型组织高。职能部门的人员通常可以在几个同时进行的项目中工作，减少了人员闲置的时间，同时不同项目之间的重复劳动也大为减少。

(3)技术资源利用能力强。矩阵型组织结构的基础的、核心的技术资源可供所有项目运用，从而提高了公司整体上的技术资源利用能力。同一职能部门的专业人员具有共同的知识背景，可以相互交流与学习，共同得到提高。他们将自己的知识应用于各个不同的项目，各职能部门的员工在项目组织内协同工作，可增进横向交流。

(4)沟通顺畅。可更及时地发现问题，解决冲突。项目团队成员可以通过两个渠道向项目经理和职能经理反映情况，提醒注意潜在问题。这两种沟通渠道更有利于发现问题，避免压制。

矩阵型组织结构适用于同时承担多个项目，而且各个项目的资源具有共享性的企业。

三、组织设计的概念和理论

(一)组织设计的概念

组织设计是指进行专业分工和建立使各部分相互有机协调配合的系统的过程。组织设计的成果之一是“组织结构图”，一般来说，组织设计指的就是组织结构的设计。

组织设计的目的，就是要对组织成员之间的分工与协作关系作出正式安排，也就是形成正式组织的过程。

(二)组织设计理论

组织设计理论是指有关组织结构与组织关系的系统设想，最有代表性的组织理论有古典组织理论、行为组织理论和系统组织理论。

1. 古典组织理论

20 世纪初马克斯·韦伯(Max Weber)提出了古典组织理论。这是一种理想的组织模式——“官僚组织”，由此发展出权威的结构与关系理论，即权力结构理论。这一理论强调以工作为中心，依靠权力来维系组织内部之间的关系，它侧重于具有明晰的劳动分工、正式的规则和法规，按等级组织职位，并具有明确的命令链的组织结构设计。直到 20 世纪中叶，这种官僚组织模式一直是组织设计的主导模式。

2. 行为组织理论

美国著名的行为科学家利克特(Likert)通过对群体与个体行为的研究，提出了“参与型”组织模式。这种模式与传统的权力式组织模式相对立，由此发展为行为组织理论。行为组织理论认为，组织是由人组成的，有效的组织模式应注重组织中的人际关系，给予组织成员较多的行动自由和发挥潜在能力的机会。

如果说古典组织理论是从静态的角度出发，以效率为目标来组织内部结构，那么行为组织理论则是从动态的角度出发,以建立良好的人际关系为目标来组织符合人际关系原则的组织。

二者最大的区别在于对组织中人的地位的看法不同。古典组织理论认为,组织设计最重要的是要建立一个分工明确、非人格化的组织结构;行为组织理论则强调组织设计必须考虑到人的因素,人与人的关系以及人的能力的发挥,以期实现组织共同的目标。

3. 系统组织理论

20 世纪 70 年代以前,组织设计基本上是在上述两种模式中进行选择。随后,以巴纳德为代表的系统组织理论认为,不论是参与式还是权力式组织模式,都不一定是适用于任何组织的最佳模式。组织是一个开放的系统,要根据组织所处的内外部环境进行系统设计。

(三)组织结构设计的模型

目前,一般有两种组织结构设计模型,即机械式组织与有机式组织。

1. 机械式组织

机械式组织是一种刻板的严密控制的结构。其特征为:高度的专门化、广泛的部门化、窄管理幅度、高度正规化、有限的信息沟通(大多是下行沟通),以及基层员工很少参与决策。

机械式组织结构犹如高效率的机器,以规则条例、工作的标准化和同一模式的控制作为润滑剂,试图将个性差异、人的判断及由此产生的模糊和不确定性减少到最低程度。人性特征被认为是非效率的,只会带来不一致。其实绝大多数大型公司至少在一定程度上有这些机械式结构的特点。

2. 有机式组织

有机式组织是一种灵活的、具有高度适应性的结构,而机械式组织是僵硬、稳定的。两者的特征比较见表 4.1。

表 4.1　　机械式与有机式组织的特征比较

机械式组织	有机式组织
高度的专门化	跨职能团队
僵化的部门划分	跨层级团队
指挥链明确	信息自由流动
窄管理幅度	宽管理幅度
集权化	分权化
高度正规化	低度正规化

3. 组织结构的选择

何时选用机械式组织或者有机式组织呢?一般认为主要由四个方面共同影响,即组织的战略、规模、技术、环境的不确定性。

(1)战略与结构

组织结构应该促进组织目标的实现,因为目标是由组织的战略决定的。结构应当服从于战略。如果管理者对组织的战略做了重大调整,那就需要修改结构以适应和支持这一调整变革。考察的三个方面为:

①创新。反映组织对有意义的、独到的创新的追求,需要有机式结构提供灵活性和自由流动的信息。

②成本最低。反映组织对严格控制成本的追求，努力通过机械式结构取得高效率、稳定性和严密的控制。

③模仿。反映组织通过仿效市场上的领先者，力求使风险最小化而盈利机会最大化。一方面通过机械式结构保持紧密控制和低成本，一方面又借助有机式结构寻求新的创新方向。

(2)规模与结构

大型组织(通常雇用了2 000名员工以上)倾向于比小型组织具有更高程度的专门化、部门化和集权化，规则条例也更多。但规模对结构的影响强度会逐渐减弱，即随着组织的扩大，规模的影响变小。从本质上说，2 000名员工的组织已相当机械。

(3)技术与结构

任何组织都需要采取某种技术将投入转换为产出。英国学者琼·伍德沃德认为可以分为三种类型(详见表4.2)：

①单件生产，代表的是单件或小批量的生产；

②大批量生产，代表的是大批、大量的生产；

③连续生产，反映连续流程的生产。

表4.2　琼·伍德沃德有关技术、结构和绩效的发现

	单件生产	大批量生产	连续生产
结构特征	低度的纵向分化	中度的纵向分化	高度的纵向分化
	低度的横向分化	高度的横向分化	低度的横向分化
	低度的正规化	高度的正规化	低度的正规化
最有效的结构	有机式	机械式	有机式

一般来说，技术越是常规化，结构就越显示标准化的机械式特征；组织越是采用非常规化的技术，就越可能实行有机式结构。

(4)环境的不确定性与结构

环境的不确定性程度越大，越需要有机式设计所提供的灵活度；反之，在稳定、简单的环境中，一般则采用机械式设计。

(四)影响组织设计的关键因素

管理者在进行组织结构设计时，必须正确考虑6个关键因素：工作专业化、部门化、命令链、管理幅度与管理层次、集权与分权、正规化。

1. 工作专业化

工作专业化是指一个人工作任务范围的宽窄和所需技能的多少。工作专业化程度越高，所包含工作任务的范围就越窄，重复性就越强。

工作专业化程度高的优点有：(1)工作人员只需较少的时间就可掌握工作方法和步骤；(2)工作速度较快，产出高；(3)对工作人员的技能和受教育程度的要求较低，因此人员来源充分，工资水平也不高。

工作专业化程度高的不利之处有：(1)工作任务的细分不容易做到完美，会导致工作的不平衡，工作人员忙闲不均；(2)由于工作环节增多，不同环节之间要求有更多的协作，物流、信息流都较复杂；(3)工作的重复性容易导致诸如效率低下、质量降低等不利的行为结果。

2. 部门化

部门化就是将若干职位组合在一起的依据和方式。它是将组织中的活动按照一定的逻辑安排，划分为若干个管理单位。

部门划分的目的是确定组织的各项任务分配和责任归属，要求分工合理、职责分明，能有效达到组织的目标。下面介绍最主要的几种部门化形式：

(1)职能部门化。这是最普遍采用的一种划分方法。即按专业化原则，以工作或任务的性质为基础来划分部门。这种根据职能进行部门划分的方法适用于所有的组织。优点在于把同类专家集中在一起，能提高工作效率。缺点是容易出现部门的本位主义，决策缓慢，以及责任与组织绩效考核难以界定。

(2)产品部门化。即根据组织生产的产品类型划分。优点是可以提高产品的稳定性，因为公司中与某一特定产品有关的所有活动都由同一主管指挥。缺点是容易出现部门化倾向，行政管理人员过多，管理费用增加。

(3)地区部门化。即根据地域来进行部门划分。优点是对本地区环境变化反应迅速，便于区域性协调，有利于管理人员的培养。缺点是与总部之间的管理职责划分较困难。

(4)过程部门化。又称流程部门化，是按完成任务的过程所经过的阶段来划分的。它既适用于产品的生产过程，也适用于顾客的服务过程。优点是能取得经济优势；充分发挥专业技术和技能，简化了培训，容易形成学习氛围。缺点是部门间的协作较困难；只有最高层对企业获利负责；不利于综合高级人才的培养。

(5)顾客部门化。即按组织服务对象的类别来划分部门。优点是能更加有针对性地按需生产、按需促销。缺点是只有当顾客达到一定规模时，才比较经济。

(6)人数部门化。即单纯按人数的多少来划分部门。它类似于军队的师、团、营、连的划分，是最原始、最简单的划分方法。

(7)时间部门化。它是在正常工作日不能满足工作需要时，所采用的一种部门划分方法。如三班制、轮班制工作的情形，即可按此来划分。

(8)设备部门化。即按设备的类型来划分部门，如医院的放射科、心电图室、脑电图室、超声波室等。

大型组织进行部门化时，可能综合利用上述各种方法，以取得较好的效果。

3. 命令链

命令链(Chain of Command)是指从组织最高层扩展到最基层不间断的权力路线。明确谁向谁报告工作。它涉及三个相关概念：职权、职责、统一指挥。

职权是指管理职务所固有的发布命令和希望命令得到执行的权力。

职责包括职务和责任，是指为了在某个领域取得成果而完成的系列任务的集合。它常常用任职者的行动加上行动的目标来加以表达，如维护客户关系。

统一指挥是指每个下属应当而且只能向一个上级主管直接报告工作。

4. 管理幅度与管理层次

(1)管理幅度的概念

管理幅度是指管理人员有效地监督、指挥其直接下属的人数，它决定着组织要设置多少层次，以及配备多少管理人员。管理层次是指组织中职位等级的数目。

管理层次受组织规模和管理幅度的影响。管理层次与组织规模成正比，但在组织规模一定的条件下，管理层次与管理幅度成反比。

在其他条件相同时，管理幅度越宽，组织效率越高，这一点可以举例证明。假设有两个组织的人员都为 4 096 人，如图 4.6 所示。每个细分后的部门管理人数都为 1 人。如果一个组织管理幅度的每个层次均为 4，而另一个组织的幅度为 8，那么幅度大的组织就可减少 2 个管理层次，而且能够精简管理人员 780 人，从而使管理成本下降、效率提高。

图 4.6　管理幅度对比

（2）宽、窄管理幅度

宽、窄管理幅度即扁平结构和高耸结构。扁平结构是指管理层次少而管理幅度大的一种组织结构形态。高耸结构是指管理层次多而管理幅度小的一种组织结构形态。两者的优缺点比较见表 4.3。

表 4.3　扁平结构与高耸结构的优缺点

	扁平结构	高耸结构
优点	1. 信息纵向传递速度快，密切了上下级关系 2. 管理费用低 3. 被管理者有较大的主动性、积极性和满足感	1. 管理严密 2. 分工明确 3. 上下级易于协调
缺点	1. 主管不能对下属进行充分有效的指导和监督 2. 上下级协调较差，同级间相互沟通困难	1. 影响信息传递速度，可能失真 2. 影响积极性 3. 容易使计划的控制工作复杂化

显然，在成本方面，管理幅度宽的组织效率更高。但是，如果管理幅度过宽，由于主管人员没有足够的时间为下属提供必要的领导和支持，员工的绩效就会受到影响。

管理幅度窄的优点是管理者可以对员工实行严密的控制。其主要缺点是：管理层次增多，导致管理成本增加；减慢信息传递速度；易造成对下属监督过严，妨碍下属工作的自主性。

（3）影响管理幅度的因素

有效的管理幅度主要受管理者与被管理者的工作能力、工作内容和性质、工作条件与工作环境等诸多因素的影响。

①工作能力的影响。若管理者的综合能力强，就可以快速把握问题的关键，给下属以恰当的指导，并使下属明确理解，从而缩短与每一位下属接触的时间，此时管理幅度可以适当放宽；反之，则宜窄。被管理者的工作能力越强，很多问题能够自己解决，则管理幅度也可以适当放宽；反之，则宜窄。

②工作内容和性质的影响。工作内容简单,标准清晰,则控制幅度可以增加。高管人员涉及的问题复杂而困难,大多涉及组织方向性和战略性问题,则其管理幅度宜窄;若下属工作的相似性越大,则管理幅度可以适当加大。

③工作条件的影响。主管人员的助手配备情况越好、掌握信息的手段越先进、不同下属工作岗位的分布越接近,则管理幅度宜宽。

④工作环境的影响。环境变化越快,组织中遇到的新问题越多,下属向上级的请示就越有必要、越经常,主管人员的管理幅度就宜窄;反之,则宜宽。

此外,组织文化良好的公司可以扩大管理幅度,管理所辖地域小也可以扩大管理幅度。

5. 集权与分权

集权是指职权在组织层级系统中较高层次上一定程度的集中。分权是指职权在组织层级系统中较低层次上一定程度的分散。两者具有相对性。

当前趋势是下授决策权,即分权式决策。其目的是使组织具有灵活性和反应能力。因为基层管理者在采取最具体的行动决策方面,通常比高层管理者对问题及其解决的办法有着更细致的认识。

集权的优点主要便于统一指挥、统一协调和直接控制。缺点是高层管理人员负担过重以及不利于管理人员的培养。

分权的优点主要是:可以减轻高层管理人员负担;增强管理人员的责任心、积极性和自主性。缺点是容易形成部门各自为政、各行其是,使得部门协调难度加大。

6. 正规化

正规化是指组织中的工作实行标准化的程度。如果一种工作的正规化程度较高,就意味着做这项工作的人对工作内容、工作时间、工作手段没有多大的自主权。

由于员工被要求以完全相同的方式处理同样的投入,因而能产生一致的、统一的产出。

在不同组织中,正规化程度有很大的区别。即便在同一个组织内,正规化程度也可能不同。

(五)组织结构设计的原则

1. 战略导向原则

组织结构是为达到组织目标服务的。

2. 适度超前原则

组织结构设计应该充分考虑组织的内外环境、组织的使命和远景、组织的文化和价值观、组织的现实和未来,并且随着组织的发展,组织结构能够有一定的拓展空间。

3. 系统优化原则

组织中的人、财、物与外部环境交流频繁,密切联系,所以组织应该是一个开放型系统,从而保持对环境的适应能力和应变能力。组织设计应该充分考虑交叉业务活动的统一协调和过程管理的整体性。

4. 有效管理幅度与合理管理层次的原则

管理幅度的设计没有一定的标准。在有效控制的前提下,尽量减少管理层级,精减人员,实现组织扁平化。

5. 责、权、利对等原则

责、权、利对等,是组织正常运行的基本要求,有权无责容易出现乱指挥,有责无权容易导致工作无法顺利进行。

6. 职能专业化原则

各个职能部门应该既专业化分工明确，又协调一致。

7. 稳定性与适应性相结合的原则

组织结构的稳定带来人员的工作相对稳定，人员间的关系相对稳定，企业才能保证正常生产经营的运作。由于企业内外部环境的不断变化，组织结构又必须有一定的适应性，企业必须根据行业特点、生产规模、技术更新、市场需求和服务对象的变化及时调整组织结构。

(六)组织结构设计的程序

1. 分析实现组织目标所必需的活动

我们可以通过回答两个问题对此加以确定。第一个问题是：为了达到企业的目标，企业必须在什么领域有出色的表现？第二个问题是：什么工作做得不好会影响企业的业绩，甚至影响企业的生存？

业务流程设计是组织结构设计的开始，只有总体业务流程达到最优化，才能实现企业组织高效化。业务流程有主导业务流程和保证业务流程。主导业务流程是产品和服务的形成过程，如生产流程、销售流程；保证业务流程是保证主导业务流程顺利进行的各种专业流程，如物质供应流程、人力资源流程、设备工具流程等。首先，优化主导业务流程，使产品形成的全过程周期最短，效益最高；其次，设计保证业务流程，支持主导业务；最后，进行各种业务流程整体优化。

2. 组织单位的划分和组合

依据组织资源和环境条件对实现组织目标所必需的活动进行分组，即进行组织单位的划分和组合。分组的原则是：对组织贡献相同或者工作内容相似的活动应该合并在一起，由一个单位或者部门来承担责任，同时考虑尽可能使一项活动与其他活动的联系距离保持最短。具体而言，主要包括四个方面：

(1)按照优化原则设计岗位。岗位是业务流程的节点，又是组织结构的基本单位。由岗位组成车间、科室，由车间、科室组成各个子系统，由子系统组成企业的总体结构。岗位的划分既要考虑到流程的需要，也要考虑到管理的方便。

(2)规定岗位的输入、输出和转换。岗位是工作的转换器，就是把输入的业务经过加工，转换成新的业务输出。通过输入和输出就能从时间、空间和数量上把各个岗位纵横联系起来，形成一个整体。

(3)岗位人员的定质与定量。定质就是确定岗位人员的素质，人员素质的要求根据岗位业务内容确定。若要求太高，就会造成人员浪费；若要求太低，则保证不了工作的质量和效率。定量就是确定岗位人员数量，人员数量的确定以岗位的业务量为依据，同时也以人员素质为依据。

(4)设计联系方式。确定各层次、各部门之间纵向与横向联系的手段。

3. 设计控制业务流程的组织结构

按照业务流程的连续程度和工作量的大小，确定岗位形成的各级组织结构。组织结构是实现业务流程的组织保证。岗位是保证流程实施的具体环节，部门负责某一段流程的完成并保证其畅通无阻。所以是先有流程，后有岗位，再有车间、科室。

以上 3 个步骤，必须经过反复的协调和平衡，才能逐渐完善。

案例

比特丽公司的难题

比特丽公司是美国一家大型联合公司，总部设在芝加哥，下属有450个分公司，经营着9 000多种产品，其中许多产品，如克拉克棒糖、乔氏中国食品等，都是名牌产品。公司每年的销售额达90多亿美元。

多年来，比特丽公司都采用购买其他公司来发展自己的积极进取战略，因而取得了迅速的发展。公司的传统做法是：每当购买一家公司或厂家以后，一般都保持其原来的产品，使其成为联合公司一个新产品的市场；另一方面是对下属各分公司都采用分权的形式。允许新购买的分公司或工厂保持其原来的生产管理结构，这些都不受联合公司的限制和约束。由于实行了这种战略，公司变成由许多没有统一目标、彼此又没有什么联系的分公司组成的联合公司。

1976年，负责这项发展战略的董事长退休以后，德姆被任命为董事长。

新董事长德姆的意图是要使公司朝着他新制定的方向发展。根据他新制定的战略，德姆卖掉了下属56个分公司，但同时又买下了西北饮料工业公司。

据德姆的说法，公司除了面临发展方向方面的问题外，还面临着另外两个主要问题：一个是下属各分公司都面临着向社会介绍并推销新产品的问题，为了刺激各分公司的工作，德姆决定采用奖金制，对下属干得出色的分公司经理每年奖励1万美元。但是，对于这些收入远远超过1万美元的分公司经理人员来说，1万美元的奖金恐怕起不了多大的刺激作用。另一个面临的更严重的问题是，在维持原来的分权制度下，应如何提高对增派参谋人员必要性的认识，应如何发挥直线与参谋人员的作用问题。德姆决定要给下属每个部门增派参谋人员，以更好地帮助各个小组开展工作。但是，有些管理人员则认为只增派参谋人员是不够的；有的人则认为，没有必要增派参谋人员，可以采用单一联络人联系几个单位的方法，即集权管理的方法。

公司专门设有一个财务部门，但是这个财务部门根本就无法控制这么多分公司的财务活动，因此造成联合公司总部甚至无法了解并掌握下属部门支付支票的情况等。

思考：

(1)你对德姆的激励方法有何看法？

(2)参谋人员有何作用？如何协调直线和参谋人员之间的关系？

(3)比特丽公司可以在分权方面做得更好吗？

点评：

(1)德姆的激励方法可能难以达到理想的结果，微薄的奖励起不到足够的激励作用。要取得更好的激励效果，可以从两方面来改进：一是提高物质的额度，这样对分公司经理这样的高收入阶层才会起到刺激作用；二是物质奖励和精神奖励相结合，奖励能否起到激励作用取决于人们取得的成绩和他们对不同需要的追求程度，物质奖励和精神奖励结合起来才能发挥最大的作用。

(2)参谋人员可以为直线主管提供信息，出谋划策，配合主管工作。在协调直线主管和参谋人员之间的关系时，要注意：首先，直线主管不能为参谋左右。参谋人员所拥有的只是辅助性职权，比如提供咨询、建议等，直线主管广泛听取参谋的意见后应作出决策。注意，只有直线主管才是决策者。其次，参谋应尽可能地独立提出建议，直线主管不应过多干涉。

(3)比特丽公司可以在分权方面做得更好。现在的比特丽公司分权程度非常高，各下属分公司基本上是分而治之,这样的管理架构使得组织十分松散,总部也缺乏控制力。在市场竞争日趋激烈的今天,组织需要形成整体的力量。比特丽公司需要平衡集权与分权,只有在现在的基础上适度集权才能形成更大的整体合力。

第三节 组织的职权及关系

一、职权

职权是指组织内部授予的指导下属活动及其行为的决定权,权力来源于职位。职权是制度化的权力,以法律为基础。职权具有一定的职责和义务。职权可以分为直线职权、参谋职权和职能职权。

(一)直线职权

即管理者直接指导下属工作的职权,从最高层延伸至最底层形成所谓的指挥链。

(二)参谋职权

即拥有某种特定的建议权或审核权,如咨询、建议等。直线职权是主导,参谋职权是从属。参谋可分为个人参谋与专业参谋。

1. 个人参谋

即个人协助直线人员执行职责。无专门职权,权力来自直线人员的授予,没决策权和下命令的权力。如经理助理、经理个人助理、个人咨询等。

2. 专业参谋

专业参谋常为一个单独的组织或部门,如“智囊团”或顾问班子。

直线职权和参谋职权的区别在于:直线职权本质上是指挥和命令,拥有决策和行动的权力。参谋职权本质是服务和协议,只是思考、筹划和建议的权力。另外还有一种完全参谋制度,其全部工作,从调查研究到制订解决方案,都交由参谋人员完成。直线人员的工作就是审批。

(三)职能职权

职能职权是指参谋人员或某部门的管理者所拥有的原属直线主管的那部分权力。一般是职能或参谋部门的负责人,如总经理,要财务部直接向生产或营销部门传达关于财务方面的信息和建议。

要注意的是,职能职权要与参谋人员或职能部门的专业工作相一致,应限于具体工作,不能危及管理者的正常管理工作,要注意协调,以避免责任不清和工作混乱。

二、职责

职责即职务上应尽的责任。它是指为了在某个关键成果领域取得成果而完成的系列任务的集合,常用任职者的行动加上行动的目标来表述。例如,维护客户关系,以保持和提升公司在客户心目中的形象。要把握好以下五点:

(1)获取权力的同时必须承担责任。

(2)职权是种权力,合法性来自组织职位。

(3)职责预示着下属所完成的任务必须符合上级所规定的标准。

(4)权责一致,权责分明。

(5)有职无权无法落实和实施,有权无责则会职权滥用。

知识链接

责任分散效应

1964 年 3 月 13 日凌晨 3:20,美国纽约郊外某公寓前,一位名叫朱诺比白的年轻女子在回家路上遇刺。她绝望地喊叫:"有人要杀人!救命!救命!"附近住户亮起了灯,打开了窗户,凶手吓跑了。当一切恢复平静后,凶手又返回作案。当她又叫喊时,附近住户又打开了电灯,凶手又逃跑了。当她认为已经无事,回到自己家上楼时,凶手又一次出现在她面前,将她杀死在楼梯上。在这个过程中,尽管她大声呼救,邻居中至少有 38 位到窗前观看,但无一人救她,甚至无一人打电话报警。人们把这种众多旁观者见死不救的现象称为责任分散效应。

对于责任分散效应形成的原因,心理学家进行了大量的实验和调查,结果发现:这种现象不能仅仅说是众人的冷酷无情,或道德日益沦丧的表现。因为在不同的场合,人们的援助行为确实是不同的。当一个人遇到紧急情况时,如果只有他一个人能提供帮助,他会清醒地意识到自己的责任,对受难者给予帮助。如果他见死不救,就会产生罪恶感、内疚感,这需要付出很高的心理代价。而如果有许多人在场,帮助求助者的责任就由大家来分担,从而造成责任分散,每个人分担的责任很少,旁观者甚至可能连他自己的那一份责任也意识不到,从而产生一种"我不去救,由别人去救"的心理,进而造成"集体冷漠"的局面。

三、授权

授权是指上级委授给下属一定的权力,使下属在一定监督下有相当的自主权和行动权。授权者对被授权者有指挥权和监督权。授权是快速决策的需要,有利于管理者集中精力处理重大问题,有利于调动下属的积极性,有利于培养下级管理人员以及人才资源利用。

(一)授权的原则

(1)正确选择被授权者:因事设人、视能授权。

(2)适度原则:完成任务所必需权力即可。重大决策不适合授权。

(3)权责明确原则:权责一致,权责共担。

(4)级差授权原则:只对下属授权,不可越级授权。

(5)有效监控原则:所授之权不失控。

小故事

我只管三个人

美国著名的艾森豪威尔将军是第二次世界大战中盟军的指挥官。在诺曼底登陆之前,一次他在英国打高尔夫球,新闻记者采访他:"前线战事紧急,您怎么还有心情在这里打球啊?"艾森豪威尔说:"我不忙,我只管 3 个人:大西洋有蒙哥马利,太平洋有麦克阿瑟,喏,在那边捡球的是马歇尔。"其实艾森豪威尔手下有百万大军。

作为老板,作为职业经理人,你的企业可能有 300 人、3 000 人。问题是:你管几个人?你如何评估人力资源呢?

启示:授权部属可以得到的好处有:提供学习与成长的机会、锻炼部属的才干,有助于发现有提升潜能的员工、细分工作，以便实现专业化、获得新的想法和建议，以及增强员工的参与意识、使命感和成就感。授权代表的是成长，不但是个人的成长，也是一个团队的成长。

（二）授权的过程

（1）下达任务。这里的任务是指授权者安排被授权者去做的工作。

（2）授予权力。授予完成相应工作的权力。

（3）监控与考核。

第四节　组织的人员配备

企业中常说："我们的员工是我们最重要的资产。"许多组织也都用此话或类似的语言来表达成员的作用。多项研究显示，组织的人力资源会成为竞争优势的重要源泉。

案例

微软的招聘

微软创建于 1975 年。创建者比尔·盖茨一度为世界首富，企业依赖稳定充满智慧和激情的员工队伍发展。领导层的用人观点是"你不可能使用低水平的编程员编制出伟大的计算机程序"。一年审阅 20 多万份简历，近万次面谈，然而增聘的新员工只有 3 000 名。发现和选聘最优秀人才是微软的首要任务。微软如何发现和选聘人员？负责招聘者每年访问 130 多所大学，面谈问题侧重应聘者创造力与解决问题的能力，而不是具体程序编写。

启示：组织素质很大程度上取决于人员素质；得到并保持优秀员工是成功的关键；管理者的任务之一就是选配合适的人员。

一、人员配备的含义与原则

从上述案例中可以看到人员配备对于一个企业的影响程度。在大型组织中，人力资源管理包含的许多决策活动经常是由人事或人力资源开发的专家负责制定。然而，并非所有的管理者在其中工作的组织都有正式的人事部门，即便是那些设有正式人事部门的组织，其管理者仍然需要从事一些人力资源活动。

（一）人员配备的含义

人员配备是指根据组织结构中所规定的职务的数量和要求，对所需人员进行恰当而有效的选择、考评和培训，即选人、评人、育人。

其目的是为了配备合适的人员去充实组织中的各项职务，以保证组织活动的正常进行，进而实现组织的既定目标。

（二）人员配备的重要性

其一，人员配备是组织有效活动的保证。

其二，人员配备是领导和控制职能工作的关键。

其三，人员配备是组织发展的准备，如储备干部。

（三）人员配备的原则

1. 经济效益原则

即不能盲目扩大和减少员工队伍，以保证组织目标的实现为前提，同时要保证组织效益的提高。

2. 量才使用原则

即依据每个人的能力大小来安排合适的职务和岗位。

案例

且慢下手

单位里调来了一位新主管，据说是个能人，专门被派来整顿业务。可是，日子一天天过去，新主管却毫无作为，每天彬彬有礼地进办公室后，便躲在里面难得出门。那些紧张得要死的坏分子，现在反而更猖獗了。他哪里是个能人，根本就是个老好人，比以前的主管更容易唬。

四个月过去后，新主管发威了，坏分子一律开除，能者则获得提升。下手之快，断事之准，与四个月前表现保守的他，简直像换了一个人。年终聚餐时，新主管在酒后致辞："相信大家对我新上任后的表现和后来的开刀阔斧，一定感到不解。现在听我说个故事，各位就明白了。

我有位朋友，买了栋带着大院的房子，他一搬进去，就对院子全面整顿，杂草杂树一律清除，改种自己新买的花卉。某日，原先的房主回访，进门大吃一惊地问，那株名贵的牡丹哪里去了？我这位朋友才发现，他居然把牡丹当草给割了。后来他又买了一栋房子，虽然院子也是很杂乱，他却按兵不动，果然冬天以为是杂树的植物，春天里开了繁花；春天以为是野草的，夏天却是锦簇；半年都没有动静的小树，秋天居然红叶灿烂。直到暮秋，他才认清哪些是无用的植物而大力铲除，并使所有珍贵的草木得以保存。"

说到这儿，主管举起杯来，"让我敬在座的每一位！如果这个办公室是个花园，你们就是其间的珍木，珍木不可能一年到头开花结果，只有经过长期观察才认得出啊！"

启示："路遥知马力，日久见人心"，一个员工的价值高低绝不能凭管理者一时的观察或是只看其表面现象而发现。要真正了解一个人，需要长时间的、持续的观察。只有通过细致彻底的观察，才能正确评估一个人的价值并给他安排合适的工作。

3. 用人所长原则

即将员工放在让其充分施展其才能、技艺的位置。

4. 动态平衡原则

也就是要实现人与职、人与事的动态平衡，做到人职、人事匹配。

知识链接

帕金森定律

英国著名历史学家诺斯古德·帕金森通过长期调查研究，写出了一本名为《帕金森定律》的书。他在书中阐述了机构人员膨胀的原因及后果：一个不称职的官员，可能有三条出路，第一是申请退职，把位子让给能干的人；第二是让一位能干的人来协助自己工作；第三是任用两个水平比自己更低的人当助手。这第一条路是万万走不得的，因为那样会丧失许多权力；第二条路也不能走，因为那个能干的人会成为自己的对手；看来只有第三条路最适宜。于是，两个平庸的助手分担了他的工作，他自己则高高在上发号施令，他们不会对自己的权力构成威胁。两个助手既然无能，他们就上行下效，再为自己找两个更加无能的助手。以此类推，就形成了一个机构臃肿、人浮于事、相互扯皮、效率低下的领导体系。

二、人员配备的程序

人员配备主要包括人力资源规划、培训和绩效管理三个方面。人力资源规划包括招聘、甄选、解聘三个方面，目的是确保组织识别和选聘到有能力的员工；培训包括上岗引导和培训两项活动，目的是使员工的技能和知识得到不断的更新；绩效管理包括绩效考评、薪酬与福利、职业发展三项活动，目的是保证组织能保有长期保持高绩效水平的能干、杰出的员工。人员配备的八个步骤如图 4.7 所示。

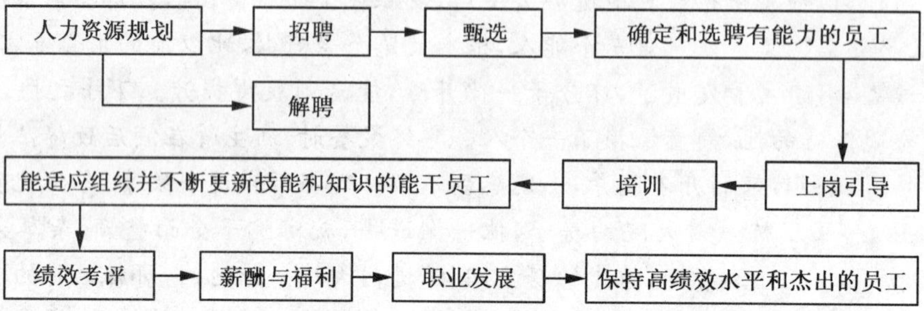

图 4.7　人员配备的八个步骤

管理人员的选聘比一般员工的选聘要重要和关键得多，因为管理者影响着整个组织活动的方方面面。

(一)人力资源规划

人力资源规划是指管理者为确保在适当的时候，为适当的职位配备适当数量和类型的工作人员，并使他们能够有效地完成所分派任务的一个过程。

1. 人力资源规划的步骤

可归纳为两大步骤：一是评价现有的人力资源；二是预估将来需要的人力资源，并制订行动方案。

(1)评价现有的人力资源

这点通常是以人力资源调查的方式进行。让员工填写调查表来获得有关信息，包括姓名、最高学历、所受培训、以前就业、所说语种、能力和专长等项目。

当前评价的另一项内容是职务分析，它定义组织中的职务以及履行职务所需的行为。收集到职务分析的有关信息后，管理者就可着手拟订或修订职务说明书和职务规范。

职务说明书是对任职者需要做什么、怎么做和为什么要做的书面说明，它通常反映职务的内容、环境和从业条件。

职务规范指明任职者要成功地开展某项工作所必须拥有的可接受最低限度的资格标准，具体包括知识、技能和态度等方面为有效地承担职务所必须具备的起码条件。

职务说明书和职务规范是管理者开始招聘和甄选人员时应该持有的重要文件。

(2)预估将来需要的人力资源

未来人力资源的需要是由组织的目标和战略决定的。人力资源需求是组织的产品或服务需求状况的一种反映。

小故事

老鼠与米缸

在一个青黄不接的初夏，一只在农家仓库里觅食的老鼠意外地掉进了一个半满的米缸里。这飞来的口福使老鼠喜出望外，它警惕地环顾了一下四周，确定没有危险之后，便是一通疯吃猛吃，吃完倒头便睡。老鼠就这样在米缸中吃了睡，睡醒了再吃，日子不知不觉地在丰衣足食的悠闲中过去了，有时，老鼠也曾为是否要跳出缸去进行过思想斗争与痛苦的选择，但终究未能摆脱白花花的大米的诱惑。直到有一天它发现米缸见了底，才觉得以米缸现在的高度自己就是想跳出去，也没有这个能力了。

启示：人力资源管理与开发在企业管理中的重要性，是任何一名企业高层领导都心知肚明的。但通过培训或其他手段来不断提高员工，尤其是管理人员、技术人员的专业技能素质，毕竟要投入时间、人力和财力，且经常会与生产相矛盾。于是人才的开发也便成了“说起来重要，干起来次要，忙起来不要”的摆设。其实，企业眼前产生的那点效益，不就是一缸米吗？

2. 人力资源规划的内容

(1)招聘与解聘

①招聘是指安置、确定和吸引有能力的申请者的活动过程。招聘的主要渠道见表 4.4。

表 4.4 招聘的主要渠道

来源渠道	优点	缺点
内部搜索	花费少、员工士气高、了解组织	供应有限
广告应征	辐射广，可有目标地针对某一特定群体(如大学生)	有许多不合格应聘者
员工推荐	会更快了解组织，可能产生高素质的候选人	可能不会增加员工的类别和结构
公共就业机构	正常费用或免费	通常为非熟练或受过很少训练的应聘者，花费大
私人就业机构	广泛接触，仔细鉴别，通常给予短期担保	费用高
学校分配	大量、集中的候选人	仅限于初入者级别的职位
临时性支援服务	仅满足临时需要	成本高，通常限于狭小技能范围
员工租赁机构及独立承包商	满足临时需要，通常适用于特殊的、为期较长的项目	人员承诺于当前的项目而不是整个组织
互联网上的广告	可触及大量的人，并立即得到反馈	产生许多不合格的应聘者

②解聘是指减少组织所配备的员工的变动。解聘方案如表 4.5 所示。

表 4.5 解聘方案

方案	内 容
解雇	永久性、非自愿地终止合同
暂时解雇	临时性、非自愿地终止合同；可能持续若干天，也可能几年
自然减员	对自愿辞职或正常退休腾出的职位空缺不予填补

续表

方案	内容
调换岗位	横向或向下调换岗位;通常不会降低成本,但可缓解组织内劳动力供求不平衡
缩短工作周	减少工作时间;临时工身份做事
提前退休	为年龄大、资历深的员工提供激励,使其在正常退休前提早退离岗位
工作分担	几个员工分担某一全时职位

(2)甄选

小故事

六扇门

不久前,一个刚取得会计专业学位的女大学生走进一家中等规模公司的人事部门寻找工作。当她走到两扇门的前面,发现其中一扇门贴着标签"有大学学位的申请者",另一扇贴着"无大学学位的申请者"。她打开了第一扇门。可是,她马上又面对两扇门,一扇写着"成绩平均在3分以上的申请者",另一扇写着"成绩不足3分的申请者"。她的平均成绩是3.6分,所以她再次选择了第一扇门。这次她还是面对两扇门,分别写着"管理专业的申请者"和"非管理专业的申请者"。她获得的是会计学位,自然打开第一扇门——发现自己来到了街上。

尽管上述故事纯属虚构,但它说明了人员挑选过程的实质,即管理者需要采取一些方法对申请者进行甄别,以确保最合适的候选人得到这一职位,这一过程又称为甄选过程(Selection Process)。

甄选的步骤主要包括:

①制订选聘计划。需要考虑组织现有规模、机构和岗位,管理人员的流动率,组织发展的需要,确定职位的类型、数量、上岗时间,选聘工作组成员的确定。

②初选。即考察基本指标是否符合,如学历、学位、专业、年龄等。比如填写申请表,内容一般包括姓名、地址、电话号码、个人技能、成就等。

③甄选。甄选是一种预测行为,它设法预见聘用哪一位申请者会确保工作成功。所谓成功,是按照组织用以评价人员绩效的标准来衡量,能把工作做好。如招聘业务员,甄选就是能够预见到哪位申请者会产生更大的销售额。

甄选过程的几种结果如表4.6所示。

表4.6 甄选过程的四种可能结果

后来工作绩效表现		接受	拒绝
	成功	正确的决策	错误的拒绝
	不成功	错误的接受	正确的决策

知识链接

甄选的效度和信度

效度：在甄选手段和有关工作标准之间存在能被证明的相关关系。比如面试、笔试、复试，只有笔试，能否证明分数高的一定在工作岗位上表现也好呢？管理当局需要证明任何用以甄别申请者的甄选手段的使用必须与工作的绩效相关。

信度：指明一种手段是否能对同一事物作出持续一致的测量。例如，假定一项测试具有信度，那么某个人的成绩就应当在相当一段时间内保持相对稳定，这里假设所测试指标的特性也相对不变。要使甄选手段成为有效的预测器，就必须拥有可接受范围的一致性。

④面谈。与申请表一样，它几乎是广为使用的一种人员甄选手段。

面谈的建议包括：对所有应聘者设计一些固定的问题；取得与应聘者面谈的工作有关的更详细信息；尽量减少对应聘者履历、经验、兴趣、测试成绩或其他方面的先前认识；多提问那些要求应聘者对实际做法给予详尽描述的行为问题；采用标准的评价格式；面谈中要做笔记；避免短时间面谈，防止过早形成决策；要把握某些问题的合法性。

⑤背景调查。对应聘者与工作有关的一些背景信息进行查证，以确定其任职资格。考察内容包括：学历学位调查、工作经历核查、不良记录审查等。背景调查既可以自己进行，也可以委托专业调查机构实施。

⑥体格检查。只对少量具有特定体力要求的职位有用。

⑦人员录用。试用合格转正。

⑧评估和反馈招聘效果。评估内容包括：招聘各岗位人员到位情况，应聘人员满足岗位的需求情况，招聘单位成本控制情况等。总结反馈给招聘部门。

关于何种甄选手段在何时最有效，详见表 4.7。

表 4.7　何种甄选手段在何时最有效

甄选手段	职位			
	高层管理	中低层管理	复杂的非管理工作	常规的作业
申请表	2	2	2	2
笔试	1	1	2	3
工作样本	—	—	4	4
评价中心	5	5	—	—
面谈	4	3	2	2
申请资料核实	3	3	3	3
推荐信查询	1	1	1	1
体格检查	1	1	1	2

说明：5 表示效度最高，1 表示效度最低，— 表示无数据。

(二)上岗引导和培训

1. 上岗引导

上岗引导主要有两个层次：一是关于工作单位的上岗引导。其目的在于让新员工了解工作单位的目标，其职务是如何为单位目标服务，同时介绍同事。二是关于组织的上岗引导。其目的在于让新员工了解组织的目标、历史、经营宗旨和程序规则、人事政策和福利,如工作时间、付酬程序、加班费用、福利待遇,以及让新员工参观组织的工作设施等。

很多组织,尤其是大型组织,制订有正式的上岗引导方案。这些方案可能包括安排新员工参观办公楼或厂房,观看描述组织历史的影片,与人力资源部门的代表进行短时间的座谈以了解组织的薪酬政策等。而非正式的上岗引导方案,如由管理者将新员工委托给单位中资格较老的一位同事,让他将新员工介绍给周围的同事,并带他参观如复印室、餐厅及办公设施等。

管理者有义务使新员工尽可能无顾虑地顺利融入组织之中,因而,管理者需要坦诚地与新员工谈论有关组织与员工双方的义务。

2. 培训

培训是一种有组织的知识传递、技能传递、标准传递、信息传递、信念传递、管理训诫的行为。多以技能传递为主。

培训可以提升组织竞争力和增强组织的凝聚力。"较多的培训机会"越来越成为吸引好员工加入和留住好员工的重要因素。培训能满足员工自我完善、自我提高的需要。培训能够更好、更快地让员工掌握新技术和新方法,正确理解新技术指标的含义,从而带来整个组织的工作水平、质量、劳动效率的提高。通过培训,把企业的发展战略、经营理念、管理模式、价值取向、文化氛围等带给每位员工,培养企业的团队精神和增强组织的凝聚力。表 4.8 所列出的是常见的员工培训方法。

表 4.8　　常见的员工培训方法

典型的在职培训方法	典型的脱产培训方法:传授特定知识、人际关系及解决问题的技能
职务轮换:横向交换工作岗位 预备实习:跟随富有经验的人做事	课堂讲座 电视录像 模拟练习 仿真培训

(三)绩效管理

所谓绩效管理,是指建立绩效标准,据以评价员工的绩效,以便形成客观公正的人力资源决策并提供支持这些决策的文件的过程。在人员配备环节,绩效管理主要有三个步骤:绩效考评、薪酬与福利、职业发展。

1. 绩效考评

绩效考评通常采用的方法,如表 4.9 所示。

表 4.9　　绩效考评方法

方法	优点	缺 点
书面描述法	简单易行	与其说是考核绩效,不如说是考核写作
关键事件法	事例丰富,以行为为依据	耗时,无法量化
评分表法	提供定量数据,时间耗费少	不能提供工作行为评价方面的详细信息
多人比较法	将员工与其他人比较	员工数量大时,操作不便
目标管理法	侧重于目标,结果导向	耗时
360°反馈法	全面	耗时
行为定位评分法	侧重具体可衡量的工作行为	耗时,使用难度大

(1)书面描述法:考评者以书面形式描述一个员工的优点、短点、过去的绩效和潜能,并提出改进建议的一种绩效评估方法。

(2)关键事件法:考评者将注意力集中在那些区分有效和无效的工作绩效的关键行为方面。考评者记下一些细小但能说明员工所做的是特别有效果的或无效果的事件。这里的要点是:只述及具体行为,而不笼统地评价一个人的个性特质。

(3)评分表法,这是一种古老但也最常用的绩效评估方法。先列出一系列绩效因素,如工作数量与质量、职务知识、合作性、忠诚度、出勤、诚实和首创精神等,然后,考评者逐一针对表中的每一项,按增量尺度对员工进行评分。

(4)多人比较法:相对而非绝对的衡量方法。常见的有以下三种:①分组排序法,要求评价者按特定的分组将员工编入诸如"前 20%"、次"20%"之类的次序中。②个体排序法,要求考评者将员工按从高到低的顺序加以排列。③配对比较法,即每个员工都一一与比较组中的其他每一位员工结对比较,评出其中的"优"和"劣"。在所有的结对比较完成后,将每位员工得到的"优"数累积起来,然后排出总的顺序。

(5)目标管理法:对管理人员和专门职业人员进行绩效评估的首选方法。每个员工都有若干具体指标,这些指标是其工作成功开展的关键目标。

(6)360°反馈法:利用上司、员工本人及其同事处得来的反馈意见进行绩效评估的一种方法。但将它用于对其奖励、提升或辞退的决策并不合适。

(7)行为定位评分法:是基于关键事件法的一种量化评价方法,这种方法主要是建立一个行为性的评定量表,对每一个等级运用关键事件进行行为描述。

知识链接

晕轮效应

俄国著名的大文豪普希金狂热地爱上了被称为"莫斯科第一美人"的娜塔丽娅,并且和她结了婚。娜塔丽娅容貌惊人,但与普希金志不同、道不合。当普希金每次把写好的诗读给她听时,她总是捂着耳朵说:"不要听! 不要听!"相反,她总是要普希金陪她游乐,出席一些豪华的晚会、舞会,普希金为此丢下创作,弄得债台高筑,最后还为她决斗而死,一颗文学巨星就这样过早地陨落。在普希金看来,一个漂亮的女人也必然有非凡的智慧和高贵的品格,然而事实并非如此,这种现象被称为晕轮效应。

所谓晕轮效应,就是在人际交往中,人身上表现出的某一方面的特征掩盖了其他特征,从而造成人际认知的障碍。在日常生活中,晕轮效应往往在悄悄地影响着我们对别人的认知和评价。比如有的老年人对青年人的个别缺点,或衣着打扮、生活习惯看不顺眼,就认为他们一定没出息;有的青年人由于倾慕朋友的某一可爱之处,就会把他看得处处可爱,所谓"一俊遮百丑"。

晕轮效应是一种以偏概全的主观心理臆测,其错误在于:第一,它容易抓住事物的个别特征,习惯以个别推及一般;第二,它把并无内在联系的一些个性或外貌特征联系在一起,断言有这种特征必然会有另一种特征;第三,它说好就全都肯定,说坏就全部否定,这是一种受主观偏见支配的绝对化倾向。

总之,晕轮效应是人际交往中对人的心理影响很大的认知障碍,我们在交往中要尽量避免和克服晕轮效应的负面影响。

2. 薪酬与福利

制定一个有效的、合适的薪酬制度，是人力资源管理过程的一个重要内容。它有助于吸引和保持有能力的、能干的员工，并且对组织的战略绩效有着重要影响。

管理者制定的薪酬制度，必须能反映公正性质的变化以及工作的环节，这样才能调动员工的积极性。

具体影响薪酬与福利的因素如图 4.8 所示。

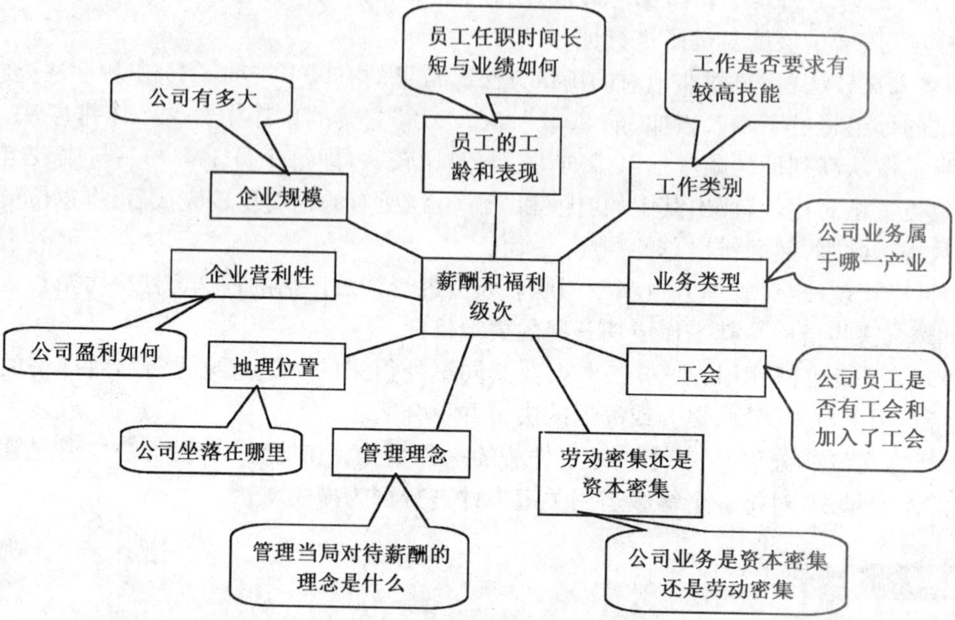

图 4.8　影响薪酬与福利的因素

现在有许多组织还会使用另一种薪酬制度，即基于技能的薪酬方案。因为员工的技能通常会影响其工作的效率和效果，所以可按员工所展示的工作技巧和能力来确定报酬水平。员工的职务头衔并不决定其薪酬的高低。

3. 职业发展

职业是指一个人在其一生中所承担职务的相继历程。惯常的职业发展方案通常是组织为帮助员工在这一特定组织中能使其职业生涯得到发展而设计的。职业发展方案的核心部分就是提供有关的信息、评估和培训，以帮助员工实现其职业目标。

假定你现在已找到工作，那么该如何在工作中求得发展呢？表 4.10 列出了作为管理者取得职业成功的一些建议。

表 4.10　管理者职业成功要领

1. 发展关系网	6. 保持可见度
2. 提高自身能力	7. 获得对组织资源的控制
3. 保持良好的同事关系	8. 了解权力结构
4. 支持自己的上司	9. 展现正确的形象
5. 找个公司导师	10. 做好本职工作

小故事

马戏团里的老虎

从前，在一个马戏团里有一位驯养员。在他所饲养训练的动物当中，以一对小老虎的表演最为逗趣、可爱，演出时场场满座，广受观众的喜爱。驯养员每天喂小老虎一斤肉，然后再施以训练。它们受到奖励便表现得更为突出，演出动作完全按照驯养员的要求。因此驯养员相当得意，摸摸两只小老虎的头以示赞许，老虎也咆哮一声，自鸣得意一番。

随着时间的流逝，小老虎长大了，驯养员仍然每天只喂它们一斤肉。到了第三年，小老虎已经变成大老虎，这时它们的食量大增，仅吃一斤肉已不能填饱肚子，所以他们常在表演时对着驯养员吼叫，暗示它们的需要。然而驯养员并不以为然，以为它们又在自鸣得意。

一天，在全场爆满的观众的期待之下，驯养员又带着这一对老虎出场献艺。驯养员先喂了老虎一斤肉，老虎也做了一番精彩的演出，然而随后它们却在全场观众的热烈掌声中，向驯养员猛扑了过去……

启示：在个人成长的发展过程中，由于一分成就而获得一分掌声的鼓励是应该的。但是随着员工的成长，公司、领导是否真的了解员工的变化和需要呢？请开辟并珍惜双方真诚的双向沟通渠道，随时了解他人的需求，给予员工成长的机会和自由，并为他们创造环境和条件。

本章小结

组织工作的目的，就是要建立一种有效的分工协作的关系结构，以便于组织目标的实现。组织工作是管理的重要职能，本章重点内容简要概括如下：

1. 组织是为了达到预定的目标，对各种资源的配置过程和由此而产生的权力机构。组织的内涵包括两方面：一是指组织结构，二是指组织过程。组织就是设计一种组织结构，并使之运转的过程。组织的概念有三种含义：组织结构、组织工作和作为组织工作对象的“组织”。

2. 组织设计是指进行专业分工和建立使各部分相互有机协调、配合的系统的过程。一般来说，组织设计指的就是组织结构的设计。

3. 组织设计理论是指有关组织结构与组织关系的系统设想。最具代表性的组织理论有古典组织理论、行为组织理论和系统组织理论。

4. 传统的组织结构主要有直线制结构、职能制结构、直线职能制结构、事业部制结构等，现代的组织结构主要有团队结构、矩阵型结构和项目型结构。

5. 组织结构设计的模型有两种：机械式与有机式。机械式组织是一种刻板的严密控制的结构。特征为：高度的专门化、广泛的部门化、窄管理幅度、高度正规化、有限的信息沟通（大多是下行沟通）、基层员工很少参与决策。有机式组织是一种灵活的具有高度适应性的结构。特征为：跨职能团队、跨层级团队、信息自由流动、宽管理幅度、分权化和低度正规化。

6. 管理者在进行组织结构设计时，必须正确考虑 6 个关键因素：工作专业化、部门化、命令链、管理幅度、集权与分权、正规化。

7. 组织结构设计的原则：战略导向原则、适度超前原则、系统优化原则、有效管理幅度与合理管理层次的原则、责权利对等原则、职能专业化原则、稳定性与适应性相结合的原则。

8. 组织结构设计的程序：业务流程的总体设计，按照优化原则设计岗位，规定岗位的输入、输出和转换，岗位人员的定质与定量，设计控制业务流程的组织结构。

9. 人员配备是根据组织结构中所规定的职务的数量和要求，对所需人员进行恰当而有效的选择、考评和培训，即选人、评人、育人。其目的是为了配备合适的人员去充实组织中的各项职务，以保证组织活动的正常进行，进而实现组织的既定目标。

10. 人员配备的工作程序包括八个步骤：招聘、甄选、解聘可确保组织识别和选聘到有能力的员工；培训和上岗引导两项活动使得员工的技能和知识不断得到更新；绩效管理、薪酬与福利、职业发展三项活动则保证组织能保有长期保持高绩效水平的能干、杰出的员工。

11. 人员配备的原则包括经济效益原则、量才使用原则、用人所长原则、动态平衡原则。

本章习题

一、单项选择题

1. 组织是管理的基本职能之一，从其定义中可以看出，它由（　　）三个基本要素构成。

A. 目标、原则和结构　　B. 目标、部门和效率

C. 目标、部门和关系　　D. 结构、部门和效率

2. 法定权是组织赋予领导者的岗位权力，它以服从为前提，具有明显的强制性。其内容包括（　　）。

A. 决策权、组织权、指挥权、人事权、奖惩权

B. 决策权、控制权、指挥权、人事权、奖惩权

C. 决策权、组织权、计划权、人事权、奖惩权

D. 组织权、控制权、指挥权、人事权、奖惩权

3. 责任、权力、利益三者之间不可分割，必须是协调的、平衡的和统一的。这就是组织工作中的（　　）原则。

A. 责权利相结合　B. 分工协作　C. 目标任务　D. 部门划分

4. 在组织规模一定的条件下，管理层次越少，其管理幅度就会（　　）；管理者所处的层次越高，其管理幅度就会（　　）。

A. 越大　B. 越小　C. 不变　D. 不一定

5. 在企业中，财务主管与财会人员之间的职权关系是（　　）。

A. 直线职权关系　　B. 参谋职权关系

C. 既是直线职权关系又是参谋职权关系　D. 都不是

6. 易导致多头领导、不能实行统一指挥的组织形式是（　　）。

A. 直线制　B. 矩阵制　C. 直线职能制　D. 事业部制

7. 不利于企业实现组织分权的因素是（　　）。

A. 组织规模很大　　B. 活动具有一定的分散性

C. 高层对低层的决策控制程度低　　D. 企业内部政策具有统一性

8. 俗话说："一山难容二虎""一条船不能有两个船长"。从管理的角度看，以下对这些话的解释中，你认为最恰当的是（　　）。

A. 在领导班子中如果有多个固执己见的人物，最终会降低管理效率

B. 对于需要高度集权管理的组织，不能允许有多个直线领导核心

C. 一个组织中的能人太多，必然会造成内耗增加，从而导致效率下降

D. 组织中不能允许存在两种以上的观点，否则易造成管理混乱

二、多项选择题

1. 组织内的职权有三种形式，分别是(　　)。

A. 直线职权　　B. 参谋职权　　C. 职能职权　　D. 授权

E. 非正式权力

2. 授权的过程包括(　　)。

A. 下达任务　　B. 授予权力　　C. 监控与考核　　D. 分析环境

E. 计划的实施与反馈

3. 衡量一个组织集权和分权的程度，可以通过(　　)来判断。

A. 决策的数目　　B. 决策的重要性及影响面

C. 决策审批手续的繁简　　D. 决策的实施

E. 决策程序

4. 职能部门化的局限性表现在：不利于产品结构的调整、(　　)。

A. 难以形成统一的政策　　B. 不利于高级管理人员的培养

C. 会出现多头领导　　D. 部门之间活动不协调

三、判断题

1. 基层第一线管理人员对操作工作的活动进行直接监管。(　　)

2. "江山易改，本性难移"说明个体的道德感具有很强的稳定性。所以，组织在招聘新员工时应特别重视个人道德观念的考察，若其与本组织一致，则可录用，反之则不录用。(　　)

3. 从企业组织结构的定义中可以看出，组织结构的本质是责权利关系的划分。(　　)

4. 当组织处于不稳定的环境之中，较宽的管理幅度能确保更有效的管理。(　　)

5. 劳动分工有助于提高工作效率，对分工过细也容易降低组织整体的运作效率。(　　)

6. 矩阵型组织结构是现代组织结构形式之一，不存在多头领导的问题。(　　)

7. 管理幅度、管理层次与组织规模存在着相互制约的关系，也就是说，当组织规模一定时，管理幅度与管理层次成正比关系。(　　)

四、简答题

1. 什么是组织？对于组织职能而言，其内涵和本质是什么？

2. 常见的传统组织结构类型有哪些？试比较其各自的优缺点。

3. 管理者可以采用哪些方式进行部门化？请描述你所在学校的部门化方式。

4. 你能调和以下两种主张吗？

(1)组织应当保持尽可能少的层次以增进协调；

(2)组织应当保持窄小的管理幅度以促进控制。

5. 你喜欢在机械式还是有机式组织中工作？为什么？

6. 先进的信息技术使组织的各项工作可以在任何时间、任何地点得以开展和完成，在这样的条件下，组织工作是否仍是一项重要的管理职能？为什么？

【参考答案】

一、单项选择题

1. C　2. A　3. A　4. A、B　5. A　6. B　7. D　8. B

二、多项选择题

1. ABC　2. ABC　3. ABC　4. ABCD

三、判断题

1. √　2. ×　3. ×　4. √　5. √　6. ×　7. ×

四、简答题(略)

案例分析

1

不断地改革企业管理体制，是适应不同产品结构、人才结构和科技结构，发挥企业各种资源效率的内在要求。D公司近年来在组织机构方面的改革主要有：

(1)逐步推行事业部制。为了适应快速多变的市场需要，提高企业的应变能力与管理效率已势在必行。D公司精心研究和策划企业组织机构的改革方案，作出了先实行模拟事业部制，而后实行独立事业部制的决定，将厂部的八个职能部门重新合并成八部一室，压缩或分流102名处室人员。这一措施激发了各经营分厂的活力，管理效率得以提高，而厂部的工作则着重于制定企业的发展战略及协调各经营分厂的经营战略、技术战略等更高层次的决策。

(2)生产组织管理从工艺专业化转向产品专业化。早在20世纪80年代末期，D公司采用以工艺专业化为核心的生产组织形式，但常常出现如下问题：(1)该种生产组织是跨行政部门的，在各生产工艺环节出现生产进度不一致时，有时难以协调；(2)由于原料品种多，可能会引起原料组织不到位而出现停工待料现象，影响生产效率。D公司对该公司的产品的生产组织进行仔细研究后，发现其主导的三大类产品基本上是相对独立的，没有必要按照生产工艺划分车间，于是打破了原来低效率的工艺专业化生产格局，建立起产品专业化的新体系，一年内劳动生产率提高了50%。

(3)改革科研体制。1991年以前，D公司将研究所集中于总厂，负责全厂的技术开发，由于科研人员远离市场，缺乏市场意识，新产品开发的速度与品种均跟不上市场需求的变化。针对这一矛盾，D公司作出了把科技人员推向市场的决策，即解散远离市场的集中式新产品开发研究所，而将其转移到相关的经营分厂。这一措施取得了很好的效果，表现在：(1)技术开发以市场为导向，消除了科研与生产、销售脱节的弊端；(2)由于有了经济观念，产品开发中的不合理费用得以减少。

(4)引进多种经营机制，实行"一厂多制"。在市场经济条件下，各种所有制有其各自的优势，国有企业引进多种经营机制、提高自身活力是一种新的尝试，D公司对此进行了初步的探索。例如，D公司的传输分厂积极采用横向联合方式进行生产经营，一方面与某省古荡镇政府合办企业，解决了产业发展所必需的土地与厂房和企业富余人员的流向问题；另一方面与香港一家公司组建了合资企业——爱华达有限公司，生产具有当今国际先进水平的SDH同步数字传输光端机，既获得了必要的资金，又得到了先进的技术。

点评：(1)D公司推行事业部制的主要目的是为了提高决策效率。虽然事业部制可能会带来人员或管理层次的减少，但它与决策层次、人员数量并无必然关系。而且我们要意识到，事业部制可能会在企业的沟通、协调、资源的充分共享利用等管理方面增加障碍，导致竞争力下降。

(2)部门化由原先采用的流程部门化改为了产品部门化，前提是产品要相对独立，但未必代表产品部门化一定比流程部门化好。

(3)"一厂多制"从本质上来讲其实就是供应链思想，是对国有企业以前的小而全、大而全思想革新的一种尝试。这也体现了多种经营体制的互补性。

2

某宾馆经理接到处分职工王大成的报告，他觉得问题不太清楚，就做了一番调查。事实是王大成的母亲患病住院，他母亲想喝鸡汤。由于王白天上班，晚上去医院陪母亲，连去市场买鸡的时间都没有。在这种情况下，他在餐厅里偷了一只鸡，犯了错误。经理了解情况以后，批准了餐厅对王作记大过一次、扣发当月奖金。然后带着慰问品去医院看望王的母亲，并对他母亲说："王大成在工作中表现很好，在家里对您也很孝顺，他是您的好儿子。"患病的母亲含笑听着。次日，经理找王大成谈话，先肯定他工作好，接着又指出偷公家东西是十分错误的，并征求其对处分的想法。

王大成对这种赏罚分明、合情合理的处理十分感动，并表示自己错了，愿意接受这种处分。这时，经理离开座位说："你母亲生病半个多月，我们都不知道，没有给予关心，我们很对不起你。"说后，经理毕恭毕敬地向王大成鞠了一个躬。

问题：从管理与道德的关系，分析王大成的行为。

点评：王大成的行为，违反了社会公认的道德行为，也违反了爱护企业财产的规定，这是容易认清的事实。因此，王自己也认识到错误，接受处分。但从这件事，不仅要认识到其中的道德问题，还应分析存在的管理问题：(1)餐厅的管理是否有疏漏，为什么会出现生产材料被偷走的事情？(2)餐厅管理者对王的家庭困难情况是否了解得不多，关心得不够？(3)餐厅对员工的教育力度应该加大。一言概之，应该从行为科学的角度来认识管理问题。

实训环节

1. 请学生们构建一些小团队，2～3人一组。每个团队在业余时间调查校(院系)学生会或自己所感兴趣的社团组织的机构设置和运作情况(包括父母单位，让其介绍组织结构)，运用所学知识就现有的学生会或社团组织机构设置的合理性进行分析讨论，并根据讨论结果提出相应的改进建议。

2. 实践训练：

管理中的矛盾：你会裁员吗？

如果你是一家公司的管理者，公司有一些年龄在50～60岁的员工。他们做事慢，没有效率不说，工作态度还不太好，总是倚老卖老。你也清楚，他们都上有老、下有小，同时这个年龄段的人员难就业。如果你想辞掉他们很容易，都不需要请示领导。问题是：为了效率，你会这样做吗？

参考文献

1.（美）詹姆斯·马奇、赫伯特·西蒙主编，邵冲译：《组织》，机械工业出版社2008年版。

2.（美）达夫特：《组织理论与设计精要》（第二版），机械工业出版社2002年版。

3.（美）赫伯特·G. 赫尼曼、蒂莫西·A. 贾奇主编，王重鸣、陈学军译：《组织人员配置》（第四版），机械工业出版社2005年版。

4.（美）加罗杰，琼斯：《组织行为学》（第三版），北京大学出版社2002年版。

5.（美）斯蒂芬·P. 罗宾斯等编著，孙健敏等译：《管理学》（第九版），中国人民大学出版社2008年版。

第五章　领导与激励

学习目标

1. 明确领导和激励的含义；
2. 能区分领导与管理；
3. 明确领导者的权力来源；
4. 能够描述激励的基本过程；
5. 掌握领导理论和激励理论，并会运用。

技能目标

1. 掌握授权、用人、沟通、包容、奖励和惩罚的领导艺术；
2. 具备有效激励的技巧。

引入案例

领导者素质

某钟表配件厂多次被评为市级先进集体，经济效益很好。2006 年底，该厂原厂长因工作需要，调任到公司担任领导工作，上级部门从其他企业调来一位叫赵辉的同志担任该厂厂长。

赵辉，35 岁，中共党员，某大学机械系研究生毕业，原在某局所属一个大型钟表企业担任设计科长。上级组织部门在准备调他任厂长前，曾对他进行了全面考核。考核结论是：该同志年富力强，工作有胆有识，敢于实践，敢于创新，富有开拓精神，不但懂技术，也善经营（在改进全厂生产工艺上有重大贡献，同时开展调查，摸清市场需要，设计出几种经济效益和社会效益较好的产品）。缺点是不善于处理人际关系。根据考核结论，组织人事部门和上级领导认为赵辉虽有缺点，但与优点相比，优点突出，于是决定调任他为钟表配件厂厂长。

然而，赵辉上任后的两年里，情况大出人们所料。尽管他主观上想把工作搞好，平时工作认真负责，处事大胆果断，敢于创新，对企业今后发展的思考以及提出的措施也是基本正确和可行的。同时，他还发挥自己专长，为本厂设计了几种新的钟表配件产品。但由于他处理人事问题能力较差，工作方法简单急躁，在生产经营过程中遇到问题，大家都不愿意配合他搞好工作。平时遇到职工有思想问题或碰到矛盾，要么采取压服的办法，要么直接告诉上级领导部门，这样一来，造成上下关系也处于紧张状态，许多干部和工人生产积极性下降，劳动纪律松懈，产品质量也随之下降，企业利润不断减少。到了 2008 年底，企业竟到了亏损边缘，由先进企业变成落后企业。对此,上级领导和组织人事部门同志也疑惑不解,赵辉当大厂设计科长干得挺好,工作成绩突出,为何当这个一直是先进企业的小厂厂长却不能胜任呢?

思考:

(1)上述案例说明领导与管理的区别体现在哪些方面?

(2)赵辉当大厂设计科长干得挺好,当一个小厂厂长却不能胜任,这说明领导者素质具有什么性质?

(3)请你给赵辉提些意见和建议。

第一节　领导的含义

领导是一门科学,也是一门艺术。从表面上看,领导者只是驾驭者、指挥者,实际上,一个领导者并不只是一个权力的拥有者,他们用其经历、智慧、成就、人品、风度、魅力影响和带领下属为实现组织的目标而努力。

一、领导的定义

俗话说:"人无头不走,鸟无头不飞。"凡有人群的地方,必须有人把分散的力量集中起来,变无序的活动为有序的活动,人类的实践才可以进行下去。凡群体的社会活动,就需要有人担任起带领、指挥、协调的工作,这就产生了领导。

领导的含义中有"名词"的意思,它是指担任一定职务的个人或群体,是身份的象征;同时它更是"动词",是指一个过程,是领导者运用个人的条件(如权力、人格魅力、知识等),去完成某一个具体目标的过程。

简单地说,领导是领导者为了实现预定目标,运用其法定权力和自身影响力,采用一定的形式和方法,率领、引导、组织、指挥、协调、控制其被领导者,以完成既定的总任务的过程。

上述定义包含了三层含义:

第一层含义,领导包含领导者和被领导者两个方面。

第二层含义,领导者有影响被领导者的能力和力量。这些能力和力量既包括组织赋予领导者的权力,也包括领导者个人所具有的品德、才能、知识等非权力的因素。

第三层含义,领导行为具有明确的目的,是通过被领导者来实现组织的目标。

在中国的四大名著之一《水浒传》里面,就有一个典型人物——"及时雨"宋江,他能够想人之所想、急人之所急,因此,成为一百〇八个好汉中被人推崇的大哥,并最终成为梁山泊的大首领。在领导学上,这也有个说法,即"只有满足集体和个人的需要,领导者自身才能生存和成长"。组织学顾问吉尔·简诺夫认为:"领导是一种行为,而非角色。我们总是需要被领导,但履行这一职责的人并不唯一,视具体情况而定。"

宋江为什么能够领导没有任何组织概念的人呢?一提到绿林好汉,大家都想到"大碗喝酒,大口吃肉",都是一些只图一时痛快、很难被约束的人,然而,他们却愿意服从宋江的领导,这说明他的领导力非常之强。更进一步来说,宋江靠自己的人格魅力,靠一个"替天行道"的组织目标在梁山建立了一个非常有序的秩序。这就是现今领导需要学习的地方。

二、领导与管理的关系

一般人往往容易把领导的概念与管理的概念相混淆，认为领导和管理是一回事，搞管理的人就是领导，领导者就是管理者。因此，正确地理解领导的含义，必须明确领导与管理的联系和区别。

(一)领导与管理的联系

首先，在一个组织中，领导活动的目标只有通过有效的管理才能实现，而管理也只有在正确的领导下才能产生效益；其次，一个组织的负责人常常是双重身份，既从事领导工作也承担管理工作，对上级他以管理者的角色出现，对下级他以领导者的角色出现。一个组织无论是领导不力还是管理不力，都会产生严重的后果，因此，这两种行为和职能的分工与合作是一个组织取得成功的必备条件。

(二)领导与管理的区别

领导与管理的区别是深刻而广泛的，具体如表 5.1 所示。

表 5.1　　领导与管理的区别

	领　导	管　理
任务不同	给组织指引前进方向，为组织确定奋斗的目标	贯彻落实领导提出的路线、方针和政策，促使目标的实现
对象不同	对象是人及其组织，通过调动下属的热情和积极性，激发下属的潜在需求、价值观和情感，实现组织的目标	对象是事，虽也包括人，但多为物、财、信息及管理系统
作用不同	统帅和协调全局性的工作	做好领导安排的局部范围工作或某一方面的工作
工作重点不同	注重分析研究和解决本部门与外界相关的重大、长期和广泛的问题	注重解决部门内的一些非重大、短期、策略性和技术性的具体问题
时间观念不同	着眼于长远，其所确定的目标多在 3～5 年甚至更长	在计划和预算中注重几个月，多则 1～2 年
风险意识不同	追求有风险甚至危险的工作	本能地回避风险或想方设法地排除风险
情感表现不同	对工作、对人充满热情和感召力，使用的语言常富有感情色彩，会用极大的热情去描绘未来前景，以唤醒人们强烈的情感，自我超越的欲望推动着他们去不断争取心理和社会的变革	无论是对待工作还是对待他人，都较少情绪化，缺乏一种凭直觉感受他人情感和思想的能力，在与他人的相处中，一方面努力寻求合作，另一方面却又不愿过多投入情感，从而显得缺乏热情和活力

引入案例点评：

(1)领导与管理的区别体现在：首先，领导是高层次的管理，很少直接接触具体的人、物、事，主要处理带有方针、原则性的重大问题，独立性较大；其次，领导是战略性管理，侧重于大政方针的决策和对人事的统御；最后，领导是“超脱”管理，领导者不能陷入烦琐的事务中，不要事无巨细地“日理万机”，而是主要依靠权威、威信发挥引导和影响的作用。

(2)这个案例说明领导者素质具有综合性。领导者的素质是由诸多因素组成的一个有机的结构体系，应该包括政治、知识、能力、心理、身体等多方面内容，任何一方面的修养都是必不可少的。

(3)赵辉首先要建立良好的人际关系,尤其是上下级间的沟通,他应该转变观念,运用新的领导理论,而不是一味地追求工作效果。其次,赵辉应该学会做思想政治工作,这是领导者的一项重要工作,它能够保证实现组织目标,能够保证组织文化的健康发展,能够激励下属的积极性和创造性,能够作为开发人才的重要途径。最后,赵辉不仅要搞好自己与下属间的关系,还应帮助领导与下属之间,以及下属之间建立良好的关系,成为他们的"润滑剂"。

三、领导的作用

在带领和指导被领导者为实现组织目标而努力的过程中,领导者要发挥指导、协调和激励的作用。

(一)指导作用

在完成工作的过程中,领导者有责任指导组织各项活动的开展。其中包括:明确大方向,并指导下属制定具体的目标、计划及明确职责、规章、政策;开展调查研究,了解组织和环境正在发生和可能或将要发生的变化,并引导组织成员认识和适应这种变化。

(二)协调作用

在群体中,即使有了明确的目标,由于每一位成员的能力、态度、性格、地位等不同,加上各种外部因素的干扰,人们在思想上发生各种分歧、行动上出现偏离目标的情况也是不可避免的,因此,需要领导来协调人们之间的关系,把大家团结起来,朝着共同的目标前进。

(三)激励作用

当一个人在生活、工作、学习中遇到困难、挫折或不幸,某种物质的或精神的需要得不到满足时,就必然会影响其工作热情。这就需要有通情达理、关心群众的领导者来为他们排忧解难,以高超的领导艺术诱发下属的事业心、忠诚感和献身精神,充实和加强他们积极进取的动力。

由此可见,领导的作用是带头、引导、指挥、服务,是帮助下属尽其所能来达到目标。领导不是在群众的后面推动或鞭策,而是在群众的前面促进、鼓励群众达成组织的目标。

四、领导权力的来源及表现形式

领导者要实现其领导,首先必须拥有必要的权力。权力是影响他人行为的一种潜在能力,是领导的基础和核心。一个领导者如果不具备与其职位相称的权力,也就无法通过自身的活动去影响他人,就无法实施其责任和使命。领导者的权力分为两种:一是正式权力,即领导者所处工作岗位的正常权力;二是非正式权力,即领导者个人的影响力。

(一)正式权力

正式权力来源于上级的授予,组织授予管理者的正式权力一般包括法定权、奖励权和强制权。

1. 法定权

法定权是指组织内各领导所固有的合法的权力。法定权取决于个人在组织中的职位。它可以被看作是一个人的正式或官方明确规定的权威地位。在一般组织中,下级必须服从上级的指挥。

2. 奖励权

奖励权是指通过给予一定的奖励来促使下属做出组织所希望的行动。在下属完成一定的任务时，领导者承诺给予相应的奖励，可鼓励下属的积极性。具体来说，包括给予加薪、额外津贴、晋升、进修等权力。

3. 强制权

强制权是指领导者对其下属具有的强制其服从的权力。与奖励权相反，强制权是指通过负面处罚或剥夺积极事项来影响他人的权力。换句话说，它是利用人们对惩罚或失去其重视的成果的恐惧来控制他人。领导者拥有这项权力是必要的，但绝不能滥用，否则便会成为专制的独裁者。

(二)非正式权力

非正式权力是指由管理者的能力、知识、品德和作风等个人因素所产生的影响力。这种影响力是与特定的个人相联系的，与其所在组织中的职位大小没有必然的联系，它既没有正式的规定，也没有组织授予的形式，它是以个人的品德、才能、知识、感情等因素为基础而形成的。由于这种影响力是建立在下属信服的基础之上，因此有时能发挥比正式权力更大的作用。非正式权力包括两方面，即专长权和归属权。

1. 专长权

专长权是指由于领导者具有某种专门的知识和特殊的技能或学识渊博而获得同事及下属的尊重和佩服，从而在工作中显示的在其专长方面一言九鼎的权力。比如，一位外科医生在医院可以施加相当大的影响力，是因为虽然他没有高于他人的正式职权，但其他人都依赖于他的知识、技能和判断力。

2. 归属权

归属权是指领导者具有良好的品德修养、知识水平、生活态度、情感魅力等，因而受到下属的称赞和敬佩，使下属乐于听从和追随的权力。归属权的实质是依靠领导者个人的魅力来影响下属，是建立在下属内心的认可基础之上的。

现实生活的大量事实告诉人们，领导者权力中起重大作用的是非正式权力，其影响力、感召力、吸引力是巨大的。“其身正，不令而行，其身不正，虽令不从”，就深刻地说明了领导者非正式权力对领导的有效性和权威性的决定性作用。通常影响领导者非正式权力的主要因素有以下几方面：

(1)品格因素。品格因素包括领导者的道德品质、人格、作风等。如果一个领导者具有优良的品格，如公道正派、严于律已、无私奉献、以身作则等，会使下属产生一种发自内心的敬佩感，更具有号召力，吸引人去效仿。而一个领导如果是品格上有问题，就很难得到下属的敬仰和发自内心的支持。

(2)知识因素。知识是一个人最宝贵的财富，是一切聪明才智的源泉。知识丰富的领导者，容易取得人们的信任，并由此产生信赖感和依赖感。

(3)能力因素。能力是一个管理者综合素质的体现，表现为科学决策能力、协调组织能力、语言表达能力等。当一个领导者在工作中具备较强的综合能力时，带给下属的是一种希望，使下属从内心产生认同感和尊重感，自愿接受其领导。

(4)情感因素。情感因素是指领导者能体贴关心下属、平易近人、和蔼可亲、感情融洽，能使下属产生亲切感的影响因素。一个成功的领导者，不仅要立之以德、展之以才，还要动之以情、以情感人。领导者必须注意同下属建立融洽的关系，克服高高在上的心态，主动与下属沟通，并倾听来自他们的反映和呼声，真心实意为他们服务。这样才会受到下属真心实意的拥护与支持，才能顺利地完成工作目标。

由品格、知识、能力和情感等因素构成的非正式权力，是由领导者自身的素质与行为造就的。在领导者从事管理工作时，它能增强领导者的影响力；在其不担任管理职务时，这些因素仍会对人们产生较大的影响。

小故事

鹦鹉

一个人去买鹦鹉，看到一只鹦鹉前标有"此鹦鹉会两门语言，售价200元"的字样。另一只鹦鹉前则标有："此鹦鹉会四门语言，售价400元。"

该买哪只呢？两只都毛色光鲜，非常灵活可爱。这人转啊转，拿不定主意。结果突然发现一只老掉了牙的鹦鹉，毛色黯淡散乱，标价800元。这人赶紧将老板叫来："这只鹦鹉是不是会说八门语言？"店主说："不"。这人奇怪了："那为什么这只又老又丑的鹦鹉会值这个数呢？"店主回答："因为另外两只鹦鹉叫这只鹦鹉'领导'，它们都听它的。"

启示：真正的领导人，不一定自己的能力有多强，只要懂信任、懂放权、懂珍惜，就能团结比自己更强的力量，从而提升自己的身价。相反，许多能力非常强的人却因为过于追求完美，事必躬亲，觉得什么人都不如自己，最后只能做最好的公关人员、销售代表，而成不了优秀的领导人。

第二节　领导理论与艺术

一、领导理论

所谓领导理论，就是关于领导的有效性的理论。人们对领导有效性的研究主要从三个方面进行，相应地，领导理论也分为三个部分：领导特质理论、领导行为理论、领导权变理论。

（一）领导特质理论

领导特质理论着重于研究领导者本身的素质、品质或个性特征对领导工作效能的影响。其基本方法是：先根据实际生活中不同的领导者领导效果的好坏，归纳出成功的领导者和失败的领导者在个人品质或特质上有哪些差异，然后进一步总结成功领导者的个人品质，并把这些归纳的结果作为一种理论标准，用于考察某个组织中的领导者是否具备这些品质，由此推断该领导者是否是一个成功的领导者。

20世纪60年代，著名的心理学家吉赛利在《管理才能探索》一书中研究并探索了8种个性特征和5种激励特征。8种个性特征是：(1)才智——语言与文字方面的才能；(2)首创精神——开拓创新的愿望和能力；(3)督察能力——指导监督别人的能力；(4)自信心——自我评价高、自我感觉好；(5)适应性——善于与下属沟通信息，交流感情；(6)判断能力——决策判断能力较强，处事果断；(7)性别——男性与女性有一定的区别；(8)成熟程度——经验、工作阅历较为丰富。5种激励特征是工作稳定性的需要、对物质金钱的需要、对地位权力的需要、对自我实现的需要、对事业成就的需要。

领导特质理论系统地分析了领导者应具备的条件，向领导者提出了要求和希望，这对培养、选择和考核领导者也是有帮助的。这一研究的缺陷主要是：并非所有领导人都具备这一切品质，许多凡人也可能具备其中的大部分或全部品质；同时，对一个人应该具备的任何品质达到多大的程度没有加以说明。目前，关于领导者素质的研究仍在继续进行，并且取得了很大的成绩，但由于领导类型的多样性和领导情境的复杂性，要开列一个一般的、普遍适用的和有效的领导者素质清单是困难的。

(二)领导行为理论

领导特质理论注重的是领导者的个性特点对领导有效性的影响，领导行为理论则把重点放在研究领导者的行为风格对领导有效性的影响上，其中较典型的理论有：勒温的三种领导作风理论、利克特的四种领导方式理论、四分图理论和管理方格图理论。

1. 勒温的三种领导作风理论

关于领导作风的研究最早是在1939年，由美国爱荷华大学的研究者、著名心理学家勒温(Lewin)及其同事们进行的。他们通过试验研究不同的工作作风对下属群体行为的影响，并认为存在着三种极端的领导工作作风，即专制作风、民主作风和放任自流作风。

专制作风：以力服人，靠权力和命令强制让人服从的领导作风，它把决策权力定位于领导者个人手中。

民主作风：以理服人、以身作则的领导作风，它把决策权力定位于群体，使每个人做出自觉的、有计划的努力，各施其长，各尽所能，分工合作。

放任自流作风：工作事先无布置，事后无检查，权力定位于组织中的每一个成员，一切悉听尊便的领导作风。

勒温根据试验结果认为：放任自流的领导工作作风工作效率最低，只能实现社交目标，而实现不了工作目标；专制作风的领导虽然通过严格的管理实现了工作目标，但群体成员没有责任感，情绪消极，士气低落，争吵较多；民主型领导作风工作效率较高，不但实现了工作目标，而且群体成员关系融洽，工作主动积极，有创造性。

2. 利克特的四种领导方式理论

1967年密歇根大学的伦西斯·利克特(Rensis Likert)教授出版了《管理新模式》一书，其中提出了四种领导方式：

(1)专制—命令式领导方式。这种方式的特征是，领导者发布指示，下属执行且不参与决策；领导者很少用奖励的方法激励下属，而较多地采用处罚的方式；领导者习惯于自上而下发布指示和命令，而不注意自下而上的信息反馈。

(2)温和—命令式领导方式。这种方式的特征是，领导者兼用奖励和处罚的方法管理下属；自上而下和自下而上地双向沟通信息，适当地听取下属对决策的意见；适当地授权给下属，但加以严格的政策控制。

(3)协商—参与式领导方式。这种方式的特征是，领导者在决策前，较充分地听取下属的意见，并且适当地加以采纳；兼用奖励和处罚的方式管理下属，注意信息的双向沟通，调动下属的管理者进行具体的决策等。

(4)群体参与式领导方式。这种方式的特征是，领导者提出挑战性的目标，由下属根据目标自行决策并制定实施规划，主要采用奖励的方法，而较少采用处罚的方法来管理下属；保持上下级之间、同级之间信息渠道的畅通，使整个组织形成一种良好的气氛。

研究表明：利用第四种方式从事管理工作的人是极有成就的领导人。因为用这种方式管理的组织在制定目标和实现目标等方面十分有效。在这类组织中，全体成员感到在实现价值、满足需要和愿望，以及达到目标和期望方面有共同的利益。个人目标和组织目标融为一体，工作的积极性和创造性能充分发挥出来，而这些都归功于员工参与管理的程度较深。

案例

吉姆和克里斯，你更乐意接受哪一种领导风格？

有一位CEO叫吉姆，他经营一家桌面印刷软件开发公司。吉姆一直是公认的聪明人。他是斯坦福大学毕业的MBA，在麻省理工学院获得了博士学位，还拥有10项软件专利技术。此外，吉姆还有“点石成金”的本事，什么东西好像只要经他一碰就能发光。有了这一切，吉姆自然会认为凭着自己的才智，当然知道怎么做对公司才是最好的。

虽然吉姆在组建班子时，强调要招一流工学院和商学院的毕业生，但这些人招来了，他却对他们的意见置若罔闻。比如，战略制定并不是吉姆最擅长的领域，但他却认为自己比谁都清楚该如何应对来自竞争对手的威胁。当他的经理们建议不要正面与竞争对手交锋时，吉姆不但充耳不闻，还以势压人，硬是把这些意见压了下去。他曾经这样评价一家竞争对手：“那些家伙想达到我们的技术水平？做梦去吧！我见过他们的CEO，一看就知道我们打得过他们。我来告诉你们该怎么做。”虽然他的话铿锵有力，也很能鼓舞人心，但他不了解市场实际情况，而他的团队却很清楚。很快，沮丧的经理们看透了老板的心思：他根本不会听取也不会重视他们的意见。于是他们纷纷离开公司，这些人的离去使得公司损失了很多智力资本。到了这个地步，吉姆仍然不觉得自己的行为有什么问题，对手下的大批出走感到迷惑不解，还认为是走掉的这些人自己“看不清形势”。

另一位科技研究公司的CEO叫克里斯，他对自己角色的理解以及表现与吉姆截然不同。克里斯同样是个聪明自信的人——他在哈佛大学读书时就是班里的优等生，服役后又在海湾战争中成为战斗英雄。但他没有恃才傲物，而是处处表现出好奇心。在职能部门召开的会议上，他明确表示自己不会利用CEO的职权强迫别人接受意见，而是会作为一名普通的与会者提出自己的看法。他总是听大家发表过意见之后，才表达自己的看法——提出问题，或就某些观点提出质疑。有一次他和营销团队一起开会，他先听了公共关系部、营销部和广告部的主管们所做的陈述，等到他最后发言时，他指出公司为了提高旗舰产品的知名度，付出了比竞争对手更高的费用，却还是没能从竞争对手那里夺得任何市场份额。他要求营销团队在一个星期内成立一个小组，调查其中的原因。

思考：根据领导行为理论，吉姆和克里斯采用的是哪种领导方式？

点评：根据利克特的四种领导方式理论，吉姆采用的是专制—命令式领导方式，克里斯采用的是群体参与式领导方式。吉姆专断独行，在进行决策时不听取下属的意见，不采纳下属的建议，习惯于自上而下发布指示和命令，而不注意自下而上的信息反馈。而克里斯在领导公司的过程中把他的自我与工作区分开来。像克里斯这样的领导者懂得，他们的任务就是提出好的问题。他们知道，只要员工能畅所欲言，他们就能得到想要的答案。这样，整个管理团队就会推动公司前进。

3. 四分图理论

1945年，美国俄亥俄州立大学的一批学者，对企业领导行为进行了反复、全面的研究。他们把鉴别领导行为的项目从开始的一千多个行为特征，经过不断的提炼和概括，最后归纳为“关心人”和“抓工作组织”两类行为。

所谓“关心人”，包括建立相互信任的气氛、尊重下属意见、注重下属的感情和需要。它是一个满足下属的物质需要与精神需要的过程。

所谓“抓工作组织”，包括组织设计、明确职责关系、确定工作目标等，它是一个完成任务的过程。

经过反复研究和对比分析，他们发现，以上两类行为在不同的领导者身上高低强弱并不一致。不同的领导行为，实际就是上述两类行为的具体组合。为了评价领导行为的类型和水平，俄亥俄州立大学的研究者们创造了领导行为四分图理论，他们以“抓组织”为横坐标，以“关心人”为纵坐标，组成了领导行为四分图(见图 5.1)。

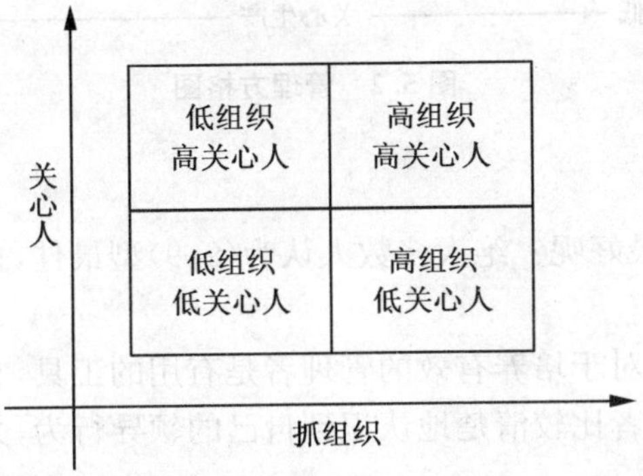

图 5.1　领导行为四分图

该项研究的研究者认为，“关心人”和“抓工作组织”这两种领导方式不应是相互矛盾、相互排斥的，而应是相互联系的。一个领导者只有把这两者相互结合起来，才能进行有效的领导。

4. 管理方格图理论

美国著名行为科学家布莱克(Blake)和莫顿(Moaton)在 1964 年出版的《管理方格》一书中，提出了管理方格图理论，又称管理坐标理论。他们将四分图中的“抓组织”改为“关心生产”，“关心人”依旧不变，将关心度分为 9 等分，形成 81 个方格，从而将领导者的领导行为区分成许多不同的类型，如图 5.2 所示。

布莱克和莫顿在管理方格中把领导风格分成五种基本类型。

(1.1)型为贫乏的管理，采取这种领导方式的管理者希望以最低限度的努力来完成组织的目标，对职工和生产均不关心，这是一种不称职的管理。

(1.9)型为俱乐部式的管理，管理者只注重搞好人际关系，以创造一种舒适、友好的组织气氛和工作环境，而不太注重工作效率，这是一种轻松的领导方式。

(9.1)型为任务式的管理，管理者全力关注任务的完成，很少关心下属的成长和士气。在安排工作时，尽力把人的干扰因素减少到最低限度，以求得高效率。只关心生产不关心人。

(9.9)型为团队式管理。管理者既重视人的因素，又十分关心生产，努力协调各项活动，使它们一体化，从而提高士气、促进生产。这是一种协调配合的管理方式。

(5.5)型为中间式管理，管理者对人和生产者有适度的关心，保持完成任务和满足人们需要之间的平衡，既有正常的效率完成工作任务，又保持一定的士气，都过得去但又不突出。实

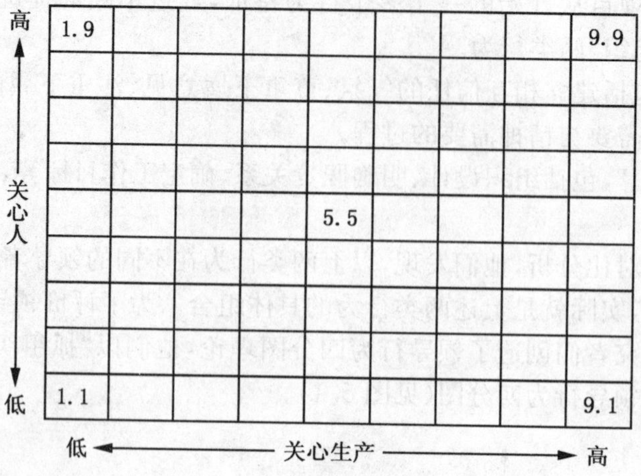

图 5.2 管理方格图

行的是中间式管理。

到底哪一种领导风格最好呢？绝大多数人认为(9.9)型最佳，也有不少人认为(9.1)型好，其次是(5.5)型。

这种管理方格图理论，对于培养有效的管理者是有用的工具，它提供一种衡量管理者所处领导形态的模式，可使管理者比较清楚地认识到自己的领导行为，并指出改进的方向。

(三)领导权变理论

1. 菲德勒模型

伊利诺大学的菲德勒(Fiedler)从1951年开始，首先从组织绩效和领导态度之间的关系着手进行研究，经过长达15年的调查试验，提出了"有效领导的权变模式"，即菲德勒模型。他认为任何领导形态均可能有效，其有效性完全取决于是否与所处的环境相适应。他把影响领导者领导风格的环境因素归纳为三个方面：职位权力、任务结构和上下级关系。

(1)职位权力。职位权力指的是与领导者职位相关联的正式职权和从上级及整个组织各个方面所得到的支持程度，这一职位权力由领导者对下属所拥有的实有权力所决定。当领导者拥有这种明确的职位权力时，组织成员就会更顺从他的领导，有利于提高工作效率。

(2)任务结构。任务结构是指工作任务明确程度和有关人员对工作任务的职责明确程度。当工作任务本身十分明确，组织成员对工作任务的职责非常明确时，领导者对工作过程就易于控制，整个组织完成工作任务的方向也会更加明确。

(3)上下级关系。上下级关系是指下属对一位领导者的信任爱戴和拥护程度，以及领导者对下属的关心、爱护程度。这一点对履行领导职能是很重要的。因为职位权力和任务结构可以由组织控制，而上下级关系是组织无法控制的。

2. 情境领导理论

该理论由赫塞(Hersey)和布兰查德(Blanchard)提出，他们认为下属的"成熟度"对领导者的领导方式起重要作用。所以，对不同"成熟度"的员工采取的领导方式有所不同。

"成熟度"是指人们对自己的行为承担责任的能力和愿望的大小。它取决于两个要素：工作成熟度和心理成熟度。

工作成熟度包括一个人的知识和技能。工作成熟度高的人拥有足够的知识、能力和经验来完成他们的工作任务，而不需要他人的指导。

心理成熟度指的是一个人做某事的意愿和动机。心理成熟度高的个体不需要太多的外部激励，他们靠的是内部动机激励。

情境领导理论在管理方格图的基础上，将领导方式分为四种：命令式、说服式、参与式和授权式。根据员工成熟度的不同——不成熟、初步成熟、比较成熟和成熟，分别采用四种不同的领导风格。

(1)不成熟—命令式。这种领导方式的要点是进行详细的指示和管理。告诉下属应该干什么、怎么干以及何时何地去干。因为在这一阶段，下属缺乏接受和承担任务的能力和愿望，既不能胜任又缺乏自觉性。

(2)初步成熟—说服式。在传达指示之后进行说服并让下属思索具体方法，但重要部分必须按指令执行。因为在这一阶段，下属愿意承担任务，但缺乏足够的能力，有积极性但没有完成任务所需的技能。

(3)比较成熟—参与式。领导者和下属交换意见，充分协商，共同决策，推动下属执行。因为在这一阶段，下属具有完成领导者所交给任务的能力，但没有足够的积极性。

(4)成熟—授权式。领导者明确表示期望的结果，具体执行方案全部交下属去办理。因为在这一阶段，下属能够而且愿意去做领导者要他们做的事。

3. 路径—目标理论

路径—目标理论是以期望几率模式和对工作、对人的关心程度模式为依据，认为领导者的工作效率是以能激励下属达到组织目标并且在工作中得到满足的能力来衡量的。领导者的基本职能在于制订合理的、员工所期待的报酬，同时为下属实现目标扫清道路、创造条件。根据该理论，领导方式可以分为四种：

(1)指示型领导方式。领导者应该对下属提出要求，指明方向，给下属提供他们应该得到的指导和帮助，使下属能够按照工作程序去完成自己的任务，实现自己的目标。

(2)支持型领导方式。领导者对下属友好，平易近人，平等待人，关系融洽，关心下属的生活福利。

(3)参与型领导方式。领导者经常与下属沟通信息，商量工作，虚心听取下属的意见，让下属参与决策、参与管理。

(4)成就指向型领导方式。领导者做的一项重要工作就是树立具有挑战性的组织目标，激励下属想方设法去实现目标、迎接挑战。

路径—目标理论告诉我们，领导者可以而且应该根据不同的环境特点来调整领导方式和作风，以保证组织目标的实现。

二、领导艺术

领导是一门科学，也是一门艺术。优秀的领导者善于面对各种纷繁复杂的局势，果断采取行之有效的措施，任用精明能干的部下，并拥有吸引人才归附的人格魅力，其在竞争中脱颖而出是必然的。

小故事

唐玄宗放权用人

唐玄宗李隆基即位初期，任用姚崇等名将名相，就很讲究用人之道。姚崇曾就一些低级官员的任免问题向唐玄宗请示，连问了三次，唐玄宗都不予理睬。姚崇以为自己办错了事情，慌忙退了出去。正巧高力士在旁边，劝李隆基道："陛下继位不久，天下事情都由陛下决定。大臣奏事，妥与不妥都应表明态度，怎么连理都不理呢？"唐玄宗说："我任姚崇为政，大事由我来做决定，他不能大事小事都拿来烦我，要不我还用他做什么？"表面上看，玄宗是在批评姚崇拿小事麻烦他，实际上是放权姚崇让他敢于做事。后来姚崇听了高力士的传达，就放手办理事情了。《新唐书》载："由是，进贤退不肖而天下治。"正因为唐玄宗是一个明君，敢于放权用人，各级官吏才能充分发挥自己的才能，历史才迎来了著名的"开元盛世"。

身为领导，为下属创造一个自由发挥的工作环境是他的责任，同时将职权分离出去，自己才能腾出精力构思成长大计。大权独揽、事必躬亲的领导竭心尽力、任劳任怨，到头来却难免落得个吃力不讨好的下场，同时其所作所为对组织、对下属的发展也有害无利：他的大包大揽助长了下属的懒惰之风，他的包打天下容易顾此失彼，使组织陷入危机而无法自拔。

领导艺术是指领导者在其知识、经验、才能、气质等基础上所形成的在从事领导活动中非规范性的、创造性的、巧妙地运用领导条件、引导原则的各种技巧手段和方法。

1. 授权艺术

所谓授权，就是由领导者赋予直接被领导者以一定的权力和责任，使其能够自主地对授权范围内的工作进行决断和处理。合理授权是领导者的一种重要领导艺术，要合理授权必须遵守下面四个原则：

(1)因事择人，视能授权。这是授权最基本的一条准则，一切以受权者的才能和知识水平高低为依据。"职以能授，爵以功授"，两者不可混为一谈。

(2)按责定权，权责相当。授权者必须向授权人明确所授事项的任务、目标及权责范围，使被授权者工作时有所遵循。

(3)适度授权。即领导者不把核心权力授人，不把同一权力授予两人，也不将不属于自己的权力下授。

(4)逐级授权。领导者应该按照组织的层次结构原则逐级进行，防止越级授权；否则，会造成中间领导层的波动，引起上下级和部门之间的矛盾。

小故事

宓子贱治县

鲁国的单父县缺少县长，国君请孔子推荐一个学生，孔子推荐了巫马期，他上任后十分努力与勤奋，披星戴月、废寝忘食、兢兢业业工作了一年。结果是单父县大治！不过，巫马期却因为劳累过度病倒了。此时，国君又来请孔子再推荐一个人。于是，孔子推荐了另一个学生宓子贱。

子贱弹着琴、唱着小曲就到了单父县，他到任后就在自己的官署后院建了一个琴台，终日鸣琴，身不下堂，日子过得是有滋有味、有情有调、很滋润。一年下来，单父县依然大治。后来，巫马期很想和子贱交流一下工作心得，于是他找到宓子贱。

宓子贱是一个不到三十岁的小伙子，有着健康的身体和充沛的精力。巫马期带着崇拜的眼神，羡慕地握着子贱的手说："你比我强，你有个好身体啊，前途无量！看来我要被自己的病耽误了。"子贱听完巫马期的话，摇摇头说："我们的差别不在身体，而在于工作方法。你做工作靠的是自己的努力，可是事业那么大、事情那么多，个人力量毕竟有限，努力的结果只能是勉强支撑，最终伤害自己的身体；而我用的方法是调动能人给自己做工作，事业越大，可调动的人就越多，调动的能人越多，事业就越大，于是工作越做越轻松。"

启示：领导要懂得授权，领导者可以不必擅长某些专业领域的工作，但要能调动那些专业人士为自己工作。

2. 用人艺术

领导者必须将下属安排到恰当的位置上，用其所长。这就要求领导者做到知人善用。首先，要能识别人才。要以扬长避短的眼光识别使用人才；要特别注意选拔任用有争议的人才。其次，要正确使用人才。人才用得好，能产生事半功倍的效果，使用不当，不仅会造成效率降低，而且容易造成不安定的因素。

小故事

刘备识才用才

三国时的庞统是与诸葛亮齐名的谋士，年轻时为人朴钝，却因其貌不扬、性格怪异，未有识者。在赤壁之战时避乱于江东，被鲁肃推荐给周瑜，入曹营献"连环计"，使周瑜火攻成功。周瑜去世后，有人曾将庞统推荐给孙权，但因庞统容貌丑陋、态度傲慢而未予重用。后来庞统经推荐，前往荆州投靠刘备，刘备令其以从事的身份试署耒阳县令。初为县令，不理政事，治绩不佳。刘备派张飞前去责罚，庞统笑着说："量百里小县一些小事，有何难断之事？"当即令公吏搬出案卷，将百日公务之事，不消半日处理完毕，曲直分明，竟无半点差错，令张飞瞠目结舌。刘备这才召见庞统，发现区区县令确实委屈了他的才华。两人纵论上下古今，刘备对之刮目相看，大为器重，任命他为治中从事；继而拜庞统为副军师中郎将，与诸葛亮共商方略，教练军士；再后，庞统随刘备取蜀，设计斩杀杨怀、高沛，得涪水关。庞统善能知人，议论英发，多出奇计，言出必中，实为一代英才。庞统与孔明齐助刘备，为以后助刘打曹立下了汗马功劳。

孙权对庞统的以貌取人使其错失了人才，而刘备的"以政试之"发现了庞统的才干并重用之，才成就了一代大业。刘备识别人才，看的是庞统的业绩和内在才华，而不仅仅是根据其容貌、脾气等可塑因素。

启示：一个成功的领导，必须像刘备一样，做一个善于识才、长于求才的赢家。时刻本着求贤若渴、诚心诚意、唯才是举的态度，才能为组织发现和寻求急需人才。

3. 沟通艺术

领导者之所以被称为领导，很大一部分原因就在于，他能组织协调组织内的所有个体为共同的目标去奋斗。领导者要想成功领导组织，就必须掌握好与下属沟通这一基本领导艺术。在沟通中，充分运用谈话技巧，不仅可以了解情况、沟通思想、交换意见、提高认识、解决问题，还可以畅通言路、集思广益、凝聚人心、增进感情。

小故事

沟通的力量

在美国一个农村，住着一个老头，他有三个儿子。大儿子、二儿子都在城里工作，小儿子和他一起相依为命。

突然有一天,一个人找到老头,对他说:“尊敬的老人家,我想把你的小儿子带到城里去工作,可以吗?”

老头气愤地说:“不行,绝对不行,你滚出去吧!”

这个人说:“如果我在城里给你的儿子找个对象,可以吗?”

老头摇摇头:“不行,你走吧!”

这个人又说:“如果我给你儿子找的对象,也就是你未来的儿媳妇是洛克菲勒的女儿呢?”

这时,老头动心了。

过了几天,这个人找到了美国首富石油大王洛克菲勒,对他说:“尊敬的洛克菲勒先生,我想给你的女儿找个对象,可以吗?”

洛克菲勒说:“快滚出去吧!”

这个人又说:“如果我给你女儿找的对象,也就是你未来的女婿是世界银行的副总裁,可以吗?”

洛克菲勒同意了。

又过了几天,这个人找到了世界银行总裁,对他说:“尊敬的总裁先生,你应该马上任命一个副总裁!”

总裁先生说:“不可能,这里这么多副总裁,我为什么还要任命一个副总裁呢,而且必须马上?”

这个人说:“如果你任命的这个副总裁是洛克菲勒的女婿,可以吗?”

总裁先生立马同意了。

4. 包容艺术

海纳百川,有容乃大。现代领导艺术要求领导者具有兼容并蓄的度量和光明磊落的胸怀,与人为善,宽以待人。领导者运用包容的艺术要做到容人之长,就是认可别人的才干和优秀之处,即使超过自己也能泰然处之;要做到容人之短,人的缺点、弱点只要不妨碍其发挥作用,就可不必计较;要做到容人之正,对部属正义之言、正义之行,尤其是对触及领导者本人利益的凛然正气,要给予理解和支持。

小故事

林肯任用蔡思

林肯当选为美国总统期间。有一天,有位名叫巴恩的银行家前来拜访林肯,正巧看见参议员蔡思从林肯的办公室走出来。巴恩对蔡思十分了解,于是对林肯说:“如果您要组阁,千万不要将此人选入,因为他是个自大的家伙,他甚至认为自己比您还要伟大得多。”林肯笑了:“呵呵,除了他以外,您还知道有谁认为他自己比我伟大得多?”“不知道,”巴恩答道,“您为什么要这样问呢?”林肯说:“因为我想把他们全部选入我的内阁。”

事实上,蔡思确实是个极其自大且妒忌心极重的家伙,他狂热地追求最高领导权,不料落败于林肯,最后,只坐了第三把交椅——财政部长。但蔡思确实是个大能人,在财政预算与宏观调控方面很有一套。林肯一直十分器重他,并通过各种手段尽量减少与他的冲突。

作为国家的领导人,林肯虚怀若谷,大胆任用蔡思,而不计较他的自大、嫉妒以及政见上的不同。在现实生活中,领导与下属意见不一致、观点不统一的情况经常发生,这是不可避免的。

5. 奖励与惩罚的艺术

恰当的奖励和正确运用惩罚是领导者运用权力的主要方面。有关内容我们将在下一节中重点介绍。

趣味测试

据说能够很好地回答下面几个问题的人一般都具备优秀领导的潜质,你也来测试一下吧!

1. 有三个人走过来,一个胖子、一个瘦子,还有一个普通身材的。请问三个人里面谁最有可能是老板?

2. 有五个人走过来,一个胖子、一个瘦子,还有普通人1号、2号、3号。请问五个人里面谁最有可能是老板?

3. 一枚硬币抛向空中,落下来,正面的概率是多少?

4. 你离职,跳到一家规模比原公司小,但提供的薪水和职位比较高的公司。原公司送你一张"优秀管理人员"的奖状。你觉得原公司对你的感觉是怎样的?

5. 老板今天早上对你说:"公司财政很危险,可能支持不下去。为了不贻误你的时间,帮你介绍了一家更好的公司。"请问你要怎么做?

【参考意见】

1. 没有最可能的,都一样有可能。

2. 没有最可能的,都一样有可能,不要以为表面特别的就特别。

3. 100%,如果不是正面,我再扔一次。

4. 原公司不认为我是优秀的,否则就会提拔我,所以原公司认为我能力一般,人际关系还不错。

5. 老板,别,我还想坚持下,我们会成功的!

第三节 激励理论

一、激励的概念及过程

(一)激励的概念

激励是领导的关键手段,领导者要想取得下属的认同,进而让下属追随与服从,首先必须了解下属的愿望并尽可能帮助他们实现。人们加入一个组织或者群体,都是为了达到他们个人所不能达到的目标。然而,进入组织的人们不一定都会努力工作,贡献他们潜在的能力。他们为组织服务的愿意程度是有高低的,有的强烈,有的一般,也有的消极。如何使组织中的各类成员为实现组织的目标热情高涨地去工作,尽可能有效地贡献他们的智慧和才能,这是管理者要研究的激励问题。

激励就是通过管理工作创造一定的条件,激发起员工实现一定目标的积极性、主动性和创造精神。

(二)激励的过程

激励的过程如图5.3所示,具体描述如下:

(1)人的需要引起动机,这种动机是由于需要未达到满足而产生的一种紧张不安的心理状态而引发的。

(2)在动机的驱动下,采取行为期望达到目标。

(3)目标达到后,需要得到满足,紧张不安的心情就消除,而新的需要又会产生;在目标没有实现的情况下,需要没有得到满足,人就会产生挫折感,进而采取消极防范的态度或积极适应的态度。

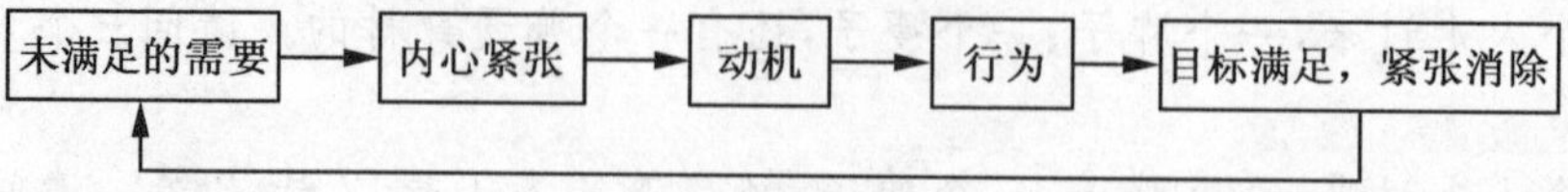

图 5.3　激励的过程

二、激励理论

(一)需要层次理论

马斯洛需要层次理论(Maslow's Hierarchy of Needs)是由美国心理学家马斯洛于 1943 年在《人类激励理论》一文中提出的。他将人们的需要分为五类,由低到高分别是生理需要、安全需要、社交需要、尊重需要、求知需要。1954 年,马斯洛在《激励与个性》一书中修订了之前的观点,增加了两种需要——求知需要和审美需要,具体如图 5.4 所示。

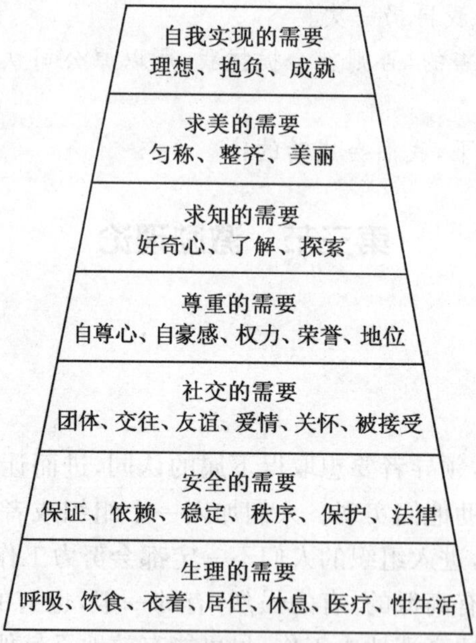

图 5.4　马斯洛需要层次图

马斯洛认为,在同一时间、地点、条件下,人存在多种需要,其中有一种占优势地位的需要度决定着人的行为。当一种需要满足以后,其他需要开始发生作用。但不能认为某一层次的需要完全满足后,上一层次的需要才成为优势。

微博上有一个有趣的段子，把西游记的任务与这几个需要层次对应了起来，即猪八戒为了生存，沙僧为了安全，白龙马为了社交，唐僧为了尊重，孙悟空为了自我实现。

(二)双因素理论

双因素理论（Two Factors Theory）是美国行为科学家弗雷德里克·赫茨伯格（Fredrick Herzberg）1959 年提出来的。双因素理论认为引起人们工作动机的因素主要有两个，即保健因素和激励因素，具体如表 5.2 所示。

表 5.2　　双因素理论

	定义	举例
激励因素	与工作内容紧密相关的因素。改变这些因素会使人获得工作满意感	工作本身的性质、工作上的成就感、受到重视、被赏识、责任感、晋升、个人发展等
保健因素	与工作环境相关的因素。这类因素得不到改善会引起对工作的不满	企业的政策与行政管理、监督、与上级的关系、与同事的关系、工作条件、工资等

知识链接

关于激励因素

领导对员工的赏识、工作本身都构成了激励因素。

1. 领导对员工的赏识

赏识是一种成本最低的激励方式，有时一个眼神、动作都会给员工以极大的激励。例如，领导说："小王你干得不错！"听到这句话，小王今天上午的心情一定会非常好。上级一个赞许的目光，甚至在适当的场合中对下级轻轻拍一拍肩膀，就会让下级觉得自己的工作得到了充分的肯定。

2. 工作本身

工作本身对下级也有激励作用，工作的新颖性、挑战性、责任感等各种因素对于年轻员工尤其具有激励的作用。

◆ 新颖性

为什么有些大学生好不容易找到工作之后，过了一段时间又想跳槽呢？

原因之一就是重复性地从事一些单调的工作，缺乏新鲜感，久而久之就想换一份工作。为了解决这一问题，在工作分配上可以适当采取轮岗的方法，让员工不断地有一种新鲜感。

◆ 挑战性

有一些年轻人由于个性的原因，喜欢从事富有挑战性的工作。一些带风险性的工作，虽然完成之后的奖金也并不多，但是令人感觉实现了自我价值，有一种成就感。

◆ 责任感

工作责任督促员工一定要把工作做好。如空中管制，被人们称为空中交通警察。在空中管制中心的大屏幕上两架飞机之间相距 1 厘米，实际上虽然可能是几公里，但因飞机的飞行速度极快，如果空中交通警察的反应慢，恐怕就会造成飞机相撞等空中事故，责任相当重大。当一名管制员坐在大屏幕前，工作的责任感就会促使他全神贯注于工作。工作的责任感本身能提高大家的积极性。

此外，事业发展前景好，能够实现员工的职业发展规划，也能够留住员工。

(三)期望理论

期望理论(Expectancy Theory)是由美国心理学家维克多·弗隆姆于1964年在其专著《工作与激励》中提出的。该理论认为,激励是个人寄托于一个目标的预期价值与他对实现目标的可能性的看法的乘积。用公式表示就是:

激励力=效价×期望值

其中,激励力是指调动一个人的积极性、激发出人的内部潜力的强度;效价是指某项活动成果所能满足个人需要的程度;期望值是指一个人根据经验,判断某项活动导致某一成果的可能性的大小,即数学上的概率。

期望理论说明,激励实质是选择的过程,促使人们做某种事的激励力依赖于效价和期望值这两个因素,效价和期望值越高,激励力越大。

案例

生活中的期望理论

某合资企业向社会公开招聘高级工作人员,待遇十分优厚。某单位的小王在业务条件、工作技能各方面都符合条件,招聘单位也多次表示,如果小王报名一定优先录取,结果小王由于对工作岗位不感兴趣,没有报名。而小刘的文化水平很低,又没有特长,结果他却报了名。对他们两人的行为,许多人为小王可惜,而更多的人则讥笑小刘,说他异想天开。

试用期望理论说明:

(1)小王够条件为什么没有报名?

(2)大家为什么讥笑小刘的行为?

点评:(1)对小王来说,虽然被录用的可能性高,即期望值高,但小王对这个工作岗位并不感兴趣,也就是目标效价不高,即激励水平不高,因此,即使够条件,他也不报名。

(2)而对于小刘,虽然他对这个工作岗位兴趣很大,即目标效价高,但因条件限制,被录用的可能性很低,即期望值低,因此,大家都讥笑小刘。

(四)公平理论

公平理论(Equity Theory)是由美国心理学家亚当斯在1963年首先提出的,也称社会比较理论。其基本观点是:当一个人做出了成绩并取得了报酬以后,他不仅关心自己所得报酬的绝对量,而且关心自己所得报酬的相对量。

几乎所有的人都会有这种比较心理,只是比较的方法略有不同。一种比较为横向比较,即将自己获得的"报酬"(包括金钱、工作安排以及获得的赏识等)与自己的"投入"(包括教育程度,所做努力,用于工作的时间、精力和其他无形损耗等)的比值与组织内其他人做社会比较,只有这个比值相等时,才认为公平。另一种比较是纵向比较,即把自己目前投入的努力与目前所获得报酬的比值,同自己过去投入的努力与过去所获报酬的比值进行比较,只有相等时他才认为公平。

针对这一心理,领导者在制定薪酬时,不仅要关注报酬的绝对值,还要关注报酬的相对值;应注意对下属公平心理的引导,使其树立正确的公平观,让下属认识到绝对的公平是不存在的,不要盲目攀比,不要按酬付劳,要目光长远,有时候公平会体现在长远的发展上,而不是一时的酬劳数值上。

小故事

摘葡萄

有个农场主的葡萄熟透了，如果今天不全部摘完，葡萄就会烂掉，而他自己又不可能在一天内把葡萄全部摘完。于是他就在市场上找了一群人，对他们说，“如果你们能在今天帮我把葡萄全部摘完的话，我就给你们每人一个金币。”这群人听后非常高兴，就跟着这个农场主来到葡萄园里摘葡萄。

当到中午的时候，农场主发现葡萄很多，这些人不可能在一天内把葡萄全部摘完，于是他又到市场上找了一群人，对他们说，“如果你们能在今天能帮我把葡萄全部摘完，我就给你们每人一个金币。”这群人听后也非常高兴地跟着这个农场主来到葡萄园里摘葡萄。

到下午两点钟左右的时候，农场主发现这群人虽然非常卖力地摘葡萄，但还是不可能在一天内把葡萄全部摘完。于是他又到市场上找了一群人，对他们说，“如果你们能在今天帮我把葡萄全部摘完，我就给你们每人一个金币。”这群人听后也非常高兴地跟着这个农场主来到葡萄园里摘葡萄。

当日落西山的时候，葡萄终于全部摘完了。农场主把最后一批人叫过来，给了他们每人一个金币，于是这群人非常高兴地走了。他又把第二次招来的人叫过来，给了他们每人一个金币，这群人并没有表现得非常高兴，但也没有说什么就走了。当他把第一次招来的人叫过来，给了他们每人一个金币的时候，这些人不高兴了。他们说：“为什么我们干的活比后来这些人多，给的钱怎么都是一个金币呢?”

看到这个故事的人，相当多的人第一直觉就是与第一批人同样的感觉——不公平。如果你是当时在场的第一批工人，你认为这件事公平吗?

点评：第一，这个故事中，每一批人的劳动协议都是工人与农场主双方认可同意的，而且双方都很满意。但最后农场主兑现了自己的承诺，对任何一批人都没有违约，却导致两批人不高兴。假如农场主把发放报酬的顺序颠倒一下，按照工作的顺序第一批人先拿，第三批人最后拿，所有人都会高兴。后一种发放顺序并未改变任何其他条件，带来的则是皆大欢喜，没人感到不公平。凭空产生的“不公平”感，其实是来源于与自己的劳动和报酬无关的其他人！所以，公平只是一种感觉，与事实本身没有必然因果关系。在对方没有违约的情况下，愤愤不平的是什么呢？说白了，就是抱怨和指责农场主与别人的协议。那么，究竟谁是农场主？显然，此时第一批人和第二批人都产生了角色错位。

第二，劳务市场在上午可能是买方市场，而在中午和下午可能是卖方市场，所以会有不同的价格。作为摘葡萄的工人，如果有这样的市场意识，“不公平”感就会少些。

第三，工人没有意识到农场主的风险——如果葡萄摘不完就会烂掉，从而导致损失惨重。当风险逼近的时候，任何人都肯选择花费比平时更大的代价来规避风险。

第四，事实上，正是因为第一批人不能够当天完成任务，农场主才增加第二批人。这两批人依然不能完成任务，才不得不又增加第三批人。农场主多付出了两批人的成本，却使没能尽责的前两批人感到不公平！这个世界对农场主也太不公平了，违约的一方理直气壮，践约的一方却像做错了事。

(五)强化理论

美国哈佛大学心理学家斯金纳(Skinner)提出的强化理论认为，人的行为是其所获刺激的函数，通过对取得成绩的人加以赞扬，对成绩差的人加以惩罚，来使人们受到激励。根据强化的目的，强化可分为正强化（肯定、表扬、晋升等）和负强化（批评、处分、降级等）。

1. 正强化

正强化是对有利于组织目标的行为加以奖励，以使这种行为能不断地重复出现。正强化的方法有物质奖励和精神奖励两种。科学的正强化方法是，保持强化的间断性，强化的时间和数量也不固定，即管理者根据组织的需要和职工的行为，不定期、不定量地实施强化。实践证明，连续的固定的正强化效果不一定好，因为久而久之，员工会感到组织的强化是理所当然的，甚至会产生越来越高的期望。

2. 负强化

负强化是对不利于组织目标的行为加以惩罚，以使这些行为削弱，直至消失。负强化的方法也包括物质惩罚和精神处分两种。与正强化相反，负强化要维持其连续性，即对每一次不符合组织目标的行为都应及时予以处罚，从而消除人们的侥幸心理，减少直到完全消除这种行为重复出现的可能性。强化理论认为，管理者应把重点放在积极强化而不是简单的惩罚上，惩罚产生的作用可能很快，但效果可能是暂时的，并且可能产生不愉快的消极作用。

小故事

鸭子只有一条腿

某城市有个著名的厨师，他的拿手好菜是烤鸭，深受顾客的喜爱，特别是他的老板，更是对其倍加赏识。不过这个老板从来没有给予过厨师任何鼓励，这使得厨师整天闷闷不乐。

有一天，老板有客从远方来，在家设宴招待贵宾，点了数道菜，其中一道是老板最喜欢吃的烤鸭。厨师奉命行事。然而，当老板夹了一只鸭腿给客人时，却找不到另一只鸭腿，他便问身后的厨师说："另一条腿到哪里去了？"

厨师说："老板，我们家里养的鸭子都只有一条腿！"老板感到诧异，但碍于客人在场，不便问个究竟。饭后，老板便跟着厨师到鸭笼去查个究竟。时值夜晚，鸭子正在睡觉，每只鸭子都只露出一条腿。厨师指着鸭子说："老板，你看，我们家的鸭子不是全都只有一条腿吗？"

老板听后，便大声拍掌，吵醒鸭子，鸭子当场被惊醒，都站了起来。老板说："鸭子不全是两条腿吗？"厨师说："对！对！不过，只有鼓掌拍手，才会有两条腿呀！"

启示：激励奖赏是非常重要的。要经常在公众场所表扬佳绩者或赠送一些礼物给表现特佳者，以资鼓励，激励他们继续奋斗。一点小投资便可换来数倍的业绩，何乐而不为呢？

三、激励方式

在激励下属的过程中，需要使用不同的激励方式，恰当的运用可以使激励的作用得到更充分的发挥。有效的激励会点燃员工的激情，促使他们的工作动机更加强烈，让他们产生超越自我和他人的欲望，并将潜在的巨大内驱力释放出来，为企业的远景目标奉献自己的热情。激励方式可分为物质激励和精神激励两种，具体如表 5.3 所示。

表 5.3 激励方式的类别和内容

激励方式		内容
精神激励	情感激励	领导对员工信任、理解、关心、体谅、支持、爱护、表扬、鼓励等
	目标激励	每个人工作都是期望得到报酬,但不同的人所期望的目标的性质是不同的。报酬分为两种:一种是物质的,另一种是精神的。有的人注重物质,有的人更重视精神上的报酬
	榜样激励	树立榜样,让员工有努力的方向和赶超的目标,从榜样成功的事业中得到激励
	工作激励	使工作内容多元化、提供岗位轮换、开放反馈渠道等
	荣誉激励	把工作成绩与晋级、提升、选模范、评先进联系起来,以一定的形式或名义标定下来,主要的方法是表扬、奖励、经验介绍等
	竞争激励	员工处于同一个环境中,要引入适度竞争,让员工感觉到差距的存在,让他们感觉到竞争的危机,促使他们最大限度地施展各自的才能与水平
物质激励	薪酬	工资、津贴、股票、期股、奖金、"红包"等
	福利	养老保险、失业保险、医疗保险、工伤保险、住房公积金、旅游、服装、误餐补助或免费工作餐、健康检查、俱乐部会费,以及提供住房或购房支持计划,提供公车或报销一定的交通费、带薪假期等
	其他物质奖励	在节日之际邀请家属参加联欢活动、赠送公司特制的礼品、让员工和家属一起旅游、给孩子们提供礼物等

物质激励与精神激励作为激励的两种不同类型,是相辅相成、缺一不可的,只强调物质激励而忽视精神激励或只强调精神激励而忽视物质激励都是不可取的。

小故事

激励要因人而异

唐宋八大家之一的苏洵在《谏论》中举了一个有趣的例子。有这么三个人,一个非常勇敢,一个有点勇敢又有点胆小,一个非常胆小。苏洵将这三个人带到山谷边,对他们说:"能跳过这渊谷的人才是勇敢者,不然就是胆小鬼。"

苏洵说,在这种状况下,那个非常勇敢的人以胆小为耻,必然能跳过去,但那个有点勇敢又有点胆小和非常胆小的人却不可能跳得过去。

之后,他又对剩下的两个人说:"能跳过这渊谷的,就给他一千两黄金,跳不过的就不给。"苏洵说,那个有点勇敢又有点胆小的人为了赢得奖金,必然能鼓起勇气,跳过渊谷,但那个非常胆小的人还是跳不过去。

苏洵说,如果这时突然来了一只猛虎,凶猛地扑了过来,那么,不用再提供任何奖赏,那个非常胆小的人一定能跳过渊谷逃命去。

启示:从这个例子可以看到,想要求三个人去做同一件事,就需要用三种不同的方式来激励他们,如果只用同一种方式,显然是不能使三个人都动心的。用人也是如此,对待不同的下属就要采取不同的态度和方法。

第四节 提高激励的有效性

有效的激励是管理工作的一个重要问题。要提高激励的有效性,就必须正确认识和处理以下问题。

一、掌握和满足员工的需要

(一)掌握员工的需要层次,满足不同层次的需要

管理者要了解、掌握员工的需要,根据不同层次的需要采取相应的激励措施。注意强化和改造最高需要,使之与组织的需要相一致。

(二)要满足不同人的需要

每个人的需要并不都是严格按顺序由低到高发展的,不同情况下,人的需要的强烈程度是不同的。如经济收入较低的人,对衣食住行方面的需要较强;知识分子对物质方面的要求不高,而个人的成就需要却很强烈。即使是同一个人,在不同的时候和不同的情况下,其需要也不同。要了解人们的需要,并采取不同的激励措施。

二、增强成就激励

(1)对被激励者进行即时反馈,使其及时了解自己的成功之处,加强取得更大成就的需要。

(2)树立获得成就的榜样,刺激被激励者取得成功的愿望和行为。

(3)肯定员工的成就,鼓励多出成果。

(4)鼓励创新,以成就激励他们付出行动。

三、注意工作激励

(一)正确运用保健因素和激励因素

管理者在实施激励时,应注意区别保健因素和激励因素,前者的满足可以消除不满,后者的满足可以产生满意,有效的管理在于化保健因素为激励因素。

(二)提供"工作设计"

对工作内容、工作职能、工作关系进行设计,包括对现有设计的调整和修改,通过合理有效地处理员工与工作岗位之间的关系,来满足员工个人需要,实现组织目标。

(三)工作内容多元化

增加一些与现任工作前后关联的新任务;增派一些原来由经验丰富的员工、专业人士甚至经理做的工作;设定绩效目标,让员工用适合自己的方式去实现。

四、奖惩结合,以奖励为主

(一)罚前有法,罚后明理

领导者在实施惩罚前,必须依据有关组织纪律的条例,让下属明确自己的行为触犯了哪些行为准则和禁界,必要的处罚做出以后,要帮助下属查找犯错误的思想根源,让其真正认识自己的错误,使其增强改正错误的决心和信心,并为其改正错误创造条件。

(二)功过奖罚要分明

"奖"起到激励、鼓舞、褒奖的作用,"罚"起到禁止、威慑、惩戒的作用。奖罚兼施,德威并用,才能既促使下属努力工作,又遏制下属破坏纪律和做其他损害组织利益的事。

(三)奖罚要及时

根据下属在这段时间、这件工作中的功过,论功行赏,论过处罚,此功不抵那过,那过也不掩此功,只有这样,才能使奖罚真正发挥推动下属前进的作用。

五、注意激励的公平性

(一)尽可能公正无私地对待每一位员工

有些领导由于主观片面或碍于情面等对一些员工抱有偏见,分配奖励时不实事求是,难免造成人为的不公平。有效的管理应尽可能做到客观、公正地对待每一位员工。

(二)加强基础管理,建立公平竞争机制

合理的薪酬是以公正、科学的评价为基础的。一些组织出现的不公平现象,主要是由于缺乏科学的评价标准和措施。企业组织要科学地建立系统的评价指标体系,公正地评价员工的工作,建立平等的竞争机制。

(三)加强教育,引导员工进行客观比较

公平与否很大程度上都是个人内心的感觉,个人判别报酬与付出的标准往往都会偏向于对自己有利的一面,也就是说,人们在心里会自觉不自觉地过低估计别人的工作绩效,过高估计别人的工资收入。管理者应能正确分析个人认识上可能存在的偏差,适时做好引导工作,确保个人工作积极性的发挥。

知识链接

针对不同类型员工的激励技巧

在现实中,企业内的员工类型可以分为指挥型、关系型、智力型和工兵型。针对不同类型的员工,领导者应该分析其类型特点,采取不同类型的激励技巧,这样才能取得良好的激励效果。

(1)指挥型的激励技巧。指挥型的员工喜欢命令别人去做事情,面对这一层次的员工,领导者在选取激励方式和方法的时候应该注意以下几点:①支持他们的目标,赞扬他们的效率;②领导者要在能力上胜过他们,使他们服气;③帮助他们通融人际关系;④让他们在工作中自己弥补自己的不足,而不要指责他们;⑤避免让效率低和优柔寡断的人与他们合作;⑥容忍他们不请自来的帮忙;⑦巧妙地安排他们的工作,使他们觉得是自己安排自己的工作;⑧别试图告诉他们怎么做;⑨当他们抱怨别人不能干的时候,问他们的想法。

(2)关系型的激励技巧。关系型的员工关注的对象不是目标,而是人的因素,他们的工作目标就是打通人际关系线。对于这种类型的员工,领导者应该考虑采取类似下列的激励技巧:①对他们的私人生活关心,让他们感到尊重;②与他们谈话时,要注意沟通技巧,使他们感到受尊重;③由于他们比较缺乏责任心,应承诺为他们负一定责任;④给他们安全感;⑤给他们机会充分地和他人分享感受;⑥别让他们感觉遭到拒绝,他们会因此而不安;⑦把关系视为团体的利益来建设,将受到他们的欢迎;⑧安排工作时,强调工作的重要性,指明不完成工作对他人的影响,他们会因此而努力地拼搏。

(3)智力型的激励技巧。智力型的员工擅长思考,分析能力一般很强,常常有自己的想法。这类员工喜欢事实,喜欢用数字说话。领导者在激励这部分员工的时候,应该注意以下几点:①肯定他们的思考能力,对他们的分析表示有兴趣;②提醒他们完成工作目标,别过高地追求完美;③避免直接批评他们,而是给他们一个思路,让他们觉得是自己发现了错误;④不要用突袭的方法打扰他们,他们不喜欢惊奇;⑤多表达诚意比运用沟通技巧更重要,他们能够立即分析出别人诚意的水平；⑥必须懂得和他们一样多的事实和数据；⑦别指望说服他们，除非他们的想法与你一样；⑧赞美他们的一些发现，因为他们不希望自己努力思考所得到的结论，却被别人泼冷水。

(4)工兵型的激励技巧。工兵型员工的主要特征是喜欢埋头苦干。这类员工做事谨慎细致，处理程序性的工作表现得尤为出色。对于这样的员工，领导者要采用的激励技巧有以下几点：①支持他们的工作，因为他们谨慎小心，一定不会出大错；②给他们相当的报酬，奖励他们的勤勉，保持管理的规范性；③多给他们出主意、想办法。

本章小结

1. 领导的定义：是领导者为了实现预定目标，运用其法定权力和自身影响力，采用一定的形式和方法，率领、引导、组织、指挥、协调、控制其被领导者，以完成既定的总任务的过程。

2. 领导与管理的关系：领导活动的目标只有通过有效的管理才能实现，而管理也只有在正确的领导之下才能产生效益；其次，一个组织的负责人常常是双重身份，既从事领导工作也承担管理工作。领导与管理在任务、对象、工作重点、作用、时间观念、风险意识、情感表现上有明显区别。

3. 领导的作用：指导、协调和激励。

4. 领导权力包括正式权力和非正式权力。正式权力可分为法定权、奖励权、强制权，非正式权力可分为专长权和归属权。非正式权力受品格、知识、能力和情感因素影响。

5. 激励理论：领导特质理论、领导行为理论和领导权变理论。

6. 领导艺术：授权、用人、沟通、包容、奖励和惩罚艺术。

7. 激励的概念：激励就是通过管理工作创造一定的条件，激发员工实现一定目标的积极性、主动性和创造精神。

8. 激励的过程：人的需要引起动机，在动机的驱动下，采取行为期望达到目标，当目标达到后，需要得到满足，紧张不安的心情就会消除，而新的需要又会产生。

9. 激励理论：需要层次理论、双因素理论、期望理论、公平理论、强化理论。

10. 提高激励有效性的方法：掌握和满足员工的需要，增强成就激励，注意工作激励，奖惩结合，以奖励为主。

本章习题

一、单项选择题

1. 王先生是某公司的一名年轻技术人员，一年前被调到公司企划部任经理，考虑到自己的资历、经验等，他采取了较为宽松的管理方式。在(　　)的情况下，王先生的领导风格最有助于产生较好的管理效果。

A. 企划部任务明确，王先生与下属关系好但职位权力弱

B. 企划部任务明确，王先生与下属关系差但职位权力弱

C. 企划部任务不明确，王先生与下属关系差且职位权力弱

D. 企划部任务不明确，王先生与下属关系好且职位权力强

2. 张教授到某企业进行管理咨询，该企业总经理热情地接待了张教授，并介绍公司的具体情况，才说了15分钟，就被人叫了出去，10分钟后回来继续，不到15分钟，又被叫出去。这样，整个下午3个小时的时间总经理一共被叫出去10次之多，这说明(　　)。

A. 总经理不重视管理咨询　　B. 该企业可能这几天遇到了紧急情况

C. 总经理可能过度集权　　D. 总经理重视民主管理

3. 某技术专家，原来从事专业工作，业务志精，绩效显著，近来被提拔到所在科室负责人的岗位。随着工作性质的转变，他今后应当注意把自己的工作重点调整到(　　)。

A. 放弃技术工作，全力以赴，抓好管理和领导工作

B. 重点仍以技术工作为主，以自身为榜样带动下级

C. 以抓管理工作为主，同时参与部分技术工作，以增强与下级的沟通和理解

D. 在抓好技术工作的同时，做好管理工作

4. 卡尔森以前只有宾馆管理经验而无航运业管理经验，但被聘为美国泛美航空公司的总裁后，短短3年，就使这家亏本企业成为高盈利企业。你认为下述说法中，(　　)有明显错误。

A. 最高管理者不需要专业知识，只要善于学习、勤于思考即可

B. 成功的管理经验具有一定的普适性，所以可以成功移植

C. 成功管理的关键是人，只要搞好人的管理，就可取得成功

D. 这仅仅是一种巧合，只说明卡尔森有特别强的环境适应能力

5. 假定请你主持召开一个由公司有关“智囊”参加的会议，讨论公司发展战略的制定问题。如果在会上听到了许多与你观点不同的意见，而且你也知道这些意见有失偏颇是因为发言者掌握的资料不全。对此，你认为最好采取的做法是(　　)。

A. 视情况谈谈自己对一些重要问题的看法

B. 既然是智囊会议，就应允许畅所欲言

C. 及时提供资料，证明这些意见的错误

D. 及时打断这些发言以发表自己的高见

6. 你拥有一家以小的桌面排版与复印为主要业务的公司，雇用员工25人。健康费用的提高迫使你考虑取消给员工的健康与医疗方面的福利。你的决定会使员工关心(　　)。

A. 自尊需要　　B. 自我实现需要　　C. 安全需要　　D. 交往需要

7. 下列现象中，不能在需要层次理论中得到合理解释的是(　　)。

A. 一个饥饿的人会冒着生命危险去寻找食物

B. 穷人很少参加排场讲究的社交活动

C. 在陋室中苦攻“哥德巴赫猜想”的陈景润

D. 一个安排需求占主导地位的人，可能因为担心失败而拒绝接受富有挑战性的工作

8. 当人们认为自己的报酬与劳动之比，与他人的报酬与劳动之比是相等的，这时就会有较大的激励作用，这种理论称为(　　)。

A. 双因素理论　　B. 效用理论　　C. 公平理论　　D. 强化理论

9. 公司好几个青年大学生在讨论明年报考MBA入学考试的事情。大家最关心的是英语考试的难度，据说，明年难度将会有很大的提高。根据激励理论中的期望理论，(　　)向公司提出报考的可能性最大。

A. 小郑。小郑大学学的是日语，两年前来公司后，才开始跟着电视台初级班业余学了

些英语

B. 小齐。小齐英语不错，本科就学管理，但他妻子年底就要分娩，家中又无老人可照顾

C. 小吴。小吴被公认为“高才生”，英语棒，数学强，知识面广，渴望深造，又无家庭负担

D. 小冯。小冯素来冷静多思，不做没把握的事。她自信 MBA 联考每门过关绝对没问题，但认为公司里想报考的人太多，领导最多只能批准 1 人，而自己与领导关系平平，肯定没希望获得领导批准

10. 如果你是公司总经理，在周五下午下班后，公司某位重要客户给你打来电话，说他向公司购买的设备出了故障，需要紧急更换零部件，而此时公司的全体人员均已下班。对于这种情况，你认为以下做法中比较好的是（　　）。

A. 告诉客户，因周末找不到人，只好等下周解决，并对此表示歉意

B. 请值班人员打电话找有关主管人员落实送货事宜

C. 因为是重要客户的紧急需要，马上亲自设法将货送去

D. 亲自打电话找有关主管人员，请他们设法马上送货给客户

二、多项选择题

1. 领导行为方式的主要理论包括（　　）。

A. 管理方格理论　B. 激励理论　C. 权变理论　D. 激励强化理论

2. 下述活动中与领导职能有关的是（　　）。

A. 向下属传达自己对销售工作目标的认识

B. 与某用户谈判，以期达成一项长期销售计划

C. 召集各地分公司经理讨论和协调销售计划的落实情况

D. 召集公司有关部门的职能人员开联谊会，鼓励他们攻克难关

3. 保健因素主要包括（　　）等方面。

A. 工作本身　B. 监督　C. 地位　D. 安全

E. 工作环境　F. 成就

4. 要做到有效倾听，下列做法中正确的是（　　）。

A. 领导者必须控制自己的情绪

B. 对于力所能及的要求，要大方许诺

C. 不要随意插话

D. 适时发问，鼓励对方进一步的解释和说明

5. 常用的精神激励方式有（　　）。

A. 目标激励　B. 榜样激励　C. 股票　D. 兴趣激励

三、判断题

1. 现实生活中我们的上司既是管理者，同时也是我们的领导，即领导者。因此，领导者与管理者是一回事，管理者就是领导者。（　　）

2. 领导的本质是妥善处理好各种人际关系，形成以主要领导者为核心的、团结一致的、为实现预定目标而共同奋斗的一股合力。（　　）

3. 个人权力同职位无关。（　　）

4. 三鹿集团的一些职工含着眼泪向媒体念叨董事长田文华的好处:她“平易近人”“替职工着想”,是他们的好领导。因此,对这样关心职工疾苦的好领导应网开一面。 ( )

5. 传统的领导理论认为,领导是一种动态过程,是一种发展变化的行为过程。领导者的特性和品质并非是与生俱来的,而是在具体实践中逐渐形成的,是可以训练和培养造就的。

( )

6. 一个成功的领导者是善于激励他人的为实现组织目标努力的领导者,因此,欲成为成功的领导者就必须掌握有效地激励他人的能力。 ( )

7. 根据需要层次理论,应更多地关注员工的精神层面上的需要,对于生理、安全等较低层次的需要可以关注少些。 ( )

8. 公平理论的不足之处在于员工本身对公平的判断是主观的。 ( )

9. 期望理论的员工判断标准是员工个人的知觉,而与实际情况不相关。 ( )

10. 服务型领导者将服务于他人的需要置于自我利益之上,帮助员工成长、发展,并在组织达到更高目标的同时为员工提供在物质和情感方面有所收获的机会。员工的成绩是服务型领导者的主要目标。 ( )

四、简答题

1. 领导和管理是一回事吗? 请说明原因。
2. 领导特征理论认为,有效领导者有哪些共同特点?
3. 简述领导艺术。
4. 简述常用的激励方式。
5. 简述如何提高激励的有效性。

【参考答案】

一、单项选择题

1. A 2. D 3. C 4. D 5. D 6. C 7. D 8. C 9. C 10. D

二、多项选择题

1. AB 2. ACD 3. BCDE 4. ACD 5. ABD

三、判断题

1. × 2. √ 3. × 4. × 5. × 6. × 7. × 8. √ 9. × 10. √

四、简答题(略)

案例分析

1

赵兰是西南百货的总会计师,在公司工作20年,待人和蔼,在公司名望较高,要求下属对自己的工作有很好的理解。年初她被提拔为商业厅副厅长。张颖毕业于一流大学会计系,在外企有7年总会计师的工作经验,被西南百货挖来接任赵兰的职位。但是在张颖就职后遇到很多问题,例如,在她向下属要数据时,下属问她为什么要这些数据,她很不理解,认为她需要什么样的数据不需要告诉下属,这是她的权力。另一件事是一位下属提供的数据有误,使她在经理会上很丢面子,然后她当众批评了这位下属,等等。总之,张颖感觉下属不是很配合自己的工作,而且由于下属的不配合,导致与其他部门的协调上出现了很多问题。

思考:

(1)试用领导风格理论分析为何会出现这些问题。

(2)该案例对实践有何指导意义?

点评:

(1)由于领导风格的不同导致了这样的结果,赵兰是参与式的领导风格,张颖的领导风格是集权式的,而下属需要的是参与式的领导风格,因此会产生上述问题。

(2)对于一个被提升的机会,你首先要了解岗位的空缺是由于什么样的原因造成的,是因为原任业绩出色被提升还是原任由于工作不力被免职,这是首先应弄清楚的问题。

如果你被任命为业绩优秀的部门的负责人,首先应看到由于该部门已经很优秀,所以业绩提升的空间已经很小,原任也会非常关注她原来所在的部门,而且下属会与原任领导有非常特殊的关系,另外下属会视你为摘桃子的人,心里不会欢迎你,因此面临的挑战很大。具体的做法是首先要请教原任,了解其领导风格和下属的优点,其次是在工作中要低调一些。

既不要自以为是,但也不要不作为,业务能力和对下属的态度很重要,这样可以逐步建立与下属之间的尊重和信任,然后再逐步改进存在的问题。如果你被任命为业绩很差部门的负责人,首先要看到如果取得了一点成绩,那么你会受到所有人的关注和认可,上级也会很支持,困难是纪律性差、业务能力不强,通常该部门还会有一两个很难对付的下属,而最重要的是该部门之所以差是因为与领导的期望不一致,因此首先你应先了解领导对该部门的期望是什么。这一点是非常重要的,然后找下属谈如何改进部门的工作。在具体运作中,集权式的领导风格是合适的,对于难以应付的下属首先要从领导那里取得授权,如果下属向你挑战,你就可以很好地应付他,以后的工作通过建立制度和程序会逐渐变得容易。

2

F公司是一家生产电信产品的公司。在创业初期,依靠一批志同道合的朋友,大家不怕苦、不怕累,从早到晚拼命干。公司发展迅速。几年之后,员工由原来的十几人发展到几百人,业务收入由原来的每月十来万发展到每月上千万。企业大了,人也多了,但公司领导明显感觉到,大家的工作积极性越来越低,也越来越计较。

F公司的总裁黄明一贯注重思考和学习,为此特别到书店买了一些有关成功企业经营管理方面的书籍来研究。他在介绍松下幸之助的用人之道一文中看到这样一段话:“经营的原则自然是希望能做到‘高效率、高薪资’。效率提高了,公司才可能支付高薪资。但松下先生提倡‘高薪资、高效率’时,却不把高效率摆在第一个努力的目标,而是借着提高薪资来提高员工的工作意愿,然后再达到高效率。”他想,公司发展了,确实应该考虑提高员工的待遇,一方面是对老员工为公司辛勤工作的回报,另一方面是吸引高素质人才加盟公司的需要。为此,F公司重新制定了报酬制度,大幅度提高了员工的工资,并且对办公环境进行了重新装修。

高薪的效果立竿见影,F公司很快就聚集了一大批有才华、有能力的人。所有的员工都很满意,大家的热情高,工作十分卖力,公司的精神面貌也焕然一新。但这种好势头不到两个月,大家又慢慢恢复到懒洋洋、慢吞吞的状态。这是怎么回事呢?

F公司的高工资并没有换来员工工作的高效率，公司领导陷入两难的困惑境地，既苦恼又彷徨。

思考：该如何改善F公司的现状呢？

点评：

针对F公司的现状，其重点是建立以薪酬制度为基础的激励系统，使企业进入"高工资、高效率、高效益"的良性循环。

1. 薪酬制度设计

薪酬设计的要点，在于"对内具有公平性，对外具有竞争力"。这就要求我们要以实事求是的科学方法进行设计，而不是拍脑袋随意而定。在制定和实施薪酬体系过程中，及时的沟通、必要的宣传或培训是保证薪酬改革成功的因素之一。必要时，让员工参与报酬制度的设计与管理，这无疑有助于一个更适合员工的需要和更符合实际的薪酬制度的形成。

2. 配套激励措施

(1)设计适合员工需要的福利项目。高薪只是短期内人才资源市场供求关系的体现，而福利则反映了企业对员工的长期承诺。

(2)重视内在激励。在注重企业为员工提供高工资、福利和晋升机会的同时，强化基于工作任务本身带给员工的胜任感、成就感、责任感、受重视、有影响力、个人成长和富有价值的贡献等。

(3)引入适度竞争。让员工感觉到差距的存在，让他们感觉到竞争的危机，落后就意味着失去工作。引入竞争后，员工的惰性没有了，不再不思进取，他们都在暗暗地努力，工作效率就会明显提高。

(4)奖惩适度。奖励过重会使员工产生骄傲和满足的情绪，失去进一步提高自己的欲望；奖励过轻会达不到激励效果，或者让员工产生不被重视的感觉。惩罚过重会让员工感到不公，或者失去对公司的认同，甚至产生怠工或破坏的情绪；惩罚过轻会让员工轻视错误的严重性，从而可能还会犯同样的错误。

(5)创造公平的企业环境。公平体现在企业管理的各个方面，如招聘时的公平、绩效考评时的公平、报酬系统的公平、晋升机会的公平等。任何不公的待遇都会影响员工的工作效率和工作情绪，影响激励效果。

(6)重视对团队的奖励。为了促使团队成员之间相互合作，同时防止上下级之间由于工资差距过大导致出现低层人员心态不平衡的现象，奖励团队的措施也应加强。

实训环节

1. 假设你是一位班长，你们班有个别同学纪律比较松散，经常上课迟到，也不积极参加集体活动，学习成绩不理想，作为班长你该如何激励他们？请写一份激励计划。

2. 请你将个人最应以为傲的领导事迹写一份心得。

3. 实践训练：

管理中的矛盾：灰色收入一定会损害公司利益吗？

在一家大型企业的采购部门年会上，采购员出身的老板说："大家辛苦一年了。只要大家不以牺牲公司利益为出发点，在一定限度内，我支持大家的灰色收入。"什么意思，大家心知肚明。结果就是,这种对属下的“纵容”让该公司在30年内跻身世界500强,产品质量世界一流,产量世界第一,而且利润率很高。若你是老板,你会这样吗?

参考文献

1. 余敬:《管理学》,中国地质大学出版社2011年版。
2. 王志平:《管理学概论》,复旦大学出版社2006年版。
3. (美)罗宾斯编著,孙健敏等译:《管理学》(第九版),中国人民大学出版社2008年版。
4. (美)德鲁克编著,齐若兰译:《管理的实践》,机械工业出版社2009年版。
5. 乔忠:《管理学》(第三版),机械工业出版社2012年版。

第六章　控　制

学习目标

1. 了解控制的含义及其与计划的关系；
2. 掌握管理控制的类型和基本过程；
3. 熟悉管理控制的一般方法。

技能目标

1. 具有分析管理控制系统的能力；
2. 能够应用相关控制方法。

引入案例

控制与企业效益

张正在几天前被任命为一家国有化妆品公司的总经理。很快他就发现公司存在很多问题，而且其中的大多数问题都与公司不适当的控制管理有关。比如，各部门预算是由各部门自行制定，前任总经理对各部门上报的预算一般不加修改就签字批准；公司内部也没有专门的财务审核人员，因此对各部门的预算和预算的实施情况根本就没有审核。操作方面生产人员常有人不辞而别，行政工作人员迟到早退现象严重，而且常有人在工作时间利用公司电话炒股票。更夸张的是，不少中层管理者还认为，公司业务不景气，生产人员缺勤很正常，行政工作人员在没什么工作可做的情况下，迟到早退、自己想办法赚点钱也是可以理解的，对此没有必要大惊小怪。在资金、人员等方面失去控制的企业，效益能好得了吗？

第一节　控制的含义、特点和作用

控制是实现战略计划的手段。在管理工作中，控制是重要的管理职能之一，也是保持组织稳定、维持组织正常运作的手段。有控则强，失控则弱，控制力失灵，企业难以基业长青。

一、控制的含义

控制就是按照既定的目标和标准，监督衡量各项活动，并且发现和纠正偏差，以保证组织活动符合既定要求的过程。由此可见，控制职能实际上包括了管理人员为保证实际工作与计划一致而采取的全部活动。

这一概念包含如下几点要素：

(1)控制有很强的目的性，也就是说，控制是为了保证组织的活动按计划进行的；

(2)控制是通过监督和纠偏来实现的；

(3)控制是一个过程。

控制，有时被认为是最后的管理职能，它总是在完成了其他职能之后再执行。它与计划的关系最为密切，因为计划用于确定目标及其实现方法，而控制则关系到计划能否取得成功。

控制和计划密不可分，两者的关系表现为：

(1)计划为控制提供衡量的标准，控制又是实现计划的保证。

(2)计划和控制的效果互相依赖。计划越明确具体，控制工作就越好进行，工作结果也会越好。而控制越深入、越准确，就越能保证计划的顺利进行。

(3)一切有效的控制方法，首先是计划方法，如选择什么样的控制方法、设计什么样的控制系统都必须考虑到计划本身的特点。

(4)计划本身也需要一定的控制，控制工作本身也需要一定的计划。

二、控制的特点

控制广泛存在于自然界和人类生活中，比如人们为了保持体力，就会适当休息；为了保持身材，就会严格控制饮食，增强锻炼。管理控制的特点主要体现在以下四个方面：

(一)动态性

控制是一个动态的过程。这是因为组织系统是动态的，其内外部环境随时都在变化，因此，控制方法和标准就必须适应环境的变化而不断调整，以增强控制的适应性和有效性。

(二)目的性和反馈性

控制的意义在于保证组织活动按照计划实现目标，所以控制具有目的性。而控制目的性的实现离不开信息的反馈，只有及时、准确的信息反馈才能成为判断对、错的依据。

(三)人本性

组织活动都是由人来完成的，管理控制从根本上说就是对人的控制，同时控制本身又是由人执行的。所以控制的关键是人，在管理中既要要求员工遵守控制的规则，又要尽量使控制符合人的特性。

(四)创新性

控制的目的不仅仅是“维持现状”，而且要致力于“打破现状”，在保持组织系统正常运行的前提下，争取达到新的、更高的目标。

三、控制的作用

控制的主要作用就是保证组织目标的实现。控制工作通过纠正偏差来与管理的计划、组织、领导三个职能密切联系，并构成管理的相对封闭系统。计划产生控制的标准，控制保证计划目标的实现；有效的控制由组织来保证，控制工作要求组织机构职责明确，它强化了组织人员的责任感；有效的领导一定会对下属进行充分的授权，而信息反馈机制则帮助领导更好地放下授权带来的承担工作责任的精神压力。

控制工作通常是一个管理过程的终结，又是一个新的管理过程的开始。通过控制，可以使组织正常运作,并且在正常运作的提前下,不断总结经验、教训,为组织实现更高的目标。

第二节 控制的类型及过程

一、控制的类型

根据控制时点的不同,可以将控制分为前馈控制、同步控制和反馈控制。

(一)前馈控制

前馈控制也称事前控制或预防控制,它是在系统运行的输入阶段就进行控制,以防止问题的发生,是发生在行为之前的控制行为。前馈控制强调建立一个控制系统,在问题发生之前就能够采取措施避免问题的发生,而不是当问题出现时再补救。这种控制利用的是系统的输入信息。一般来说,这种方法是最经济的。制造商在购买部件之前,就先制定一个质量标准,这就是一种前馈控制。在购买高质量部件的同时,制造商也就避免了其产品出现故障的很多情形。招聘中录用员工的标准,也是前馈控制,如招聘中不用责任心不强的人,那么在招聘中就会刻意去考核其过去工作经历中的行为,以预测其是否有责任心。

(二)同步控制

同步控制又称同期控制或事中控制,它是在系统运行之中同步进行控制,是监控正在发生的行为,是一种现场控制。它能及时发现偏差,及时采取纠正措施,使损失控制在最低程度。但是这对控制人员的素质要求较高,管理者要现场完成比较、分析、纠错等控制工作。最典型的同步控制,即当管理人员发现错误时,立即提出建设性的建议。例如,销售经理无意中听到一名销售员没有获得客户订单,他就应该指导销售员如何能够获得订单。

(三)反馈控制

反馈控制又称事后控制,它是在系统运行之后进行的一种控制,是在行为执行之后的评价行为,注意力集中在行动的结果上,并以此作为改进下次工作的依据。它最大的缺点是滞后性,从衡量结果、比较分析,到制定纠偏措施,最后实施,需要一定的时间,而且损失已经发生。财务报表就是一种反馈控制。如果财务报表显示公司发生亏损,那么管理层就会研究如何改善现状,但是亏损已经发生。反馈控制是通过信息反馈及行动调节来保证系统的目标实现,它要求反馈的速度必须大于控制对象的速度;否则,错误会不断发展。

反馈控制虽然有不足之处,但仍然是一种常用的控制类型,因为很多事情只有在发生后才能看清结果。再者,事物往往是循环发展的,反馈控制能够给后面的工作提供信息和借鉴。

大多数公司兼用前馈控制、同步控制和反馈控制。管理者的一项重要工作就是选择最适合具体情况的控制方法。图 6.1 总结了上述三种按照时间分类的控制方法。

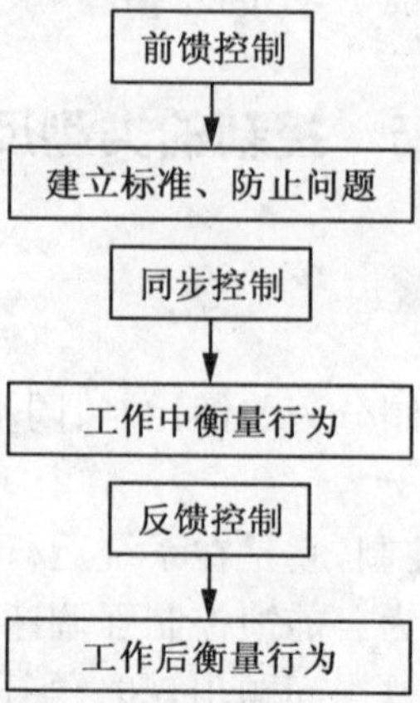

图 6.1　三种建立在时间基础上的控制类型

控制可以发生在一个事件或者过程中的前期、中期和后期。前馈控制通常为组织提供了最大的利益。

小故事

扁鹊的医术

魏文王问名医扁鹊："你们家兄弟三人，都精于医术，到底哪一位最好呢？"

扁鹊答："长兄最好，中兄次之，我最差。"

文王再问："那为什么你最出名呢？"

扁鹊答："长兄治病，是治病于病情发作之前。一般人不知他事先能铲除病因，所以他的医术无人知晓；中兄治病，是治于病情初起时。一般人以为他只能治轻微小病，所以他的名气只及本乡里。而我是治病于病情严重之时，一般人都看到我在经脉上穿针管放血、在皮肤上敷药等大手术，所以以为我的医术高明，名气因此响遍全国。"

启示：事后控制不如事中控制，事中控制不如事前控制，可惜大多数经营者并未能体会到这一点，等到错误的决策造成了重大的损失后才寻求弥补。而往往是即使请来了名气很大的"空降兵"，结果也往往于事无补。

另外根据控制来源的不同，可以把控制分为外部控制与内部控制，或组织控制与非组织控制；根据控制活动的性质，可以分为预防性控制与更正性控制。

外部控制策略的前提假设是：员工主要受外部奖励激励，并且需要管理者的控制。

建立有效的外部控制系统有三个步骤：(1)为了激发团队成员的最佳状态，要设定相对比较困难的目标并且在业绩指标中保留一点余地。(2)目标与评价标准应该不易被人伪造和歪曲。例如，高层管理者需要亲自调查顾客的满意度，而不是听取员工的报告。(3)奖励必须透明，并且直接与绩效挂钩。外部控制策略会产生很多积极的影响，员工知道好的绩效会带来奖励，他们就会做得更好。然而外部控制也会产生一些问题，员工努力可能不是为了对企业忠诚，而是为了追求奖励；他们也许达到了绩效标准，但或许没有产生真正的生产效率，从而造成一种"华而不实"的现象。例如，某公司把接听顾客电话数量作为客服人员的绩效标准，结果客服人员就尽可能多地接听电话，而缩短每个电话的接听时间，造成顾客意见大、服务质量下降的状况出现。

内部控制策略的前提假设是:员工能够被自己对实现组织目标的承诺所激励。自我管理的工作团队以及其他各种形式的授权就是基于内部控制策略。管理可以实施控制,但是员工不会因此而效忠。丰田汽车公司提供了一个使员工忠于职守的好范例,特别是在高度的质量标准和清洁标准方面。追求高质量是丰田文化的一部分,所以大部分的丰田生产工人乐于达到管理层设定的质量标准。

建立有效的内部控制系统有三个步骤。首先,团队成员必须参与目标的设定。这些目标会在以后的目标控制中成为绩效评价的标准。其次,绩效标准(控制尺度)只能用来解决问题,而不能用来处罚与责备。当发现与绩效标准有明显偏差时,监督者与员工要共同解决实质的问题。最后,虽然奖励要与绩效挂钩,但不应该仅以一两个尺度作为标准。内部控制策略需要评价员工的整体贡献,而不是一两个方面的绩效。

内部控制系统不一定好,而外部控制系统也不一定差。内部控制适合于那些技术水平高、容易被激励的员工。外部控制则适合于那些缺乏自控能力,也并不忠实于组织目标的员工。如果能够有好的判断力和敏感性,外部控制也能起到很好的作用。控制的有效使用需要有一定的前提条件,也就是"如果……,那么……"的管理方法。

组织控制是由组织的管理人员设计并负责实施的控制行为。组织控制的典型例子有组织对计划、财务、人事、生产、销售等部门进行的控制,对员工进行的纪律处分等。组织控制的特点是这些控制行为是在组织的领导下实施的,具有明显的强制性。

非组织控制是指除组织控制以外的控制行为。非组织控制又可以分为群体控制和自我控制。群体控制是由组织内部的非正式群体基于群体成员的价值观念与行为准则而进行的控制。由于非正式群体的目标与组织的目标不尽相同,因此群体控制有可能对组织目标的实现有利,也可能对组织目标的实现不利。因此,应当正确对待群体控制,使之朝着有利于组织目标的方向发展。自我控制是指组织成员个人基于自己的价值观与行为理念而进行的控制。自我控制与个人素质有很大关系,也与个人的目标有关。作为组织而言,应该加强对员工的教育和引导,如通过组织文化、企业价值观、企业使命的建设与宣传来影响员工的价值观与行为理念,使员工的自我控制有利于组织目标的实现。

预防性控制是指为了预防组织和员工的活动偏离组织的目标而采取的控制措施,其目的是避免产生错误。一般而言,像规章制度、工作流程等都属于预防性控制的范围。当然,预防性控制必须与一定的监督体系相结合,才能充分发挥作用。

更正性控制是指为了发现工作中存在的问题以便进行更正而进行的控制。更正性控制目的是发现行为的偏差,并使行为或者实施进程回到预先确定的或者管理者所希望的水平。如企业管理中的质量检查、各种审计制度等都属于这一类型。

二、控制的过程

控制过程分为四个阶段:确定控制标准→衡量实际成效→分析偏差→采取管理行动(见图6.2)。

(一)确定控制标准

控制过程最初所要确定的是一系列切实可行并且被员工接受的绩效标准。标准是衡量结果的单位。标准可以是数量上的,如销售额、利润、完成任务的时间等;也可以是质量上的,如

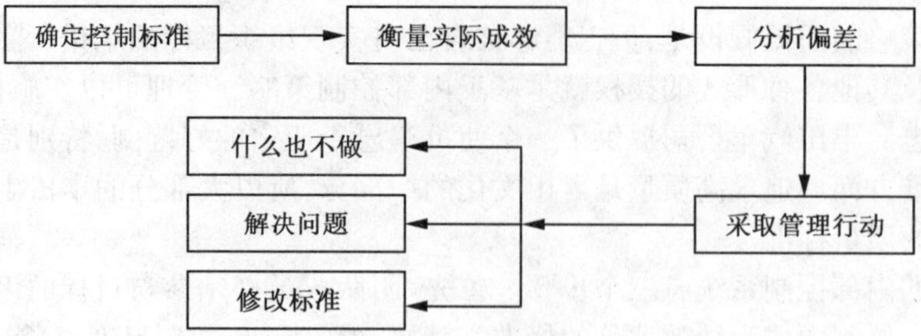

图 6.2　控制过程

顾客满意度、广告效果等。

控制标准的要求主要有：

1. 简明

即对标准的量值、单位、可允许的偏差范围要有明确说明；对标准的表述要通俗易懂，便于理解和接受。

2. 适用

即标准要有利于组织目标的实现，要能够反映组织活动状态。

3. 稳定

即标准要能适用于一段较长的时间，即使有弹性，也是在一定的原则范围内变化。

4. 可行

即标准不能过高，也不能过低，要使绝大多数员工经过努力都可以达到。

5. 可操作

即标准要便于比较、衡量、考核。

(二)衡量实际成效

衡量实际成效就是根据控制标准衡量、检查工作情况，并对计划执行的现状和阶段性成果进行如实反映和客观评价。

有了完备的控制标准体系，第二步工作就是要采集实际工作的数据，了解和掌握实际工作的情况。管理者经常直接观察工作现状来控制系统。

在衡量实际成效工作中，衡量什么以及如何衡量，是这一阶段的核心问题。

1. 衡量什么

衡量什么，这个问题在衡量工作开始之前就应该得到确认。一般来说，管理者在确立标准时，就已经确定了。管理者并不要去观测所有的活动，而是要选择一些关键的控制点，通过这些关键的控制点来对全部活动进行控制。关键控制点一般是计划实施过程中起决定作用的点，或者是内容出偏差的点。

2. 如何衡量

(1)个人观察，即直接取得第一手资料。这是一种非常有效的衡量方法，但有一定的局限性。

(2)统计报告，即按统计方法对实际工作的数据进行加工处理后形成的报告。它的价值取决于数据的真实性和全面性。

(3)口头报告和书面报告。口头报告的优点是快捷方便,能够得到即时反馈,缺点是不易保存和调查。书面报告要比口头报告来得更加准确全面,如财务报告、工作总结等,但在时间上会滞后些。

(4)抽样调查。在工作量较大而工作质量又较平均的情况下,管理者可以通过抽样检查来衡量工作。

在衡量工作中,除了要注意衡量方法外,还要特别注意所获取信息的质量,如信息的准确性、及时性、可靠性和实用性等。

衡量实际工作的成效是整个控制过程的基础性工作,而获得符合要求的信息又是整个衡量工作的关键。

(三)分析偏差

偏差就是控制标准与实际工作的差距。分析比较的结果有两种:一是存在偏差,二是不存在偏差。实际的工作中,我们会为偏差制定一个允许范围,只要不超出这个范围,就算正常。当使用数量衡量时,统计分析能决定偏差多少算严重。基于预期理论,只有当出现较大偏差时才采取相应的改进。

一般来说,造成偏差的原因有三大类:

(1)工作操作原因。这是由于执行者自身的原因造成的偏差,如工作不认真、能力不够或者不熟练等。

(2)外部环境因素。当外部环境发生重大变化时也会导致计划不能实现。如国家政策变化、国际局势变化、原材料市场的变化、供应商的变化等,这些原因通常是不可控的。

(3)计划不合理。计划制订不合实际,或者形势判断失误,也是造成偏差的原因,如销售指标定得太高、经济环境预测走好但实际发生疲软等。

为了保证控制系统正常工作,在分析偏差以后,管理者必须与有关人员充分沟通比较的结果。这些人员包括员工、员工的直接上级,有时事情严重或者牵涉面较广时,还要与高层管理者和相关部门沟通。

(四)采取管理行动

控制过程的最后一项工作就是采取管理行动来纠正偏差。由于偏差是控制标准与实际成效的差距,因此纠正偏差的方法也有以下两种:

1. 改进工作绩效

如果分析表明计划是可行的,控制标准也是切合实际的,问题出在工作者本身,那么就要采取改进工作的行动;如果问题出在外部环境上,那么就要采取其他的补救措施,尽量消除不良影响,随后修改战略、修正目标、另辟蹊径。

改进工作绩效的行动可以分为立即纠正行动和彻底纠正行动。立即纠正行动是指发现问题后马上采取行动,用最快的速度纠正偏差,以避免造成更大的损失。彻底纠正行动是指发现问题后,通过对问题本质的分析,挖掘问题产生的根源,并且采取切实的措施,力求永久性地消除偏差。在实际工作中,通常结合使用这两种方式。一般来说,管理者会与团队成员讨论问题的性质,其他优秀团队也会参与到解决问题的过程中来。

2. 修改控制标准

如果偏差来自于不合实际的标准,那就要修订标准。用考试做一个类比,如果90%的学生在考试中不及格,那么真正的问题可能是考试内容太难。

由于环境在不断变化,标准也应该适时修改。创建新的工作计划也产生修改标准的需要。控制标准常常建立在估计的基础上,所以难免过高或者过低。修订标准意味着重复控制周期。

如果评估显示,事情正在按照计划执行,就不需要采取管理行动。但这并不意味着管理者无所作为,管理者可以表扬达标的员工,进而激励员工继续努力工作。

第三节 控制的技术与方法

一、预算控制

在管理控制中使用最广泛的控制方法就是预算控制,它清楚表明了计划与控制的关系。预算是计划的数量表现,是组织未来某一个时期具体的、数字化的计划,也就是用财务数字和非财务数字来表明工作的结果。预算是一种计划,也是一种预测,更是一种重要的控制方法。

(一)预算的种类

1. 收支预算

即收入预算和支出预算。收入预算是某一时期有关收益及其来源的预算,如销售收入;支出预算是在一定时期内支出的预算,如各种费用。收支预算描述了为收入和支出所作的资金计划。它使用最为广泛,并且最容易令人理解。很多公司每个月都有一份收支预算,后来逐渐演变出季度预算、半年预算和年度预算。大多数的收支预算把经营支出进行了分类。主要经营支出包括工资、福利、租金、公用设施、差旅费、设备维修费等。收支预算很难与现金预算分开。

2. 现金预算

现金预算是指一定时期内现金的收支情况,它用来与真实的开支进行比较。现金预算反映了企业的现金偿付能力,所以在控制衡量中起着重要的作用。一个企业即使有很强的运营能力,但如果费用太高、入不敷出,仍然可能破产。

3. 生产预算

生产预算是对产品和服务的详细计划,它必须与销售预算和存货需求相匹配。一项生产预算可以认为是一张生产进度表。

4. 物料购买和使用预算

在预测生产需求之后,有必要对满足需求所需花费的成本作出估计。物料购买和使用预算,是确保所购买的原材料和零件必须满足产品需求的一项计划。在零售业企业中,此类预算明确指出所购买的货物必须符合预期的销售需求。

5. 人力资源预算

为了满足销售和生产要求,必须有具备一定素质的员工。人力资源预算是对在未来一个时期内的人力资源的需求以及为了满足这种需求所要付出的成本作出预测。员工规模的扩大和缩小是否能与销售和生产预期的增加和减少相一致,是管理者关注的热点之一。

6. 投资预算

企业在维持现状的同时,还必须为了未来进行投资,如设备、厂房、技术改造等。

7. 综合预算

即综合考虑各种因素,采用多种预算方法所进行的预算。它合并了不同部门的预算,目的是对这个企业的财务状况进行控制和预测。

以上称为固定预算。固定预算是一次性的资源分配，企业必须留有固定数额的资金，以维持整个预算周期的正常运作。

事实上，每位管理者都承担着一些预算职责。如果没有预算，我们不知道将要使用哪些资源、这些资源从何而来、已经使用了多少、还有多少可以使用。

(二)预算的作用

预算的作用主要体现在以下四个方面：

(1)帮助管理者掌握全局，控制组织的整体活动。资金财务状况对任何组织而言都具有十分重要的意义。通过预算，组织管理者可以清楚地看到资金由谁使用、在什么项目上使用、使用的额度是多少，以及资金的来源如何，从而可以通过资金状况来了解和控制组织的整体活动。

(2)帮助管理者合理配置资源。组织中各项活动的开展都离不开资金的支持，资金作为一种重要的杠杆调节着组织各项活动的轻重缓急以及规模的大小。因此，组织管理者可以通过预算合理配置资源，以确保组织重点活动的开展，对非重点活动进行有效控制。

(3)有助于管理者对各部门的工作进行评价。根据各部门执行预算的情况，可以看出各部门资金使用的效率以及工作任务的完成情况，从而对各部门的工作进行评价。由于预算规定了各项资金的运用范围和资金使用负责人，所以通过预算还可以控制各级管理人员的职权，并明确各级管理人员的职责。

(4)有利于提高资金的使用效率。预算具有严肃性，并且组织管理者常常把预算的执行情况作为考核下级管理人员的依据，所以各部门管理者在收支方面会尽可能地精打细算、避免浪费、提高资金的使用效率。

表 6.1 给出了一家企业 2014 年前 3 个月的预计销售额和费用。在实际工作过程中，需要在空格处填写实际发生额，以便将两者进行比较，并进行相应的控制。表 6.1 中的预计毛利等于销售总额减去各项费用。

表 6.1 某企业预计销售额和费用 单位：元

	1月		2月		3月	
	预计	实际	预计	实际	预计	实际
销售总额	1 200 000		1 350 000		1 400 000	
销售费用	242 000		275 000		288 000	
管理费用	310 000		310 000		310 000	
产生费用	327 000		430 500		456 800	
研究费用	118 400		118 400		115 000	
毛利	202 600		216 100		230 200	

二、非预算控制

非预算控制的方法主要有质量控制技术和数量控制技术两个类型。

(一)质量控制技术

质量控制技术是基于人的判断对绩效所作出的评价,它常常是一种语言的而非数字的评价。如对客户服务的评价是“非常优秀”,而不是在1～5尺度上的某一点,它是基于评价者的综合判断。

1. 视察

视察就是到现场进行督导。其优点是:能够掌握第一手资料,使管理者不断保持和更新对组织的感觉,敏感体会组织系统的运作是否正常;可以了解员工真实的工作状态,有利于对员工的正确评价;能够及时发现问题并解决问题。缺点是:可能引起员工的误解,以为管理者不信任自己。视察是成功企业常用的管理方法。

2. 报告

报告是用来向负责实施计划的主管人员汇报全面而系统的计划执行情况、存在问题及原因、已采取的措施、已获得的效果,以及预测可能出现的状况等一系列事情的一种方式。报告应及时、简明、突出重点。这样才能有助于管理者了解计划的进度,并且及时进行指导和改进。报告可以根据需要分为专项性报告和综合性报告。

3. 外部审计

外部审计是由外部机构(如会计事务所)选派的审计人员对企业财务报表及其反映的财务状况进行独立的评估。为了检查财务报表及其反映的资产与负债的账面情况与企业真实情况是否相符,外部审计人员需要抽查企业的基本财务记录,验证其真实性和准确性,并分析这些记录是否符合公认的会计准则和记账程序。外部审计的优点是可以保证审计的独立性和公正性。但是,由于外来的审计人员不了解内部的组织结构、生产流程和经营特点,在对具体业务的审计过程中可能产生困难。

4. 内部审计

内部审计是对公司本身的计划、组织、领导和控制过程进行的阶段性评估。它评估的是:公司为自己做了什么,公司为员工做了什么,公司为客户做了什么,公司为社会做了什么,等等。公司可以对很多因素作出评价:财务的盈利状况、生产效率、经营成本、人力资源开发、公共关系和社会责任。审计涉及公司的过去、现在和未来。

5. 管理审计

管理审计是一种对企业所有管理工作及其绩效进行全面系统地评价和鉴定的方法。管理审计既可以由内部的有关部门进行,也可以聘请外部的专家来进行。管理审计的方法是利用公开记录的信息,从反映企业管理绩效及其影响因素的若干方面将企业与同行业相关企业,或者其他行业相关企业进行比较,以判断企业经营与管理的健康程度。

管理审计可以发现的问题有:库存控制不良、机器设备使用不经济、资源浪费、工作流程不科学等。管理审计可以对整个组织的管理绩效进行评价,为指导企业在未来改进管理系统的结构、工作程序和工作业绩提供有用的参考。管理审计可能存在的问题是重复工作、浪费人力。

6. 绩效评估

通过一系列测量、评价和回顾员工工作业绩的方法,指出工作中的不足,并且进行改进。这一项工作应该由管理者和团队成员共同完成。

质量控制技术需要由人来完成质量控制信息的收集,所以,人们的工作能力和道德规范会影响这些控制信息的有效性。

(二)数量控制技术

数量控制技术是基于用数字衡量绩效的方法,如每分钟打字80个、每天拜访客户5位等。

1. 甘特图

甘特图是一种用图表描述一项工作计划的与实际的进展情况,其目的是说明项目进展情况。

2. PERT 技术

PERT 技术是利用时间预测安排活动时间的一种方法,其目的是衡量项目与时间表的吻合度。

3. 盈亏平衡分析

盈亏平衡分析是研究固定成本与价格减去可变成本的比率,其目的是衡量组织绩效并作为纠正组织行为的基础。

4. 偏差分析

偏差分析是生产中最主要的策略,其目的是设定原材料、劳动力、管理费用的标准成本,并衡量其偏差。

5. 比率分析

比率分析又可以分为财务比率分析和经营比率分析。

财务比率分析就是通过计算实际的财务比率,并将其与目标值相比较,作出判断进行管理控制的方法。常用的财务比率有销售利润率、负债率、资金周转率等。

经营比率分析就是通过计算实际的经营比率,并将其与目标值相比较,作出判断进行管理控制的方法。常用的经营比率有市场占有率、投入产出率、客户满意率等。

由于数量控制技术看似准确而客观,因而被广泛采用。

三、信息系统和控制

信息系统(IS)或者管理信息系统(MIS),是一个为管理提供有用的或者必要的信息,以帮助管理者作出正确决策的系统。基于有效的信息而进行的管理控制使信息系统成为任何控制系统中不可或缺的一部分。

(一)信息系统提供控制信息

信息系统涉及的范围在不断扩大。这种扩大一部分归因于对有用的控制信息的需要在不断增长,而信息系统产生的控制信息是无限的。

信息系统主要有以下作用:

(1)报告不同地区、不同销售商的产品销售情况和顾客清单;

(2)提供不同地区、不同仓库、不同产品的库存信息;

(3)提供产品使用人的年龄、收入和职业情况;

(4)报告来自不同地区、不同部门的预算偏差情况;

(5)自动计算财务比率,并与相关行业指标进行比较;

(6)自动计算生产和经营指数,并与标准做比较;

(7)对资金运行作出判断,估计投资收益;

(8)利用互联网,比较产品的服务和价格。

如7—11连锁便利店的计算机信息系统，能够追踪库存情况并且预测销售。该系统可准确跟踪记录2 300个项目，帮助每个便利店详细列出库存商品的准确数目，再根据时间、天气和地区统计数据分析预测销售趋势，这样就可以使管理者对积压的易腐商品和脱销的热销商品保持高度的敏感。

（二）计算机辅助工作监控

越来越多的公司利用信息系统进行计算机辅助工作监控。在这种监控形式下，信息系统收集员工的工作习惯和生产效率等方面的数据；或者通过计算机终端网络，监控在工作中使用计算机及相关设备的员工。一旦安装了监控软件，中心计算机就会处理和记录各终端计算机的信息。电子监控的主要贡献是增加了远离管理人员的视线而工作的员工的人数。办公室职员是最容易被监控的。JetBlue航线公司的预约中心有700个预约代理。他们都在家中用公司提供的计算机和电话系统工作。公司在跟踪员工的电话软件的帮助下能够保证理想的工作状态。当一个代理接到一个电话，电话系统就会记录下电话是否被迅速接听、电话持续时间、谁先挂电话等一系列数据信息。管理者还可以亲自监听任何员工的电话，以便保证服务的质量满足服务标准。

电子监控系统的主要优点是可以让管理者进行严密的监督，因为它使管理者更全面、更真实地掌握员工的工作情况。不足之处是有人认为它侵犯了员工的隐私和人格尊严，甚至会降低员工对工作的满意度。电子监控对工作内容需要创新思维的员工监控也会产生一些困难。

四、运营控制

运营控制是为了保证各项运营计划的全面完成而进行的一系列管理工作。即衡量运营计划的实际执行情况，将其与控制标准进行比较，发现偏差并分析原因，采取措施纠正偏差从而保证作业计划顺利实施。一般来说，运营控制主要包括成本控制、质量控制、采购库存控制。

（一）成本控制

成本控制是在对系统作出全面详细的分析以后，层层分解成本指标，以其作为衡量控制的标准。也就是说，通过监控成本形成的过程来控制成本，从而提高企业的竞争优势，确保企业在预定成本下获得预期目标利润。

（二）质量控制

质量控制是指管理者通过监控质量的全过程，以确保产品的质量符合既定的标准。全面质量管理（TQC）是目前提高质量较流行的方法之一，它是指为保证产品质量符合规定标准和满足用户使用要求，企业在产品设计、试制、生产制造直至使用的全过程中，进行全员参与的、预先控制与事后检验相结合的，控制影响质量的每一个环节的全方位的质量管理。

（三）采购库存控制

一般来说，库存是为了满足未来需要而暂时闲置的资源，人、财、物、信息等各方面的资源都有库存问题。企业的生产要正常连续地进行，供应链不能断，需要有一定的库存。库存控制主要解决的问题是：哪些物质需要有库存？合理的库存量是多少？多长时间检查一次库存量？什么时候提出采购申请？每次采购多少？等等。库存控制的目标不是增加库存，而是在保证正常生产的情况下，不断降低库存。

第四节 有效控制的实施

有效控制的实施一般有以下三个步骤：

一、建立控制系统

有效的控制系统应该考虑将潜在的利益最大化，并将可能的损失最小化。为了达到这一目的，管理者在设计控制系统时应注意的事项有以下几点：

(1)建立有效的控制标准。有效的控制系统必须建立在有效的绩效标准上，一般来说，最有效的标准是量化的标准，它具有客观性。除此之外，控制系统还应该包括衡量企业绩效的所有重要的方面。如考核在控制中很重要，但要适度，过度的考核会引起员工的反感，并导致对考核的抵制。

(2)提供充足的信息。管理者必须将控制系统的重要性传达给全体员工，使员工认识到控制的重要性，自觉地接受控制管理。在控制过程中，管理者应当及时将员工工作绩效反馈给员工本人，激励员工的工作热情。同时，员工也可以根据自己的绩效对自己的行为进行调整，使之适应企业工作要求。

(3)保证员工能够接受。任何的管理措施都要得到员工的支持，才能使管理活动顺利进行，控制活动也不例外，至少要使员工能够接受。一般而言，员工能够接受的是有用、适度的控制。如果一位正常的员工怎么努力都不能达到工作标准，那么这一标准就不能被员工接受。

在控制的过程中，还要注意以强化正面行为为主，引导和鼓励员工积极工作的情绪。让员工更多地参与控制决策也有利于员工容易接受管理控制。

(4)使用多种方法进行控制。多种控制方法可以互相弥补各自的不足，形成有效的控制；多种控制方法也有利于调动员工参与控制的积极性。

二、确定控制点

实施控制的时候，管理者需要考虑两个方面：一是稳定性，二是目标的实现。组织目标的实现有赖于研发、采购、生产、销售，以及人力、财力、物力等各方面的配合是否得到全面监控。判断一个组织应该监控多少点合适，主要考虑三方面的因素：经济因素、行为因素和灵活性因素。管理者应在综合平衡下选择控制点的数量。

三、选择控制方法

控制金字塔提供了在组织中实施控制的一种方法，即首先进行简单的控制，然后再进行比较复杂的控制，即“简单控制→自动化控制→操作员控制→监督控制和信息控制”，如图6.3所示。

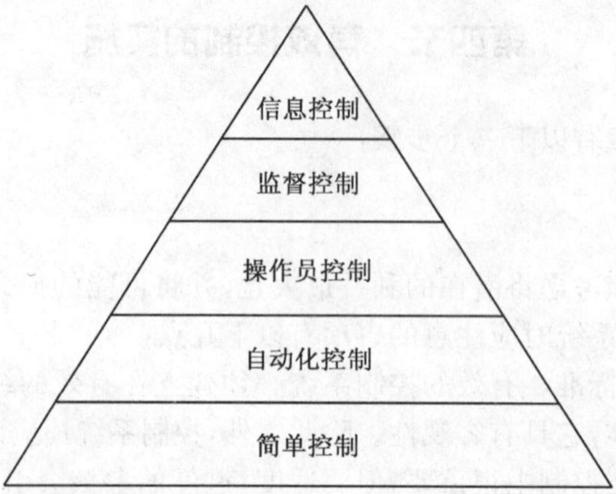

图 6.3　控制金字塔

本章小结

1. 控制就是监督组织的各项活动,以保证工作按计划进行的过程。控制与计划密不可分,控制的内容涉及管理的各个环节,归纳起来主要是对人员、财务、作业、信息和绩效五个方面的控制。

2. 完整的控制过程可分四个步骤,即确定控制标准、衡量工作成效、分析偏差、采取管理行动。

3. 任何系统运行过程都表现为输入——转换——输出。根据控制时点的不同,控制可分为前馈控制、同期控制和反馈控制。

4. 构建一个有效的控制系统,应该遵循一定的原则,符合一定的要求。

5. 实施控制有三个步骤:建立控制系统,确定控制点,选择控制方法。

本章习题

一、单项选择题

1. 控制的最基本目的在于(　　)。

　A. 寻找错误　　B. 衡量下属绩效

　C. 确保行为按照计划发展　　D. 使人们失去自由

2. 事后控制的致命弱点是(　　)。

　A. 垂直性　　B. 强制性　　C. 滞后性　　D. 超前性

3. 控制过程的第一步是(　　)。

　A. 协调关系　　B. 人员配备　　C. 制订计划　　D. 预测结果

4. 进行控制的根据是(　　)。

　A. 计划工作　　B. 组织工作　　C. 指挥工作　　D. 协调工作

5. 最理想的控制标准是(　　)。

A. 实物标准　　B. 定性标准　　C. 资金标准　　D. 定量标准

二、多项选择题

1. 控制的基本步骤是(　　)。
   A. 拟订标准　　B. 衡量成效　　C. 比较优劣　　D. 纠正偏差
   E. 标准实施
2. 控制工作的类型按纠正措施的时点分类，主要有(　　)。
   A. 现场控制　　B. 反馈控制　　C. 前馈控制　　D. 组织控制
   E. 系统控制
3. 下列属于运用前馈控制的是(　　)。
   A. 企业根据现有产品销售不好的情况，决定改变产品结构
   B. 猎人把瞄准点定在飞奔的野兔前方
   C. 根据虫情预报，农业公司做好农药储备
   D. 汽车驾驶员在上坡时，为了保持一定的车速，提前踩油门
   E. 瞄准靶心射击
4. 实行前馈控制的优越性在于(　　)。
   A. 使主管人员及时得到信息以便采取措施
   B. 使主管人员知道如果不及时采取措施就会出现问题
   C. 克服了反馈控制中因时间滞后带来的缺陷
   D. 使下属更加明确工作的奋斗方向
   E. 有利于监督下属的工作

三、判断题

1. 衡量绩效是控制活动的最终目的。(　　)
2. 所谓“亡羊补牢”，说的就是现场管理。(　　)
3. 所谓“走动管理”，说的就是前馈控制。(　　)
4. 利用财务分析报告进行控制属于反馈控制。(　　)
5. 数量控制比质量控制更加重要。(　　)

【参考答案】

一、单项选择题

1. C　2. C　3. C　4. A　5. D

二、多项选择题

1. ABD　2. ABC　3. BCD　4. ABCDE

三、判断题

1. ×　2. ×　3. ×　4. √　5. ×

案例分析

“年终突击花钱”:不该糊涂的糊涂账

政府的钱怎么花,应该向民众交代清楚,并得到民众的同意;政府花钱的过程,应该接受民众的监督;政府的钱花得是否合适,应该接受公众评价;对胡乱花钱的行为,应该被追究责任。这四个环节就是预算公开、预算监督、预算审计和问责。然而,在这四个方面,我们都做得不够好。

每到年底都要谈到政府年终突击花钱的问题,而每当这时,有关部门的官员都要向我们解释“年终突击花钱”的合理性:从我国预算执行情况看,财政支出进度均呈“前低后高”走势。12月份财政支出虽然比较多,但都是按预算要求支出的,因此不能说成是“年终突击花钱”,在岁末一段较集中的时间内,把预算内的钱集中花出去,本身并不违规。而支出进度“前低后高”,是由于公历年制预算年度,与实践中的人民代表大会召开的时间存在矛盾,因此,往往预算刚批下来,时间就已经过了预算年度的一小半,这必然会影响预算的执行进度;同时,项目的实施需要一定的时间,而且项目前期准备阶段需要资金较少,而项目实施阶段资金需求量明显加大。财政资金支付时,也往往呈“前少后多”的特点。这么看来,“年终突击花钱”是正常的、正确的,并不损害纳税人的利益。

但老百姓理解的“年终突击花钱”却有不同的含义。他们觉得,中央部门的钱多得花不了,于是要巧立名目,把钱花掉,其实就是乱花,甚至不排除这些钱成了“三公”消费,成了官员的福利金。而这种担心又从审计部门的有限信息中获得了佐证。审计署对2008年度中央预算执行和其他财政收支进行了审计。共审计55个中央部门,延伸审计285个所属单位,发现违规问题达40.5亿元,损失浪费问题有4.67亿元。2009年部分中央部门利用虚假发票套取资金9 784.14万元,主要用于发放职工福利补贴等;挤占挪用财政资金和违规发放津贴补贴10.95亿元。

(资料来源:2010年11月30日《羊城晚报》)

思考:为什么关于“年终突击花钱”之争是一笔糊涂账?如何加强预算公开、预算监督、预算审计和问责?

实训环节

1. 组织一次班级活动,在制订活动计划时,要求用到预先控制、现场控制和反馈控制。
2. 找出保证教学质量的控制点和控制方法。
3. 实践训练:

管理中的矛盾:该买车票吗?

武汉某公司的出差费用实报实销,财务根据实际发票结账。一天两位同事要去上海办事,张三因为当时正好在昆山,就搭朋友顺风车去了上海。李四则自己从武汉坐火车过去。事情办完后,张三因为昆山事情没有处理完,所以又随朋友私车返回了昆山,李四则坐火车回了武汉。但张三在报销住宿费和伙食费时却碰到了麻烦。因为张三没有武汉到上海的往返火车票,财务处认为只有李四去了上海。虽然最后证明张三也去了,但也折腾了好久才将费用报销。张三觉得很无辜，还很委屈。我替公司省钱，结果却是给自己找麻烦。后悔当初不如让李四帮忙买往返火车票。

如果你是张三，你会怎么做？如果你是财务处处长，有何意见？如果你是公司老板，你有什么好的办法吗？

参考文献

1. 周三多等：《管理学——原理与方法》(第五版)，复旦大学出版社2009年版。

2.(美)哈罗德·孔茨、海因茨·韦里克：《管理学》(第十二版)，经济科学出版社2008年版。

3. 徐光华、暴丽艳：《管理学：原理与应用》，清华大学出版社、北京交通大学出版社2004年版。

4.(美)安德鲁·J. 杜伯林：《管理学精要》(第七版)，电子工业出版社2007年版。

第七章　沟　通

学习目标

1. 理解沟通的含义及作用；
2. 掌握沟通的渠道、方法和原则；
3. 理解沟通的障碍与控制方法。

技能目标

1. 具备良好的人际沟通与交往能力；
2. 具备不同环境中运用有效沟通方法的能力。

引入案例

IBM 的沟通

IBM 公司是全球著名的计算机制造商及电子商务公司，其双向沟通机制有助于员工发表意见。而每个员工都能把自己的意见、心中的不满表达出来，有助于增加公司的凝聚力，稳定军心。其双向沟通的做法主要包括以下内容：

(1)与高层管理人员面谈。这个高层的职位通常会比员工直属经理的职位高。这位经理可能是员工经理的经理或不同部门的管理人员。面谈是保密的，由员工自由选择。

(2)定期开通员工意见调查。通过对员工进行征询，可以了解员工对管理层、福利待遇、工资待遇等方面的有价值的意见，使其协调公司，营造一个更加完美的工作环境。

(3)直言不讳，普通员工的意见完全有可能会送到总裁的信箱里，可以使员工在毫不牵涉其直属经理的情况下获得高层领导对其所关心的问题所进行的答复。没有经过员工的同意，该员工的身份除该高层外无人知道。

(4)申诉。当员工觉得问题不便于与其直属经理谈时，可以通过“申诉”，与各事业单位主管、公司的经理、总经理，或者任何总部代表申诉。员工的申诉会得到上级的调查和执行。

IBM 的 4 条通道，可谓交叉纵横，密不透风，直达员工，沟通畅通而坦诚。

从这个案例可以发现，有效的沟通不仅有助于人际关系的和谐，而且有助于公司的良性发展。

第一节 沟通的含义与作用

人际间的相互交往，与上司、下属和其他部门或组织之间的协调，以及相关的计划、组织、领导、控制等工作都离不开信息的沟通。被称为“经营之神”的日本松下电器创始人松下幸之助有句名言：“企业管理过去是沟通，现在是沟通，未来还是沟通。”他认为，管理者的真正工作就是沟通。沟通贯穿于管理工作的每一个环节，是管理者开展各项管理工作所必须掌握的技能之一。

一、沟通的含义

沟通，即“信息沟通”，是指信息在两个或两个以上人群中通过一定渠道传递并理解的过程。它包含三个要素：(两个及两个以上)人、信息、理解。这说明有效沟通不仅仅是指信息被传递，还要被理解。信息沟通有时也称为“意见交流”或“意见沟通”。

(一)沟通是双方的行为

管理沟通包括人际沟通和组织沟通两方面。前者存在于两人或多人之间的信息沟通，目的是取得他人的理解与支持；后者是组织内部进行的信息交流、联系与传递等活动，目的是加强分工协作。在一个组织内部，既存在着人与人之间的人际沟通，也存在着组织间的协作沟通。我们还需要了解的是：(1)沟通双方主要是通过语言(或语言的文字形式)来进行的；(2)沟通不仅是消息的交流，而且包括情感、思想、态度、观点的交流；(3)在双方沟通过程中，心理因素有着重要意义；(4)沟通中不可避免会出现特殊的沟通障碍。

(二)沟通是一个过程

完整的沟通过程包括七个环节(见图 7.1)：(1)沟通主体，即信息的发送者或来源；(2)编码，是指主体采取某种形式来传递信息的内容；(3)渠道，也称沟通通道；(4)沟通的客体，即信息的接收者；(5)译码，是指客体对接收到的信息所作出的解释、理解；(6)做出反应，也即体现出沟通效果；(7)反馈。

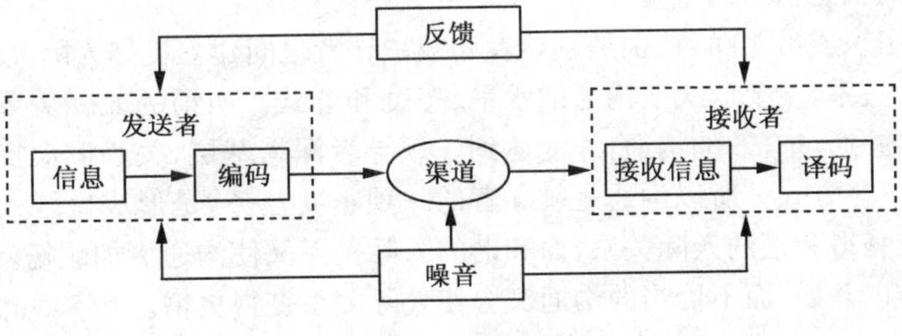

图 7.1 沟通过程

沟通必须具备三个因素：信息发送者、信息接收者和所传递的信息内容。要达到双方有效沟通，发送者发出的信息应完整、准确；接收者能接收到完整信息并能够正确理解；所传递的信息内容应能通过某种形式被编码或译码，以便沟通双方达成共识。

沟通过程一般由发送者开始，发送者首先将要传递的思想进行编码，形成信息，然后通过传递信息的渠道传递给接收者。接收者必须将这些信息翻译成可以理解的形式，即译码，才能保证准确有效地接收信息。发送者进行编码和接收者进行译码都会受个人的知识、经验、文化背景等的影响。沟通的最后一个环节是反馈，是指接收者把信息返还给发送者，并对信息是否被理解进行检查及协调，以纠正可能发生的某些偏差。沟通的整个过程都会或多或少地受到噪声的影响。噪声就是那些对信息的传送、接收和反馈造成干扰的因素，它会影响沟通的有效性。

二、沟通的目的和作用

(一)沟通的目的

组织中沟通的目的是信息分享，使组织的所有行动在既定目标上保持一致。组织内外部环境的变化，使得组织必须迅速、准确、及时地掌握组织内外部各种信息，在充分分析的基础上，重新思考和确定组织的使命和战略目标等，并且在组织内部进行分解部署，使得每名员工都能够知晓，并转化和落实到日常工作中，从而保证组织内部所有活动和行为与组织的使命和目标保持一致。执行过程中及时的信息反馈是对组织中的各种活动结果等进行测量、监控，为采取纠正措施和改进等决策提供依据。

(二)沟通的作用

沟通在人的日常生活和社会关系中起着重要的作用，它把许多独立的个人、群体和组织串联起来，形成相互联系的有机整体。许多企业调查都表明，企业管理人员在沟通方面所花的时间几乎占工作时间的50%～90%。

信息沟通的作用在于使组织内的每一个成员都能够做到在适当的时候，将适当的信息，用适当的方法，传给适当的人，从而形成一个健全的、迅速的、有效的信息传递系统，以有利于组织目标的实现。具体来说，可体现在三个方面：

(1)提供充分、准确的信息材料，是正确决策的前提和基础。正确决策是组织高效运作的关键，无论是“做正确的事”还是“正确地做事”，都是决策要解决的问题。在决策过程中，无论是问题的提出、原因的分析，还是各种方案的选择比较，都必须以所掌握的有关组织内部、外界环境的信息为依据。决策的失误往往是由于信息的不完备所导致的。在组织的竞争中，先拥有信息，就可以掌握主动权；拥有比竞争对手更完备的信息，就能获得竞争优势。“知己知彼，百战不殆”说明的就是信息的重要性。

(2)沟通是组织成员之间，特别是领导者和被领导者之间建立良好人际关系的关键。一个组织内部的人际关系，主要取决于沟通的水平、态度和方式。所谓的人际关系融洽，只有彼此了解、配合默契，并通过有效的沟通，才能达到。领导者深入基层，关心群众疾苦，虚心征求意见，就是沟通的一种方式。所以沟通是领导者的一项重要任务，是形成良好人际关系的关键。有效的沟通可以赢得和谐的人际关系，而和谐的人际关系又使沟通更加顺畅。相反，人际关系不良会使沟通难以开展，而不恰当的沟通又会使人际关系变得更糟。

案例

迪特尼包威斯公司的员工意见沟通系统

迪特尼包威斯公司是一家拥有12 000余名员工的大公司，它早在20年前就认识到员工意见沟通的重要性，并且不断地加以实践。现在，公司的员工意见沟通系统已经相当成熟和完善。员工意见沟通系统主要分为两个部分：一是每月举行的员工协调会议，二是每年举办的主管汇报和员工大会。

员工协调会议是每月举行一次的公开讨论会，在会议中，管理人员和员工共聚一堂，商讨一些彼此关心的问题。无论在公司的总部、各部门、各基层组织，都会举行协调会议。员工协调会议是标准的双向意见沟通系统。在开会之前，员工可事先将建议或怨言反映给参加会议的员工代表，代表们将在协调会议上把意见转达给管理部门，管理部门也可以利用这个机会，同时将公司政策和计划讲解给代表们，相互之间进行广泛的讨论。同时，迪特尼包威斯公司也鼓励员工参与另一种形式的意见沟通。公司安装了许多意见箱，员工可以随时将自己的问题或意见投到意见箱里。

在几次全球经济衰退中，迪特尼包威斯公司的生产率每年以平均10%以上的速度递增，公司员工的缺勤率低于3%，流动率低于12%，在同行业中最低。

(3)沟通是组织成员统一思想和行动的工具。由于处境不同，利益和知识经验各异，因而组织成员对组织内的某些问题、某一决策或政策措施的认识和态度不可能整齐划一。这会影响人们的行为，进而影响组织活动的效果。若分歧过大，可能会危及组织的存在，并导致分裂或解体。因此，为了使人们达成共识、理解并执行组织的决定，就必须通过充分、有效的沟通来交换意见、统一思想、明确任务并协作行动以完成组织目标。没有沟通就无法协调，更不可能实现组织活动的效果。

从2001年开始，美国企业进入了泡沫化时代。再加上世界通信和安达信等企业诚信危机的爆发，企业竞争的环境更加恶劣。在硅谷，很多高科技企业面临业绩下降或人员流失等问题，许多企业因此设置了CCO(首席咨询官)职位，把原来公司对外发言人的地位提升为公司的总裁，担任公司的沟通者。企业家们认为，当今企业比以往任何一个时期更需要沟通，对企业而言，可谓沟通时代的来临。

第二节 沟通的渠道和方法

整个物质世界和人类社会充满着信息和信息交换，人们的衣、食、住、行，人们的一切活动都离不开信息。信息的表示形式多种多样，数字、文字、语言、声音、光、符号、图形、报表等都能表示信息。因此人们需要通过合适的渠道，按照一定的线路或途径让信息在特定的人群之间流动，同时配合以恰当的方法，以保证信息的有效交换和沟通。

一、沟通的渠道

沟通渠道是指信息发送者传递信息的途径。一般正式渠道由组织建立，它传递那些与工作相关的活动信息，并遵循着组织中的权力网络；而正式沟通渠道以外的信息交流和传递在组织中则是通过非正式渠道来完成的。

(一)正式沟通

正式沟通一般指在组织系统内，依据组织明文规定的原则进行的信息传递与交流，如组织与组织之间的公函来往、组织内部的文件传达及召开会议、上下级之间定期的情报交换等。另外，组织所安排的参观访问、技术交流、市场调查等也属于正式沟通。

1. 正式沟通的种类

正式沟通一般分下向、上向、横向沟通三种。

(1)下向沟通。管理者通过向下沟通的方式传送各种指令及政策给组织的下层，这是在传统组织内最主要的沟通流向。其中的信息一般包括:①有关工作的指示;②工作内容的描述;③员工应该遵循的规章、程序和政策等;④有关员工绩效的反馈;⑤希望员工自愿参加的各项活动。

下向沟通渠道的优点是:它可以使下级主管部门和组织成员及时了解组织的目标和领导意图,增加员工对所在团体的向心力与归属感;也可以协调组织内部各个层次的活动,加强组织原则和纪律性,使组织机器正常地运转下去。缺点是:如果这种渠道使用过多,就会在下属中造成高高在上、独裁专横的印象,使下属产生心理抵触情绪,影响团队的士气。此外,如果组织的结构包括多个层次,那么通过层层转达,其结果往往使下向信息发生歪曲,甚至遗失,而且过程迟缓,这些都是在下向沟通中所经常发现的问题。

在美国财富500强所做的研究报告里,谈到了公司领导人需具备的八项最重要的特质。其中第一项是开创企业的使命、愿景,制定公司未来的发展方向,第二项就是有效沟通。有了使命、愿景,怎样才能让每一个员工了解,并积极执行,这就需要进行大量的沟通。通常领导的方式是用命令及驱使,这样往往达不到目的,而沟通、引导的方式常常可以顺利达成目标,员工乐于执行。如施乐公司的总裁,为了使公司获得美国质量体系最高境界的麦尔肯质量奖,每一个星期都要举行一场对内的专题演讲,花大量的时间、精力把企业的使命、愿景通过他的沟通技巧,让所有的中高级主管都能理解并执行。

(2)上向沟通。它主要是指团体成员和基层管理人员通过一定的渠道与管理决策层所进行的信息交流。它有两种表达形式:一是层层传递,即依据一定的组织原则和组织程序逐渐向上反映。如下属依照规定向上级所提出的正式书面报告或口头报告,还有诸如意见箱、建议制度,以及由组织举办的征求意见座谈会或态度调查等。二是越级反映。这指的是减少中间层次,让决策者和团体成员直接对话。如某些上层主管采取所谓的"门户开放"政策,使下属人员可以不经组织层次就可向上报告。

上向沟通渠道的优点是:员工可以直接把自己的意见向领导反映,获得一定程度的心理满足;管理者也可以利用这种方式了解企业的经营状况,与下属形成良好的关系,提高管理水平。缺点是:在沟通过程中,下属因级别不同而造成心理距离,形成一些心理障碍;由于当事人的利害关系,或害怕"穿小鞋"、受打击报复,不愿反映意见,往往使沟通信息发生与事实不符或压缩的情形,出现适得其反的结果。

一般来说,传统的管理方式偏重于下向沟通,管理风格趋于专制;而现代管理方式则是下向沟通与上向沟通并用,强调信息反馈,增加员工参与管理的机会。

案例

成功与失败的上行沟通

公司为了奖励市场部的员工,制订了一项海南旅游计划,名额限定为10人。可是13名员工都想去,部门经理需要再向上级领导申请3个名额。如果你是部门经理,你会如何与上级领导沟通呢?

【方式一】 部门经理向上级领导说:"朱总,我们部门13个人都想去,可只有10个名额,能不能再给3个名额?"

朱总:"筛选一下不就完了吗?公司能拿出10个名额就花费不少了,你们怎么不多为公司考虑?你们呀,就是得寸进尺,不让你们去旅游就好了,谁也没意见。我看这样吧,你们3个做部门经理的，姿态高一点，明年再去，这不就解决了吗？”

【方式二】 部门经理：“朱总，大家今天听说去旅游，非常高兴，非常感兴趣。觉得公司越来越重视员工了，真是让员工感动。朱总，不知当时你们如何想出此妙意的？”

朱总：“真的是想给大家一个惊喜，这一年公司效益不错，考虑到大家辛苦一年，年终了，大家要高兴，我们的目的就达到了。”

部门经理：“也许是计划太好了，大家都在争这10个名额。”

朱总：“当时决定10个名额是因为觉得你们部门有几个人工作不够积极。你们评选一下，不够格的就不安排了，就算是对他们的一个提醒吧。”

部门经理：“其实我也同意领导的想法，有几个人是不够积极，不过他们可能有一些生活中的原因，这与我们部门经理对他们缺乏了解、没有及时调整都有关系。责任在我。公司花了这么多钱，要是因为这3个名额降低了效果就太可惜了。公司如果能再考虑一下，让他们去，我会尽力与其他两位部门经理沟通好，在这次旅途中每个人带一个，帮助他们树立有益公司的积极工作态度。朱总，您能不能考虑一下我的建议？”

(3)横向沟通。它指的是在组织系统中层次相当的个人及团体之间所进行的信息传递和交流。横向沟通既可以采取正式沟通的形式，也可以采取非正式沟通的形式。通常是以后一种方式居多，尤其是在正式的或事先拟定的信息沟通计划难以实现时，非正式沟通往往是一种极为有效的补救方式。

横向沟通具有很多优点：第一，它可以使办事程序、手续简化，节省时间，提高工作效率；第二，它可以使企业各个部门之间相互了解，有助于培养整体观念和合作精神，克服本位主义倾向；第三，它可以增加员工之间的互让互谅，培养员工之间的友谊，满足员工的社会需要，使员工提高工作兴趣，改善工作态度。

总的来说，正式沟通渠道的优点是：沟通效果好，比较严肃，约束力强，易于保密，可以使信息沟通保持权威性。重要的消息和文件的传达、组织的决策等，一般都采取这种方式。其缺点在于，因为依靠组织系统层层传递，所以很刻板，沟通速度很慢，此外也存在着信息失真或扭曲的可能。

2. 正式沟通的形态

正式沟通在组织中以5人为一群体为例，大体有以下五种沟通形态(见图7.2)：

(1)链式沟通。这是一个平行网络，其中居于两端的人只能与内侧的一个成员联系，居中的人则可分别与两人沟通信息。在一个组织系统中，它相当于一个纵向沟通网络，代表一个五级层次，逐渐传递，信息可自上而下或自下而上进行传递。在这个网络中，信息经层层传递、筛选，容易失真，各个信息传递者所接收的信息差异很大，平均满意程度有较大差距。此外，这种网络还可表示组织中主管人员和下级部属之间中间管理者的组织系统，属控制型结构。在管理中，如果某一组织系统过于庞大，需要实行分权授权管理，那么，链式沟通网络是一种行之有效的方法。

(2)环式沟通。此形态可以看成是链式形态的一个封闭式控制结构，表示5个人之间依次联络和沟通。其中，每个人都可同时与两侧的人沟通信息。在这个网络中，组织的集中化程度和领导人的预测程度都较低；畅通渠道不多，组织中成员具有比较一致的满意度，组织士气高昂。如果在组织中需要创造出一种高昂的士气来实现组织目标，环式沟通是一种行之有效的措施。

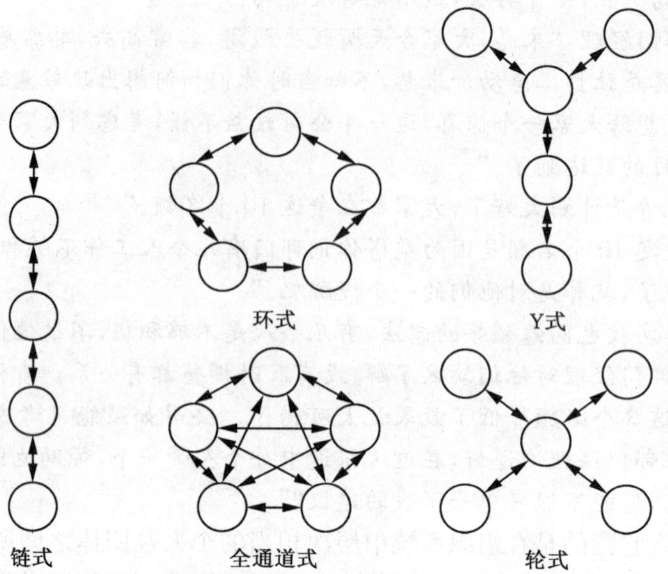

图 7.2　五种沟通形态

(3)Y 式沟通。这是一个纵向沟通网络,其中只有一个成员位于沟通内的中心,成为沟通的媒介。在组织中,这一网络大体相当于组织领导,秘书班子再到下级主管人员或一般成员之间的纵向关系。这种网络集中化程度高,解决问题速度快,组织中领导人员预测程度较高。除中心人员外,组织成员的平均满意程度较低。此网络适用于主管人员的工作任务十分繁重,需要有人选择信息,提供决策依据,节省时间,而又要对组织实行有效控制。但此网络易导致信息曲解或失真,影响组织成员士气,阻碍组织提高工作效率。

(4)全通道式沟通。这是一个开放式的网络系统,其中每个成员之间都有一定的联系,彼此了解。此网络中组织的集中化程度及主管人的预测程度均很低。由于沟通渠道很多,组织成员的平均满意程度高且差异小,所以士气高昂,合作气氛浓厚。这对于解决复杂问题、增强组织合作精神、提高士气均有很大作用。但是,由于这种网络沟通渠道太多,易造成混乱,且又费时,影响工作效率。

(5)轮式沟通。它属于控制型网络,其中只有一个成员是各种信息的汇集点与传递中心。在组织中,大体相当于一个主管领导直接管理几个部门的权威控制系统。此网络集中化程度高,解决问题的速度快。主管人的预测程度很高,而沟通的渠道很少,组织成员的满意程度低,士气低落。轮式网络是加强组织控制、争时间、抢速度的一个有效方法。如果组织接受紧急攻关任务,要求进行严密控制,则可采取这种网络。

上述种种沟通形态和网络,各有其优缺点,其效能比较见表 7.1。作为一名主管人员,在管理工作实践中,要进行有效的人际沟通,就需要发挥其优点,避免其缺点,使组织的管理工作水平逐步提高。

表 7.1　　五种渠道的效能比较

评价标准模式	集中性	速度	正确性	领导能力	成员满意度
链式	中	中	高	高	中
轮式	高	快(任务简单) 慢(任务复杂)	高(任务简单) 低(任务复杂)	很高	低
Y式	较高	快	较高	高	较低
环式	低	慢	低	低	高
全通道式	很低	快	适中	很低	很高

(二)非正式沟通

非正式沟通指的是正式沟通以外的信息交流和传递，它不受组织监督，自由选择沟通渠道。例如，组织成员私下交换看法、朋友聚会、传播小道消息等，都属于非正式沟通。非正式沟通与正式沟通不同，因为它的沟通对象、时间及内容等各方面都是未经计划和难以辨别的，其沟通途径是通过组织内的各种社会关系，而这种社会关系超越了部门、单位以及层次。

非正式沟通是正式沟通的有机补充，在许多组织中，决策时利用的情报大部分是由非正式信息系统传递的。同正式沟通相比，非正式沟通往往能更灵活迅速地适应事态的变化，省略许多繁琐的程序，并且常常能提供大量的通过正式沟通渠道难以获得的信息，真实地反映员工的思想、态度和动机。

非正式沟通的优点在于：沟通形式不拘，直接明了，速度很快，容易及时了解到正式沟通难以提供的“内幕新闻”。非正式沟通能够发挥作用的基础是组织中良好的人际关系。其缺点表现在：非正式沟通难以控制，传递的信息可能失真，而且可能产生小集团、小圈子，影响组织的凝聚力和人心稳定。

1. 非正式沟通的常见现象

(1)消息越新鲜，人们谈论得就越多；

(2)对人们工作有影响的，最容易招致人们谈论；

(3)最为人们所熟悉的，最多为人们谈论；

(4)在工作上有关系的人，往往容易被牵扯到同一传闻中去；

(5)在工作中接触多的人，最有可能被牵扯到同一传闻中去。

2. 非正式沟通的类型

非正式沟通渠道的模式主要有单线式、随机式、集合式和密语式，其形态见图 7.3。

(1)单线式。即个人之间依次转告。信息在非正式渠道中一次传递，把信息传播到最终接收者。这种情况较为少见，而且信息最易失真。

(2)随机式。个人之间随机的相互转告。这种信息传达方式完全是随机的，并无一定的中心人物或选择性。

(3)集合式。一些人有选择性地转告他人。例如，信息由 A 传递给特定人物 B 和 C，然后由 B 和 C 有选择性地转告给其他若干人。这种传播方式效率高，也最为常见。

(4)密语式。即由一个人告诉其他所有人，信息源 A 是非正式渠道中的关键人物，他主动把信息传播给其他很多人。

3. 非正式沟通在管理上的意义及对策

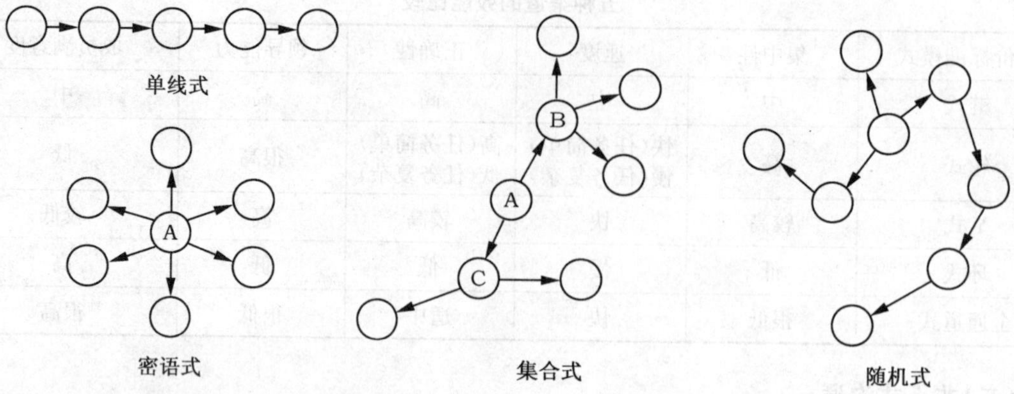

图 7.3 非正式沟通的几种类型

传统的管理及组织理论中都没有非正式沟通的存在；即使发现有这现象，也认为要将其消除或减少到最低程度。但非正式沟通现象是无法加以消除的。对此，应该加以了解、适应和整合，使其有效地担负起沟通的重要作用。

现在普遍对于非正式沟通所采取的立场和对策是：

(1)非正式沟通的产生和蔓延，主要是由于人员得不到他们所关心的消息。因此，主管者越故作神秘、封锁消息，则背后流传的谣言越加猖獗。正本清源，主管者应尽可能使组织内的沟通系统较为开放或公开，则种种不实的谣言将会自然消失。

(2)要想阻止已产生的谣言，与其采取防卫性的驳斥，或说明其不可能的道理，不如正面提出相反的事实更为有效。

(3)闲散和单调乃是造谣生事的温床。为避免发生这些不实的谣言，扰乱人心士气，主管者应注意，不要使组织成员有过分闲散或过分单调枯燥的情形发生。

(4)最基本的做法，乃是培养组织成员对组织管理当局的信任和好感，这样他们比较愿意听取组织提供的消息，也较能相信。

(5)在对于组织主管人员的训练中，应增加这方面的知识，使他们有比较正确的观念和处理方法。

二、沟通的方法

在信息沟通之前，信息发送者应有必要对所传递信息的背景、依据、理由等作出适当的解释，使对方对信息有明确、全面的了解，用最有效的方法传递中心思想。信息接收者也要通过恰当的方式给出反馈意见。在沟通过程中，使用双方都理解并接受的方法，能使双方的沟通更加畅通、更加顺利。

组织中最普遍使用的沟通方法有会议沟通、口头沟通，书面沟通、非语言沟通及电子媒介沟通。

(一)会议沟通

会议是整个组织活动的一个重要反映，是与会者在组织中的身份、影响和地位等所起作用的表现，会议中的信息交流能在人们的心理上产生影响。会议可集思广益。与会者在意见交流之后，就会产生一种共同的见解、价值观念和行动指南，而且还可密切相互之间的关系。会议还可使人们了解共同目标，自己的工作与他人工作的关系，使之更好地选择自己的工作目标，明确自己怎样为组织做出贡献。通过会议，可以对每一位与会者产生一种约束力。

但会议沟通是一种成本较高的沟通方式，沟通的时间一般比较长，因此常用于解决较重大、较复杂的问题。如下的几种情境宜采用会议沟通的方式进行：

(1)需要统一思想或行动时(如项目建设思路的讨论、项目计划的讨论等)；

(2)需要当事人清楚、认可和接受时(如项目考核制度发布前的讨论、项目考勤制度发布前的讨论等)；

(3)传达重要信息时(如项目里程碑总结活动、项目总结活动等)；

(4)澄清一些谣传信息，而这些谣传信息将对团队产生较大影响时；

(5)讨论复杂问题的解决方案时(如针对复杂的技术问题讨论已收集到的解决方案等)。

会议的种类主要有工作汇报会、专题讨论会、员工座谈会等。必须强调的是，虽然会议是主管人员进行沟通的重要方法，但绝不能完全依赖这种方法。而且，会议要有充分准备、民主气氛浓厚、讲求实效，切忌“文山会海”的形式主义。

(二)口头沟通

人们之间最常见的交流方式是交谈，借助于口头语言进行的沟通，也就是口头沟通。常见的口头沟通包括演说、正式的一对一讨论或小组讨论、非正式的讨论，以及传闻或小道消息的传播。

口头沟通的优点是快速传递和快速反馈。在这种方式下，信息会在最短的时间里被传送，并在最短的时间里得到对方的回复。如果接受者对信息有疑问，迅速的反馈可使发送者及时检查其中不够明确的地方并进行改正。

但是，当信息经过人传送时，口头沟通的主要缺点便会暴露出来。在此过程中卷入的人越多，信息失真的潜在可能性就越大。每个人都以自己的方式解释信息，当信息到达终点时，其内容常常与最初大相径庭。如果组织中的重要决策仅通过口头方式在权力金字塔中上下传送，那么信息失真的可能性会相当大。

(三)书面沟通

书面沟通是利用文字进行的沟通，如报告、备忘录、信件、文件、内部期刊、布告等。书面沟通因其持久、有形而可以核实，一般情况下，发送者与接受者双方都拥有沟通记录，沟通的信息可以无限期保存下去。如果对信息的内容有疑问，过后的查询是完全可能的。对于复杂或长期的沟通来说，这点尤其重要。

书面沟通的优势来源于其过程本身。书面语言比口头语言考虑得更为周全，把东西写出来会促使人们对自己要表达的东西认真地思考。因此，书面沟通显得更为周密、逻辑性强、条理清楚。同时它也是一种比较经济的沟通方式，沟通的时间一般不长，沟通成本也比较低。这种沟通方式一般不受场地的限制，因此被广泛采用。这种方式一般在解决较简单的问题或发布信息时采用。

当然，书面沟通也有其缺陷。虽然书面方式更为精确，但耗费了更多的时间。同样是1小时的员工素质测验，通过口试传递的信息远比笔试多得多。事实上，花费1小时写出来的东西往往只需10～15分钟就能说完。书面沟通的另一个主要缺点是缺乏反馈。口头沟通能使接受者对其所听到的东西及时提出自己的看法，而书面沟通则不具备这种内在的反馈机制。其结果是无法确保所发生的信息能被接收到；即使被接收到，也无法保证接收者对信息的解释正好是发送者的本意。

（四）非语言沟通

非语言沟通是指人们通过动作、表情、体态、声调等非语言的方式来传递信息的沟通方式。一些极有意义的沟通既非口头形式也非书面形式，而是通过非文字来传递信息。例如，培训讲师给员工培训时，当看到员工们无精打采的样子或者有人开始翻阅报纸、接打手机时，无须语言说明，员工已经告诉他（她），他们厌倦了。同样，当纸张沙沙作响、笔记本开始合上时，所传达的信息意义也十分明确，该下课了。又如，管理者所用的办公室和办公桌的大小，其穿着打扮都向别人传递着某种信息。不过，非言语沟通中最为人知的领域是体态语言、语调和距离。

1．体态语言

它包括手势、面部表情和其他身体动作。比如，一副咆哮的面孔所表示的信息显然与微笑不同。手部动作、面部表情及其他姿态能传达诸如攻击、恐惧、傲慢、愉快、愤怒等情绪或感情。

2．语调

它是指个体对词汇或短语的强调。下面举例说明语调如何影响信息的意义。假设员工问经理一个问题，经理反问道："你这是什么意思？"反问的声调不同，员工的反应也不同。轻柔平衡的声调与刺耳尖利、重音放在最后一词所产生的意义完全不同。大多数人会觉得第一种语调表明某人在寻求更清楚的解释，而第二种语调则表明此人的攻击性和防卫性。

任何口头沟通都包含了非语言信息，这一事实应引起极大的重视。这是因为非语言要素有可能给沟通造成极大的影响。一名研究者发现，在口头交流中，信息的55%来自于面部表情和身体姿态，38%来自于语调，而仅有7%来自于真正的词汇。我们都知道动物是对我们怎么说做出反应的，而不是对我们所说的内容做出反应的，人类与它们并无太大差异。

语言沟通与非语言沟通通常是交织在一起的，这两个方面配合得越好，沟通的效果也就越好。比如，上司的言语告诉我他很生气，他的语速会很快，身体动作也表明很愤怒，于是我推断出他很恼火，这极可能是个正确的判断。因此在沟通时，要注意保持两者在表达意义上的一致性。否则，不但会使接收者感到迷茫，而且信息的清晰度也会受到影响。如果上司告诉你他真心想知道你的困难，而当你告诉他情形时，他却在浏览自己的信件，这便是一个相互冲突的信号。类似的还有怒气冲冲地表扬人、嬉皮笑脸地批评人、怒目而视地抚摸、板着脸孔与人打招呼等，这些都会导致信息模糊而使对方难以捉摸，影响沟通效果，甚至招来误会、带来麻烦。

知识链接

有关沟通过程的跨文化观点

人际沟通在世界各地并不是以相同的方式进行的。比较强调个人主义价值观的国家（如美国）与强调集体主义价值的国家（如日本），就可以发现这点。

在美国等一些国家中，重视和强调个人，沟通风格也是个体取向的，并且直言不讳。比如，对于组织内部的协商，美国管理者习惯于使用备忘录、布告、论文以及其他正式的沟通手段来表明自己的看法和观点。美国主管为了使自己获得晋升机会或使下属接受自己的决策和计划，常常保留机密信息。出于自我保护的目的，下级员工也同样如此行动。

而在如日本这样的集体主义国家中，人际间的相互接触相当频繁，而且更多的是非正式的。与美国不同，日本管理者针对一件事首先进行大量的口头磋商，尔后才以文件的形式总结已作出的决议。面对面的沟通方式在这里受到鼓励。另外，开放式的沟通是日本人工作环境的一个固有组成部分。他们的工作空间是开放式的，不同等级的工作人员挤在一起工作。而美国管理者则强调权力、等级和沟通的正式途径。

美国与日本的这些文化差异使得经营管理人员在谈判过程中遇到不少困难。比如，有关谈判的研究发现，两国人员在谈判桌前各有不同的目标。美国人一开始就切入正题，日本对手则以建立关系为开始；美国人希望一开始就涉及数字和细节问题，日本官员则以谈及通则入手；美国人倾向于直截了当、不拐弯抹角地表明他们的拒绝，而大多数日本人却将其视为攻击和冒犯。

3. 距离

它是指人与人交往过程中彼此之间的空间距离。研究表明，距离是一种无声的语言，在管理过程中，人与人之间距离的远近，它所表示的含义各不相同；一般而言，不超过半米属于亲密距离，表示关系亲密；半米到 1 米之间属于人际距离，表示非正式的个人交谈；1 米到 3 米之间属于社会距离，表示公共事务、社交聚会等；3 米以上属于公共距离，表示关系疏远、影响轻微。因此，管理者要善于利用距离来进行有效沟通。

非语言沟通方式的优点在于：信息意义十分明确，内容丰富、灵活。缺点是：传递距离有限，界限含糊，只可意会，不可言传。

(五)电子媒介沟通

电子媒介如网络、电子邮件、即时通信、传真和电视等。它的优点是：快速传递，信息量大；远程传递，成本低。缺点是：缺乏情感，体态语言的表达不能及时反馈。以下主要介绍前三种沟通方式：

1. 网络

即网内与网外网络连接。网内网络是私密的、以组织为界限的信息网络系统。企业也能建立网外网络，借此可联结内部员工与供货商、客户及策略联盟伙伴。视频会议是网内或网外网络系统的延伸，它协助组织内的员工与位处不同地点的人开会。

2. 电子邮件

“E-mail 沟通”是一种经济的沟通方式。在计算机信息系统普及应用的今天，我们很少采用纸质的方式进行沟通，而是选择用电子邮件(E-mail)。电子邮件是与客户联系的最重要的方式之一，而且大多数企业都计划利用电子邮件，将新推出的产品、促销活动等信息发送给客户，并得到客户的反馈。

3. 即时通信

即时通信工具有微信、QQ、淘宝旺旺等。这些沟通方式不会延迟，可以得到信息反馈。电子邮件在传递较多且需储存的信息上较为方便，而即时通信则较适用于传送简短的信息，使用时必须持续上线，容易分心(聊些与工作无关的话题)，很难专心工作，可被轻易破解进入，许多组织开始忧虑其安全性。

信息沟通在全世界各地并不是以相同的方式进行的，会受到地域、语言、文化、习俗、个人习惯等的多方限制。因此，掌握不同的沟通方法，在合适的地方、恰当的场合，针对不同的组织或个体而采取不同的沟通方式是我们必须掌握的知识。

2001 年 IBM 召开了一次为期 4 天的网上会议，参加人员是全球各地的 5 万多名员工，展示了大批员工虚拟集会的可行性。这次网上会议的召开利用了 IBM 的内部网站，参加会议的员工通过 IBM 的局域网在实时的聊天室里交流意见，或在网上布告栏中贴出自己的意见，而且可以投票选出自己认为合理的建议。通过这次会议，IBM 的管理层收集了数千条建议，很多员工表示将在工作中采用这些建议。

第三节 有效沟通的原则

沟通具有社会性，与其他社会活动一样，都有着必须依据的规则。只有沟通双方都承认并尊重这些规则时，沟通才有可能协调、顺利地进行。

一、沟通的原则

沟通具有社会性，与其他社会活动一样，都有着必须依据的规则。只有沟通双方都承认并尊重这些规则时，沟通才有可能协调、顺利地进行。

(一)有效原则

只有被接收到并被理解了的信息才能被沟通。因此，我们在沟通中所使用的渠道、方式和方法都必须保证传递的信息要容易被接收，便于对方可以根据这些信息做出正确的反馈和行动。

(二)期望原则

人们喜欢听他们想听的话，排斥不熟悉和具有威胁性的语言。有效沟通只有通过理解你的听众的兴趣和期望，才能使他们接受或者从新的角度来看待某个问题。

(三)目的原则

沟通是传播信息、交流情感、达成目的的一个过程。只有明确了沟通对象、期望效果，以及是沟通情感还是解决问题等沟通的各项相关要求时，沟通才会达到效果。沟通是消耗对方时间的过程，只有让别人觉得值得耗费这种珍贵资源时，才能进行良好的沟通。

(四)尊重原则

受尊重是人的高层次需要。心理学研究表明，人都有自尊心，都有受尊重的需要，都期望得到别人的认可、注意和欣赏。这种需要如果得到满足，就会增强人的自信心和上进心；反之，则会使人失去自信，产生自卑，甚至影响其人际交往。因此，在沟通中首先要遵循相互尊重的原则。

尊重原则要求沟通者讲究言行举止的礼貌，尊重对方的人格和自尊心，尊重对方的思想与言行方式。这里既包括要善于运用礼貌用语，如称呼语、迎候语、致谢语、致歉语、告别语、介绍语等；也包括遣词造句的谦恭得体、恰如其分，如多用委婉征询的语气；还包括平易近人、亲切自然的态度。当然，对对方的尊重不仅仅表现在沟通形式上，更表现在沟通中所交流的信息和思想观念上，要把对方放在平等的地位上，以诚相待，摈弃偏见，要讲真话。正如古人所言，要做到："以诚感人者，人亦诚而应。"

(五)相容原则

在沟通中难免会发生意见分歧，引起争论，有时还会牵涉一个人、团体或组织的利益。如果事无大小，动辄就激昂动怒，以针尖对麦芒，则双方心理距离就会越拉越大，正常的沟通就会转化为失去理智的口角，这种后果显然是与沟通的目的背道而驰的。

因此，沟通中心胸开阔、宽宏大量，把原则性和灵活性结合起来运用至为重要。只要不是原则性的重大问题，应力求以谦恭容忍、豁达超然的大家风范来对待各项工作中的分歧、误会和矛盾，以谦辞敬语、诙谐幽默、委婉劝导等与人为善的方式，来缓解紧张气氛、消除隔阂。中国自古以来就将这种相容的品格视为立身处世的一种美德，君子应能“忍人所不能忍，容人所不能容，处人所不能处”。事实证明，沟通中得理且让人、态度宽容、谦让得体、诱导得法，会使沟通更加顺畅并赢得对方的配合与尊重。

（六）理解原则

由于人们在社会上所处的地位各异，其人生经历、思想观念、性格爱好、心理需要、行为方式、利益关系等不同，所以在沟通中对同一事物常会表现出不同的看法、情感和态度，尤其在涉及自身利益的问题上，更会反映出从特定地位和立场出发的价值观念与利益追求，因而必定会给沟通带来许多复杂的矛盾和冲突。如果双方缺乏必要的相互理解，各执一端，互不相让，不仅会导致沟通失败，还会影响双方的感情，一切合作与互助就无从谈起了。

按照社会心理学的原理，理解原则首先是指沟通者要善于进行心理换位，尝试站在对方的处境上设身处地考虑、体会对方的心理状态、需求与感受，以产生与对方趋向一致的共同语言。即使是最有效的发信者，传播的是最有效的信息内容，但如果不考虑受信者的态度及条件，也不能指望获得最大效果。其次，要耐心、仔细倾听对方的意见，准确领会对方的观点、依据、意图和要求，这既可以表现出对对方的尊重和重视，也可更加深入地理解对方。

二、组织角色与沟通

在组织内的每一个人，都有其不同的组织角色。例如，上层、中层或基层管理者，其组织角色各有不同；又如，不同职能部门的工作者，也会由于本身属于销售、生产或财务部门，表现为不同的组织角色。由于所担任的组织角色不同，就会产生不同的态度和观点以及不同的利害关系，因而每逢接触到新的信息时，就会依本身的态度或利害加以评估，因此导致不同的意见和结论。这说明了，为什么在企业组织内，不同职能部门间会产生那么多的争论。曾经有人做过一次调查，要23位经理人员就一个案例分析主要的问题所在。结果是：83%的销售经理认为，这个案例中最重要的问题在于销售方面，80%的生产经理认为是在组织方面，且双方各执一词，互不相让。调查结果告诉我们，由于在组织中的角色不同、利益倾向有别，即使人们理解并掌握了沟通的原则，但在实践过程中，还会受到组织角色的影响，因此沟通原则的运用需要与组织角色紧密联系，从集体利益出发，扬长避短。

案例

麦当劳的成功秘诀之一

麦当劳餐厅遍布全世界六大洲百余个国家。在很多国家麦当劳代表着一种美国式的生活方式。麦当劳公司的成功与其对工作人员的态度及平时员工间的沟通有非常密切的关系。其中，“工作伙伴的基本责任”是保证麦当劳独特的经营和管理正常发展的重要条件。麦当劳鼓励管理人员和员工在工作中和活动中保持坦诚、友好的气氛。员工大会是员工之间、员工与管理层之间沟通的一个渠道。在会上，员工可与管理人员、工作伙伴进行平等的、畅通无阻的沟通。这种沟通既有利于员工及时了解相关问题的解决进展，了解麦当劳的现状，而“知己知彼”的工作状态也让员工的工作更游刃有余。

第四节　沟通的障碍与控制

信息在传递和交换过程中，由于信息意图受到干扰或误解，会导致沟通失真的现象。在人们沟通信息的过程中，常会受各种因素影响和干扰，使沟通受到阻碍。为使沟通有效、畅通，控制不可缺少。

一、沟通的障碍

(一)主观障碍

1. 个性因素所引起的障碍

信息沟通在很大程度上受个人心理因素的制约。个体的性质、气质、态度、情绪、见解等的差别，都会成为信息沟通的障碍。

小故事

巴顿将军尝汤

巴顿将军为了显示他对部下生活的关心，搞了一次参观士兵食堂的突然袭击。在食堂里，他看见两个士兵站在一个大汤锅前。

“让我尝尝这汤!”巴顿将军向士兵命令道。

“可是，将军……”士兵正准备解释。

“没什么‘可是’，给我勺子!”巴顿将军拿过勺子喝了一大口，怒斥道：“太不像话了，怎么能给战士喝这个？这简直就是刷锅水!”

“我正想告诉您这是刷锅水，没想到您已经尝出来了。”士兵答道。

启示：只有善于倾听，才不会做出愚蠢的事！否则，任何人都可能会犯类似的低级错误！

2. 经验和知识所引起的障碍

在信息沟通中，如果双方在经验水平和知识结构上差距过大，就会产生沟通的障碍。此外，个体经验差异对信息沟通也有影响。在现实生活中，人们往往会凭经验办事。一个经验丰富的人往往会对信息沟通做通盘考虑，谨慎细心；而一个初出茅庐者往往会不知所措。信息沟通的双方往往依据经验上的大体理解去处理信息，从而使彼此理解的差距拉大，形成沟通的障碍。

3. 传递方式所引起的障碍

信息沟通往往是依据组织系统分层次逐级传递的。然而，在按层次传达同一条信息时，往往会受个人的记忆、思维能力的影响，从而降低信息沟通的效率。

4. 对信息的态度不同所造成的障碍

这又可分为不同的层次来考虑。一是认识差异。在管理活动中，不少员工和管理者忽视信息的作用的现象还很普遍，这就为正常的信息沟通造成了很大的障碍。二是利益观念。在团体中，不同的成员对信息有不同的看法，所选择的侧重点也不相同。很多员工只关心与其物质利益有关的信息，而不关心组织目标、管理决策等方面的信息，这也成了信息沟通的障碍。

5. 相互不信任所产生的障碍

有效的信息沟通要以相互信任为前提，这样，才能使向上反映的情况得到重视，向下传达的决策迅速实施。管理者在进行信息沟通时，应该不带成见地听取意见，鼓励下级充分阐明自己的见解，这样才能做到思想和感情上的真正沟通，才能接收到全面可靠的情报，才能作出明智的判断与决策。

6. 沟通者的畏惧感以及个人心理品质所造成的沟通障碍

在管理实践中，信息沟通的成败主要取决于上级与上级、领导与员工之间的全面有效的合作。但在很多情况下，这些合作往往会因下属的恐惧心理以及沟通双方的个人心理品质而形成障碍。一方面，如果主管过分威严，给人造成难以接近的印象，或者管理人员缺乏必要的同情心，不愿体恤下情，都容易造成下级人员的恐惧心理，从而影响信息沟通的正常进行。另一方面，不良的心理品质也是造成沟通障碍的因素。

案例

不同文化的沟通

请阅读下面的一段对话：

美国老板：完成这份报告要花费多少时间？

希腊员工：我不知道完成这份报告需要多少时间。

美国老板：你是最有资格提出时间期限的人。

希腊员工：10天吧。

美国老板：你同意在15天内完成这份报告吗？

希腊员工没有作声。（认为是命令）

15天过后——

美国老板：你的报告呢？

希腊员工：明天完成。（实际上需要30天才能完成。）

美国老板：你可是同意今天完成报告的。

第二天，希腊员工递交了辞职书。

点评：在上述对话中，美国老板询问希腊员工完成报告的时间，实际上是在征求希腊员工的意见（这是与美国管理的传统习惯有关），而希腊员工并不知道完成报告所需要的时间，只是想让美国老板下命令（希腊员工习惯于命令式的管理）。15天过后，美国老板要报告（要信守承诺），而希腊员工已经尽力把30天的工作用16天完成了（并且认为延迟些时间没有问题）。希腊员工认为美国老板是找自己的麻烦，不得已而辞职。

（二）客观障碍

（1）信息的发送者和接收者如果所处空间距离太远、接触机会少，就会造成沟通障碍。另外，社会文化背景不同、种族不同而形成的社会距离也会影响信息沟通。

（2）如果组织机构过于庞大、中间层次太多，那么信息从最高决策层传达到下级基层单位也会产生失真，而且还会浪费时间，影响其及时性。这就是由于组织机构所造成的障碍。

知识链接

不同角色之间的“鸿沟”

在沟通中对自己的社会角色扮演不当，对对方的社会角色把握不准，都容易造成沟通的阻塞。不同角色之间的“鸿沟”有以下几种：

(1)代沟。比如，年轻人看问题注重横比，中年人看问题喜欢纵比；当他们评价现在的生活水平时，年长的人感到很满意，年轻人则觉得不满足，于是会发生争执和冲突。

(2)位沟。由于在组织中不同地位的人拥有不同的权力，这就使得组织中的人们在信息传递过程中，经常首先关注的是信息的来源，即“是谁讲的”，其次才是信息内容。同样的信息，由不同地位的人来发布，效果会大不一样。这种等级观念的影响，常使得地位较低的人传递的重要信息不被重视，而地位较高的人发布的不重要信息则得到了不必要的过分重视，从而造成信息传递的失误。

(3)行沟。“隔行如隔山”。不同职业熏陶的不同角色对同一问题会有不同看法。

(4)性别沟。即男女性别导致的角色差别。女性喜欢面对面的交谈，而男性则喜欢并排坐下来，共同注视他们前方的某一点。男性与女性交谈实际上是一种跨文化的沟通。一项研究表明，在工作场所，与男性员工相比，女性员工向上级发出的信息比较少，同时所承受的信息负担也比较小。

(三)沟通方式的障碍

1. 语言系统所造成的障碍

语言是沟通的工具。人们通过语言、文字及其他符号将信息经沟通渠道来沟通。但是，若语言使用不当，就会造成沟通障碍。这主要表现在以下几方面：

(1)误解。这是由于发送者在提供信息时表达不清楚，或者是由于接收者接收失误所造成的。

(2)歪曲。这是由于对语言符号的记忆模糊所导致的信息失真。

(3)信息表达方式不当。这表现为措辞不当，词不达意，丢字少句，空话连篇，文字松散，句子结构别扭，使用方言、土语，千篇一律等。这些都会增加沟通双方的心理负担，影响沟通的进行。

2. 沟通方式选择不当，原则、方法使用不灵活所造成的障碍

沟通的形式多种多样，且各自有其优缺点。如果不根据组织目标及其实现策略来选择沟通方式，不灵活使用沟通原则和方法，那么沟通就不可能畅通进行。在管理工作实践中既然存在着信息的沟通，也就必然存在沟通障碍。主管人员的任务在于正视这些障碍，采取一切可能的方法消除这些障碍，为有效的信息沟通创造条件。

二、克服信息沟通障碍的对策

对于以上种种沟通障碍，管理者可从以下几个方面采取相应的对策：

(一)做好信息沟通的基础管理

信息收集是进行信息沟通的前提，也是进行管理决策的前提。在收集信息时，应注意以下问题：

(1)在管理中，收集及时、有用的信息的关键在于组织成员的素质，因此，要提高信息沟通的水平，首先要提高组织成员在政治、知识和能力三方面的水平，建立一支反应灵敏的信息队伍。

(2)信息收集工作要求信息来源真实可靠，原始记录准确无误，信息必须是完整的。在信息收集过程中，常常会遇到报喜易、报忧难的情况。因此，对信息收集工作进行控制的关键是

如实、完整的报告。

(3)在收集信息时,要开辟尽可能多的渠道,力求使所收集的信息完整齐备。同时,在疏通这些渠道时,又要求树立全面观念、政策观念、时效观念和求实观念。

(二)信息的加工处理

对收到的信息进行加工处理也是对信息沟通进行基础管理的一个重要环节,只有通过加工处理过的信息,才能进行传递。对信息进行加工处理时,应注意的事项有:

(1)信息的加工处理必须遵循准确、及时、系统和对实际工作具有指导意义的要求。

(2)在对信息进行加工处理时,要依据其来源及时效的不同方式来归纳处理,以提高工作效率。

(3)对信息加工处理的反馈。这是确保信息准确性的可靠途径。这种反馈是双向的,即下级主管部门经常给上级领导提供信息;同时,接收上级领导的信息查询,上级领导也要经常向下级提供信息,同时对下级提供的信息进行反馈,从而形成一种信息环流。

(三)信息传递

信息的生命在于传递,所以,要有效地控制信息沟通,必须努力做好信息传递工作。

(1)信息传递要贯彻"多、快、好、省"的原则。这是一般要求,在信息传递中,这几方面相互联系、相互制约,要加强协调控制。

(2)传递信息要区分不同的对象,选择信息传递的目标,确保信息的效用。同时,在提高信息传递的针对性时,注意信息的适用范围,并考虑信息的保密度。

(3)要适当控制信息传递的数量。但要注意防止出现信息过分保密和随意扩散的倾向。

(4)要控制越级传递和非正式渠道的信息传递。尽可能使之成为对层层传递和正式沟通渠道的补充,共同完成组织目标。

三、信息沟通的技巧

(一)积极倾听

要沟通首先要学会听,会听才能从交流中获得真正的信息。当别人说话时,我们在听,但很多情况下我们并不是在倾听。倾听是对信息进行积极主动的搜寻,而单纯的听则是被动的。在倾听时,接受者和发送者双方都在思考。我们中有不少人并不是好听众。为什么?因为做到这一点很难,而且常常当个体有主动性时才会做得更为有效。事实上,积极倾听常常比说话更容易引起疲劳,因为它要求脑力的投入,要求集中全部注意力。我们说话的速度是平均每分钟 150 个词汇,而倾听的能力则是每分钟可接受近 1 000 个词汇。两者之间的差值显然留给了大脑充足的时间,使其有机会神游四方。以下是对积极倾听的几点建议:

(1)留心说话者词语的选择和运用,从中获取对方所要传送的意义。

(2)留心说话者的姿势、表情、与你的距离等非语言沟通途径,从中了解对方的心理状态。

(3)不仅被动地听,而且要主动地答、主动地问、主动地说,积极参与。

(4)与说话者进行目光接触,表示自己在耐心地、有兴趣地、聚精会神地倾听。

(5)对重要的内容做些简单的记录,让说话者感到受重视。

(6)注重对方讲话的内容,包括对方讲话时的语音、语调、语速等外在的东西。

(7)及时归纳、概括讲话者所讲的要点,重复说出,并在听的过程中给对方的讲话以补充、佐证或纠正。

(8)预测讲话者后面要讲的内容,并及时给予反应。

小故事

金 人

曾经有个小国的使者到中国来,进贡了三个一模一样的金人,金碧辉煌,把皇帝高兴坏了。可是这小国的使者却也出了一道题:这三个金人中哪个最有价值?皇帝想了许多的办法,请来珠宝匠检查,称重量,看做工,都是一模一样。怎么办?使者还等着回去汇报呢。

泱泱大国,连个问题都答不上来,脸可就丢大了。最后,有一位退位老臣说他有办法。皇帝将使者请到大殿,老臣胸有成竹地拿着三根稻草,分别插入三个金人的耳朵。第一个金人,稻草从另一边耳朵出来了;第二个金人,稻草从嘴巴里直接掉出来;而第三个金人,稻草进去后掉进了肚子,什么响动也没有。老臣说:第三个金人最有价值!使者佩服。

启示:最有价值的人,不一定是最能说的人。老天给我们两只耳朵和一个嘴巴,本来就是让我们多听少说的。善于倾听,才是成熟的人最基本的素质。

(二)提高表达能力

由于语言可能成为沟通障碍,因此管理者应该选择合适的措辞并组织信息,以使信息清楚明确,易于接受者理解。管理者不仅需要简化语言,还要考虑信息所指向的听众,以使所用的语言适合于接受者。记住,有效的沟通不仅需要信息被接收,而且需要信息被理解。通过简化语言并注意使用与听众一致的言语方式可以提高理解效果。比如,软件公司的技术总监在向客户传递信息时所用的语言应和专业技术人员不同。对客户应该尽量选择清晰易懂的词语,而与专业技术人员的交流中则会选择专业术语。在所有的人都理解其意义的群体内的专业语言会使沟通十分便利,但在本群体之外使用专业语言则会造成无穷问题。在传递重要信息时,为了使语言问题造成的不利影响减少到最低程度,可以先把信息告诉不熟悉这一内容的接收者。比如,在正式沟通之前让接收者阅读会议文件是一种十分有效的手段,它有助于确认含混的术语、不清楚的假设或不连续的逻辑思维。

知识链接

表达自我"小贴士"

与人沟通的另一个方面是表达自我,在表达时要注意:

(1)谈话从寻找双方的共同点开始,不应该开门见山地摆出分歧。

(2)创造一个令人舒适的、充满友好气氛的交谈环境,控制自己的情绪,也尽量消除对方的对立情绪,使其心平气和。

(3)学会设身处地地考虑问题,站在对方的角度上提出问题。

(4)善于通过提问来诱导对方说"是",诱导对方承认你的观点。

(5)情真意切最能感动人、说服人。

(6)针对不同对象采取不同的语言。

(7)明确信息,简化语言,注意非语言提示。

(三)运用反馈

很多沟通问题是由于误解或信息不准确造成的。如果管理者在沟通过程中运用反馈,就会减少这些问题的发生。这里的反馈可以是言语的,也可以是非言语的。当管理者问接受者:

“你明白我的话了吗?”所得到的答复代表着反馈。但反馈不仅仅包括是或否的回答。为了核实信息是否按原有意图被接受,管理者可以询问有关该信息的一系列问题。但最好的办法是,让接受者用自己的话复述信息。例如,课堂上老师经常会向学生提与前面知识点相关的问题,就是为了从学生那里得到反馈——了解学生对知识点的掌握程度。如果管理者听到的复述正如本意,则可增强理解与精确性。反馈还包括比直接提问和对信息进行概括更精细的方法。综合评论可以使管理者了解接受者对信息的反应。另外,绩效评估、薪金核查以及晋升都是反馈的重要形式。

当然,反馈不一定要以言语的方式表达。行动比言语更为明确。比如,销售主管要求所有下属必须填好上月的销售报告,当有人未能按期上交报告时,管理者就得到了反馈。这一反馈表明销售主管对自己的指令应该阐述得更清楚。同理,当你面对一群人演讲时,你总在观察他们的眼睛及其他非言语线索,以了解他们是否在接受你的信息。

本章小结

1. 沟通,即“信息沟通”,是指信息在两个或两个以上人群中通过一定渠道传递并理解的过程。它包含三个要素:(两个及两个以上)人、信息、理解。

2. 组织中沟通的目的是信息分享,使组织的所有行动在既定目标上保持一致。沟通的作用有三个方面:(1)提供充分、准确的信息材料,是正确决策的前提和基础;(2)沟通是组织成员之间、特别是领导者和被领导者之间建立良好人际关系的关键;(3)沟通是组织成员统一思想和行动的工具。

3. 沟通渠道是指信息发送者传递信息的途径。正式沟通一般是指在组织系统内,依据组织明文规定的原则进行的信息传递与交流。正式沟通有下向沟通、上向沟通、横向沟通三种。

4. 正式沟通的五种主要形态是:链式、环式、Y式、全通道式、轮式。

5. 组织中最普遍使用的沟通方法有会议沟通、口头沟通、书面沟通、非语言沟通及电子媒介沟通。

6. 沟通的原则有有效原则、期望原则、目的原则、尊重原则、相容原则和理解原则。

7. 沟通的障碍主要有主观障碍、客观障碍以及沟通方式的障碍。

本章习题

一、选择题

1. 关于组织中的沟通,下列说法中错误的是(　　)。

A. 组织中沟通的目的是信息分享,使组织的所有行动在既定目标上保持一致

B. 良好的沟通可以使组织迅速、准确、及时地掌握组织内外部各种信息,重新思考和确定组织的使命和战略目标等

C. 良好的沟通能保证组织内部所有活动和行为与组织的使命和目标保持一致

D. 组织中的沟通往往只有下行沟通

2. 以下选项中,体现沟通作用的有(　　)。

A. 知己知彼,百战不殆　　　　B. 做正确的事,正确地做事

C. 良好的人际关系　　　　D. 组织成员统一思想和行动的工具

二、判断题

1. 沟通是达到某种效果的过程，不是单方面的行为。（　）
2. 沟通离不开语言的交流。（　）
3. 有效的沟通一般指的是互相理解和接受的沟通。（　）

三、简答题

1. 简述沟通的含义和作用。
2. 简述管理者如何克服各种沟通障碍？
3. 试比较下向沟通、上向沟通、横向沟通的优缺点。
4. 什么是非语言沟通？它有何优点？
5. 有人说："不光要听一个人说什么，还要听一个人怎么说。"对此，你怎么看？

【参考答案】

一、选择题

1. D　2. ABCD

二、判断题

1. √　2. ×　3. ×

三、简答题（略）

案例分析

王艳是一个典型的北方姑娘，有着北方人的热情和直率。她为人坦诚，有什么说什么，总是愿意把自己的想法说出来和大家一起讨论，并因此在上学期间很受老师和同学的欢迎。今年，王艳从西安某大学的人力资源管理专业毕业，她认为，经过四年的学习自己不但掌握了扎实的人力资源管理专业知识，而且具备了较强的人际沟通技能，因此，她对自己的未来期望很高。为了实现自己的梦想，她毅然只身去广州求职。

经过近一个月反复投简历和面试，在权衡多种因素后，王艳最终选定了广州市的一家研究生产食品添加剂的公司。选择这家公司是因为该公司规模适中、发展速度很快，最重要的是该公司的人力资源管理工作还处于尝试阶段，如果王艳加入，她将是人力资源部的第一人，因此她认为自己施展能力的空间很大。

但是到公司实习一周后，王艳就陷入了困境。原来该公司是一家典型的小型家族企业，企业内的关键职位基本上由老板的亲属担任，其中充满了各种裙带关系。老板给王艳安排了他的大儿子做她的临时上级，而这个人主要负责公司研发工作，根本没有管理理念，更不要说人力资源管理理念了。在他的眼里，只有技术最重要，公司只要能赚钱，其他的一切都无所谓。但是王艳认为，越是这样就越有自己发挥能力的空间，因此在到公司的第五天，王艳拿着自己的建议书走向了直接上级的办公室。

"王经理，我到公司已快一星期了，我有一些想法想和您谈谈，您有时间吗？"王艳走到经理办公桌前说。

“来来来，小王，本来早就应该和你谈谈了，只是最近一直扎在实验室里就把这件事忘了。”

“王经理，对于一个企业尤其是处于上升阶段的企业来说，要持续企业的发展必须在管理上狠下功夫。我来公司已经快一个星期了，据我目前对公司的了解，我认为公司主要的问题在于职责界定不清；雇员的自主权力太小致使员工觉得公司对他们缺乏信任；员工薪酬结构和水平的制定随意性较强，缺乏科学合理的基础，因此薪酬的公平性和激励性都较低。”王艳按照自己事先所列的提纲开始逐条向王经理叙述。

王经理微微皱了一下眉头说：“你说的这些问题我们公司也确实存在，但是你必须承认一个事实——我们公司在盈利。这就说明我们公司目前实行的体制有它的合理性。”

“可是，眼前的发展并不等于将来也可以发展，许多家族企业都是败在管理上。”

“好了，那你有具体方案吗？”

“目前还没有，这些还只是我的一点想法而已，但是如果得到了您的支持，我想方案只是时间问题。”

“那你先回去做方案，把你的材料放这儿，我先看看，然后给你答复。”说完王经理的注意力又回到了研究报告上。

王艳此时真切地感受到了不被认可的失落，她似乎已经预测到了自己第一次提建议的结局。

果然，王艳的建议书石沉大海，王经理好像完全不记得建议书的事。王艳陷入了困惑中，她不知道自己是应该继续和上级沟通还是干脆放弃这份工作，另找一个发展空间。

思考：

(1)试分析王艳和上级沟通失败的原因。

(2)如果你是王艳，会如何与上级进行沟通？对该企业有何建议？

点评：

1. 原因与分析

企业必须设计出良好的用人机制以留住企业的核心人才，良好的沟通机制和新员工的导入机制发挥着巨大的作用，尤其是新进入员工与其直接上级之间的沟通将直接影响着他们的去留以及未来的工作态度。

刚毕业的大学生、研究生是企业人才招聘的主要来源之一。这部分人群的主要特点是成就动机较强，期待别人的认可；急于把自己的所学运用到实践中去，因此渴望受到较少的限制并拥有更大的自由发展空间；具有很强烈的挑战和创新精神，不甘于维持现状；理论水平高但缺乏实践经验，对现实的看法比较理想化；做事急躁，更渴望看到结果而忽略过程等。对企业来说，如果导入正确就可以给企业注入新的活力，增强企业的竞争力；如果导入失败，不但会损失招聘成本，而且会影响企业的社会美誉度。因此，企业必须针对这类人群的特点制定合理的新员工导入机制，使这些新员工在认识和接受现实冲击的同时继续保持积极创新的心态和富于挑战的精神。

本案例就是一个典型的由于管理者缺乏新员工导入机制理念而导致上下级沟通失败，最终使新员工的积极性受挫的案例。王艳满腔热情地想把自己的所学应用到实践中去，从而获得成就感。可她的直接上级却没有认识到王艳的特点和需求，过分强调王艳缺乏实践经验的一面，并对王艳的行为做出了消极的反馈，致使王艳的积极性受到挫伤。

由于沟通主客体和外部环境等因素，沟通过程中会出现各种各样的沟通障碍，如倾听障碍、情绪噪音、信息超载等。

任何沟通都有目的性，沟通双方都希望通过沟通满足自己某方面的需要。如果沟通双方在沟通中能够清楚地了解对方的沟通目标，在沟通中站在对方的角度，在不损害自身利益的前提下提供对方期待得到的东西，那么沟通就会实现双赢。在本案例中，根据王艳的个性和心理等特点，王艳在本次沟通中可能的目标有：(1)从公司利益出发，提出自己的建议，希望能解决公司的管理问题；(2)满足一个刚毕业的大学生的成就动机需要，仅仅是通过向上级表达自己的观点来证明自己是一个能干的人，因此希望获得上级的肯定和认同；(3)她可能只是想找一个人来探讨交流自己的观点，希望对方能和自己一起讨论完善自己的观点。而王经理可能是公司未来的一把手，他更关心公司的盈利状况和自己在公司中的地位及影响力。而且他主要是负责研发工作的，在思维逻辑和处世方法上就会更注重实证的、数据性的东西，追求理性和准确明晰。因此，他在本次沟通中的目标可能有：(1)借机会向新员工介绍企业的现实状况，希望新员工能更快地了解组织情况以融入组织，尽快进入工作状态；(2)希望王艳在不影响自己在公司中地位和权限的情况下拿出解决公司管理问题的方案；(3)向王艳传递这样一个信息——我们公司是一个家族企业，有许多东西是无法改变的，尤其是在权力分配方面，因此你不要试图改变公司的权力结构，打破公司的现状；(4)希望通过沟通，再争取一个支持者和助手，以帮助自己巩固和增强自己在公司中的权力和地位；(5)希望和第三者交流自己作为家族企业中的一员所要面对的各种裙带关系和权力纷争，希望获得对方的理解和共鸣。

在本次沟通中，王艳可能更倾向于通过沟通满足自己的成就和自我实现需要，因此更希望获得王经理的及时反馈，即使王经理不同意自己的观点也应该说明理由并肯定自己的做法和精神。而王经理则可能更希望王艳在了解公司实际情况后，在不触及家族成员间利益关系的前提下针对公司的管理问题提出具体可行的解决方案，而且这种方案有助于巩固提高自己的地位或者至少不受损害。由此可以看出，本次沟通失败的原因之一在于没有明确对方的沟通目标，从而向对方传递了不合适的信息。如王艳提出的“管理对家族企业的发展很重要，公司中职责权限不清”等建议就与王经理的期望不符，而王经理则忽视了王艳期望获得及时反馈和认可的需求，不但没有对王艳的建议给予评价反而表现出很大的不满，并且强制性地很快中断了谈话，以后也没有做出任何反馈。

另外，王艳忽视了相容原则。本案例主要是下级向上级提建议，希望上级给予认可和支持。因此，最好的做法是以事实为导向，先描述公司中存在的事实和问题，使上级认识到问题的存在和解决的必要性，然后适时地提出自己的建议。在本案例中，王艳仅仅是到公司才不到一个星期的新员工，以前也没有任何工作经验，因此在提建议时很容易给同事或上级一种“异想天开、脱离实际、年轻气盛”的感觉。降低或消除这种感觉最好的办法就是做尽可能充分的准备，使自己的建议建立在事实基础之上从而具有说服力和可执行力。但是本案例中王艳却仅仅凭借自己的观察和主观判断就提出了问题，而且没有针对问题设计出解决问题的方案，这使王经理觉得很没有说服力，而且认为王艳提出这些建议只是一时冲动而已。

2. 建议

(1)对沟通双方个人的建议

王艳应做出的改进：①在沟通之前做好信息准备工作。这些信息包括：公司中的各种裙带关系和家族成员间的利害关系；公司以前是否有人提出过改革建议，结果如何；了解直接上级的性格和脾性以及他在公司中的地位和影响力;公司中存在的可以说明问题存在性和严重性的各种事实。②事先提出解决问题的草案。比起听下级挑毛病,上级更希望下级拿出解决问题的具体方案而不仅仅是指出问题所在。③先咨询后建议。作为一个刚毕业的大学生而且到公司还不到一个星期,对许多事情的认识还只是停留在表面,有时候甚至是过于理想化。因此,应该不要把自己当作专家而是要事事抱着谦虚的态度。所以,在与王经理的沟通过程中,王艳可以先咨询后建议。也就是说,先向王经理请教有关管理方面的问题,这样一方面可以避免王经理把这次谈话当作一次抱怨,另一方面也可以探知王经理对公司管理的看法和态度。有了这一层铺垫后,王艳再根据王经理的态度决定是否现在就提出建议、以怎样的方式提出建议、提出哪些建议才是合适的。

王经理应做出的改进:①认识到王艳作为一个刚刚毕业的大学生而具有的强烈的成就动机,对她的这种敢想敢说的精神给予肯定和赞扬。这样一方面可以使王艳希望得到认可的心理需求得到满足,另一方面又可以为培养王艳以后的创新和工作积极性打好基础。②对王艳的谈话给予积极的反馈,鼓励王艳把自己的观点表达清楚。③在肯定王艳行为的前提下,以列举公司中的事实的方式来提醒王艳应该多关注公司的实际,不要过于理想化。④给王艳提供一些工作指导,使她明白以后工作中应该注意哪些方面的问题。

(2)对企业的沟通建议

沟通是企业中人力资源管理工作的一个重要方面。良好的组织沟通可以稳定员工、降低离职率、提高员工满意度和企业归属感、在企业中塑造团结和谐的组织氛围等。对于新员工来说,在他们刚进入组织时进行有效的沟通和引导,对留住和培养他们在以后工作中的积极性起着极为关键的作用,尤其是与其直接上级的沟通。企业在引导新员工方面应该注意以下几个方面的工作:①给新员工安排一个专业技术强而且善于给新员工提供指导的直接上级。②给新员工提供了解公司实际情况的各种渠道,使他们避免因缺乏经验而在工作中存在盲目性和过于理想化。③鼓励新员工多提建议,并且对他们提出的建议给予及时的反馈,即使这些建议对公司并没有太大的实际意义,也应该对他们的这种精神给予肯定和赞扬,并鼓励他们再接再厉,如果由于各种原因这些建议不能在公司中施行,应该向他们说明不能实施的原因。④给新员工提供明确的工作指导,使他们明白自己的努力方向和上级对自己的期望。

实训环节

1. 一般来说,人都不喜欢被批评、被否定。但是,有时我们在言谈间却不知不觉地流露出自我中心主义和优越感。觉得自己都是对的,别人都是错的。有时,即使我们说话的出发点是良善的、好意的。但如果讲话的口气太强势,太不注意对方的感受,对方听起来,就会感觉是一种攻击,很不舒服。请同学们以自身经历谈谈自己对沟通的理解。

2. 沟通的失真:课堂上全班可分为三~四个组,由教师直接给三~四位同学说一句话,以这句话传递得最快、最准确的小组为胜出方。

3. 实践训练:

管理中的矛盾:你会越级请示吗?

面临重大事件或事关个人重大利益的时候,你感觉向上级请示不会有结果,那你是选择向上级请示还是越级请示?

参考文献

1. 杜慕群:《管理沟通》,清华大学出版社 2009 年版。
2. 张一纯:《组织行为学》(第二版),清华大学出版社 2009 年版。

第八章 管理创新

学习目标

1. 理解创新的概念、特点和作用；
2. 掌握创新的过程和程序；
3. 掌握创新的主体与内容。

技能目标

1. 提升创新精神；
2. 学习创新方法。

引入案例

汉王降价迎接"苹果"上市有用吗?

2011年5月6日,"苹果"iPad2上市,不出大家意料,销售火爆。

当"苹果"成为最烫手的科技产品话题时,中国有几家企业以各种方式表达某种"反抗",比如汉王在其新闻发布会上砸冰苹果,表面上是在"反'苹果'",但明显可以看出,那个被咬过一口的苹果其实正是他们难以忘怀的精神图腾。

"苹果"的高明之处在哪里?是技术垄断?设计精良?还是"硬件+软件"的模式完美?

这不是一道单选题,但对于58岁的汉王科技董事长刘迎建来说是个难题。

汉王降价迎接"苹果"上市

极具价格杀伤力的"苹果"iPad2登陆中国市场,行货iPad2冲击的不仅是水货市场,还有间接竞争对手电子书。

"现在买N518商务版汉王电子书,最低只要1 400元,还送无线鼠标。如果你上个月来买,还要1 800元一套。去年价格都要2 500元,现在是跳楼甩卖。"中关村一位人士接受记者采访时表示。为了应对"苹果"iPad2的上市,电子书报价几乎每月都在下跌。一年时间,报价从2 500元跌到了1 400元,降幅超过44%。

至于降价后的效果,该人士认为货还是有点"走不动"。

在中关村的老牌企业中,汉王算是当之无愧的"技工贸"起家。当家人刘迎建,中科院自动化所研究员出身,当年响应中科院"带着技术办公司"的号召跳下商海。但现在外界认为,汉王的科技形象已不再突出,刘迎建的科学家形象也"异化"成一个地道商人,说地道是因为其做法得到圈内人的认可。

机构对汉王前恭后倨

汉王科技2010年3月3日上市，之前的2月24日，银河证券发表研究报告，认为其合理股价在53～58元，最终发行价确定为41.9元。

3月3日，汉王科技携电子书龙头的光环登陆深交所，当天收盘82.11元，上涨96%。上市仅7个交易日之后，汉王科技的股价就轻松突破了百元。

2010年5月29日，汉王科技最高上涨到175元，一度成了沪深两市最高价股。但此后该股就陷入了持续下跌状态，尽管推出了每10股转赠10股的高送转方案。5月6日，仍大跌5.06%，收盘24.02元，复权价为48.04元，股价相比高峰期下跌了72.55%。

汉王科技从上市前的万众期待，到股价飙升时的机构热捧，再到现在的落寞，这是很多人始料不及的。根据汉王科技一季报显示，机构对汉王科技的兴趣已经不再。

（资料来源：2011年5月6日《南方周末》）

思考：

(1)为什么机构对汉王的兴趣已经不再？

(2)汉王依靠降价应对"苹果"有用吗？

(3)"苹果"的发展是否一帆风顺？

(4)这个案例给我们什么启示？

第一节 创新概述

一、创新的含义与特征

(一)创新的含义

创新是一种思想及在这种思想指导下的实践，是一种原则及在这种原则指导下的具体活动。美国的经济学家熊彼特在其《经济发展理论》一书中首次提出创新的概念。他认为，创新是对"生产要素的重新组合"，具体来说，包括以下五个方面：(1)生产一种新产品，也就是消费者还不熟悉的产品，或是已有产品的一种新用途和新特征。(2)采用一种新的生产方法，也就是在有关的制造部门中未曾采用的方法。这种方法不一定非要建立在科学新发现的基础上，它可以是以新的商业方式来处理某种产品。(3)开辟一个新市场，就是使产品进入以前不曾进入的市场，不管这个市场以前是否存在过。(4)获得一种原料或半成品的新的供给来源，不管这种来源是已经存在的还是第一次创造出来的。(5)实现一种新的企业组织形式，如建立一种垄断地位或打破一种垄断地位。

之后，许多研究者也对创新进行了定义。有代表性的定义有以下几种：(1)创新是一种开发新事物的过程。这一过程从发现潜在的需要开始，经历新事物的技术可行性研究阶段的检验，到新事物的广泛应用为止。创新之所以被描述为一个创新性过程，是因为它产生了某种新的事物。(2)创新是运用知识或相关信息创造和引进某种有用的新事物的过程。(3)创新是对一个组织或相关环境的新变化的接受。(4)创新是指新事物的本身，具体来说，就是指被相关使用部门认定的任何一种新的思想、新的实践或新的制造物。(5)创新是新思想转化为具体行动的过程。

由此可见，创新概念所包含的范围很广，涉及许多方面。比如，有的东西之所以被称作创新，是因为它提高了工作效率或巩固了企业的竞争地位；有的是因为它改善了人们的生活质量；有的是因为它对经济有根本性的提高。但值得注意的是，创新并不一定是全新的东西，旧的东西以新的形式出现或以新的方式结合也是创新。从管理的角度来看，创新是指组织管理者对组织要素的重新组合，其目的是改变组织资源的产出量或者提高消费者的满意度。从这个意义上讲，创新就是指将发明创造引入经济活动之中，形成具有创造性的思想并且将它转换为有用的产品或者服务的过程。而管理创新是管理者根据内外环境的变化而采取某种新的、更有效的资源整合与协调方式来促进管理系统效率和效益目标实现的过程。

（二）创新的特征

1. 不确定性

（1）市场的不确定性。市场的不确定性主要是指不易预测市场未来需求的变化。外界因素如经济环境、消费者的偏好都会对市场变化产生影响。当出现根本性创新时，市场方向无从确定，也就无法确定需求。市场不确定的来源，还可能是不知道如何将潜在的需要融入创新产品，以及未来产品应如何变化以反映用户的需要。当存在创新竞争时，市场的不确定性还指创新企业能否在市场竞争中战胜对手。

（2）技术的不确定性。技术的不确定性主要是指不确定如何用技术来体现、表达市场中消费者需要的特征，能否设计并制造出可以满足市场需要的产品和工艺。如果是因为无法制造或制造成本太高不得不放弃，我们认为这种构思和产品是没有商业价值可言的。所以，新技术与现有技术系统之间的不一致性也是一个重要的不确定来源。

（3）战略的不确定性。战略的不确定性主要是针对重大技术创新和重大投资项目而言的。它是指一种技术创新的出现使已有投资与技能过时的不确定性，即难以判断它对创新竞争基础和性质的影响程度，以及面临新技术潜在的重大变化时企业如何进行组织适应与投资决策。当出现重大技术创新时，战略不确定性常常因严重的战略性决策失误导致产业竞争领先地位的交替。2013年，因为智能手机系统合作对象的决策失误让诺基亚手机消失了。

2. 保护性与破坏性

不同创新对企业产生影响的范围、程度和性质是不同的。两个极端的情况是：保护性的创新和破坏性的创新。保护性的创新会提高企业现有技术能力的价值和可应用性。破坏性的创新则使企业现有的技能和资产遭到破坏，新的产品和工艺会使企业现有的资源、技能和知识只能低劣地满足市场的需要，或者根本无法满足市场要求，从而降低现有能力的价值，在极端情况下，会使现有能力完全过时。

3. 必然性和偶然性

必然性是由管理的不可复制性产生的。管理的不可复制性客观上要求管理创新，从泰罗制管理到丰田生产方式，再到现代流行的CIMS、虚拟系统、电子商务、网络营销等，可以说任何一种新的管理模式、方法的产生都与时代发展、科技进步密切相关。在很多情况下，创新是在大量的实验、调研、严谨思考的背景下产生的。然而，另一种创新方式对管理人员来说也是丝毫不能忽视的，那就是偶然性创新。就像传说牛顿由苹果落地而发现万有引力定律一样，一些偶然的事件也可以引发创新。

4. 被排斥性

创新活动常常受到来自各方面的排斥和压力。习惯于原有生活方式的人们往往不欢迎任何改动和变革。形象地说，创新恐惧症已成为现代组织如企业、学校、政府的一种通病。因为在原有状况下，没有麻烦，没有威胁，也没有紧迫感，一切都显得平平稳稳。所以一项新产品的创新就其本质而言，是一场推进创新力量与排斥、抵制创新力量之间的激烈斗争，管理者所面临的挑战就是如何在这些力量中间保持平衡。需要注意的是，我们应该对华而不实的或仅仅是象征意义的新产品，以及与新产品的战略目标不一致的新产品持抵制态度，这种抵制不应受到阻挠。

5. 复杂性

创新的过程是一条长链，增加上游的基础研究投入，可以直接增加下游的新技术、新产品的产出。但在实际的经济活动中，创新有很多的起因和知识源，它可以在研究、开发、市场化和应用等任何阶段发生。创新是诸多因素之间一系列复杂的、相互渗透并且共同作用的结果。创新不是一个独立的事件，而是由很多事件组成的一个螺旋式上升的轨迹，是一个复杂的系统过程。

6. 时效性

在企业而言，创新一般总是从产品的创新开始的。一种市场需求总是表现为一种产品需求，所以在创新初期，企业的创新活动主要是产品创新。一旦新产品被市场接受，企业就会把注意力集中在过程创新上，其目的是降低生产成本、改进品质、提高生产效率。当产品创新和过程创新进行到一定程度时，企业的创新注意力又会逐渐转移到市场营销创新上，目的是提高产品的市场占有率。在企业创新发展的不同阶段，还会伴随必要的组织创新。在新产品投放市场一定时间以后，又会被更新的产品所代替，这表明创新具有时效性。更新的产品出现的理由有两点：一是消费者的喜好发生了变化，二是产品的技术含量得到了提高。正是因为创新的时效性，所以在进行创新决策时，要考虑三个方面的问题：消费者对创新产品需求的持续时间有多长、被其他产品替代的可能性有多大以及创新所处的是什么时间段。

7. 动态性

事物总是不断发展变化的，不仅组织的内外部环境发生变化，而且组织的创新能力也是不断积累和发展的，因此创新要素也有必要进行动态的调整。从企业间的竞争来看，随着企业创新能力的扩散，企业的竞争优势将会消失，这就需要推动一轮又一轮的创新，以便持续保持企业的竞争优势。所以，创新绝不是静态的，而是动态的。不同发展时期，企业创新的内容、方式、水平是不同的。从企业发展的总趋势看，前一时期低水平的创新总是要被后一时期高水平的创新所替代。创新活动的不断开发和创新水平的不断提高，是推动企业发展的不竭动力。

二、创新的作用

第一，创新可以提高企业的竞争力。创新在人类的发展过程中起着十分重要的作用，在企业活动中也不例外。著名管理学家德鲁克在《管理、责任与实践》一书中指出，由于企业的目标是创造顾客，因而工商企业的管理职能只有两项：营销与创新。他认为只有这两项工作能够产生成果，其余的都属于资本范畴。他号召管理人员不能只做别人已经做过的事情，而应当创造性地工作，做别人没有做过的事情，以在日益激烈的竞争市场中获得优势。这里的创造性工作指的就是组织的创新。在洗衣机市场，一般洗衣机的载物洗涤容量为 5 千克，而且呈增大趋势；但海尔公司凭借其灵敏的市场触觉，逆向思考，推出了与当时的消费潮流相悖的 2 千克容量的“小小神童”洗衣机。产品一面市，立即受到市场欢迎。海尔公司在“只有淡季的思想，没有淡季的产品”这一理念的指导下，随时保持创新的思维，由此建立了一整套的技术创新制度和相应的科研管理模式，最终赢得了市场。

第二，创新为企业的长期持续发展提供动力。企业要想持续发展，必须进行创新，不进行创新，其发展就会缺乏推动力。早在1994年，著名的经济学家克鲁格曼就提出了“虚拟的亚洲经济”的观点。他认为，亚洲(除日本外)经济的增长只是依靠资金和劳动力的大量投入，而不是依靠科技进步，因此这一地区的经济高速增长是不可能持续很久的。这一预言不幸被言中。1997年爆发的东南亚金融危机波及整个亚洲，导致这些国家的经济增长放缓，甚至出现负增长。

与此相反，美国自里根时代以来，便重视和强调创新的作用，从而出现了目前自第二次世界大战以来最长时间的持续的经济增长，特别是1997年的亚洲金融危机以及1998年俄罗斯和拉美的金融风暴，导致大多数发达与不发达国家经济的倒退，而美国经济却始终稳定有力地增长。这正好说明了仅靠资金和劳动力的大量投入来推动经济增长是不可持续的，必须把重点转移到知识创新上来。

第三，自主创新是取得进步的根本。对任何企业而言，创新都是根本。一个企业要取得先进的知识有两条途径：一是引进，二是创新。引进当然不失为一种快捷的方法，这种方法曾经是一些发展中国家和企业实现赶超的根本途径，但事实上，这样永远也无法真正赶超发达国家和先进企业，因为这样并未掌握和拥有真正的核心技术。因此，要真正强大起来，必须走自主创新之路，这对于我国尤其重要。

案例

丰田：在危机中打造真正实力

2008年末，丰田高岗工厂依然一派忙碌，工人们在流水线上“舞蹈”般操作，无人驾驶的工具车一路闪着红灯、响着音乐在车间往来穿梭。但在这有条不紊的现场背后，丰田在北美市场的销售量正在与日俱减，下降幅度高达30%，同样的趋势也在日本国内上演。

2007年2兆2 000亿日元的盈利，改写为2008年3 500亿日元的亏损。几十年来的连续盈利由此终结，这就是全球经济危机给丰田带来的创伤。

危机重创之下，一向充当管理“领头羊”的丰田，采取了怎样的应对方式？尽管丰田也在做许多与其他企业类似的举措，如缩小工厂规模、减薪和裁员。但这些都是短期之举，而真正的长远之举仍然是壮大自己。

丰田现在做的事有两件：技术研发和培养人才。就在2007年，丰田战胜了美国三大汽车企业，荣登全球最大汽车制造商之位。他们有信心在2008年的经济危机中拉开与第二名之间的差距。他们的底气来自他们的优势，在环保和燃料方面，丰田的技术无与伦比。一直以来，丰田极其重视针对未来趋势进行技术研发，对于汽车企业来说，抓住了这一点就等于抓住了未来的销售。

日本企业经历了数次经济危机后的深刻体会就是要加大技术研发的投入，在日本70%的研发投入来自企业，明显形成了“企业为主，政府为辅”的格局，企业极力倡导“技术企业化，企业技术化”。加强研发，也是丰田在危机中秉承的核心原则。

危机也凸显了人才培养的重要性。研发、营销、管理者，如果他们的能力不断提高，那么企业的复兴将指日可待。在中国，丰田继在天津、成都、广州、长春布局四大产业基地后，又瞄准了江苏常熟，而这一次要建设的正是研发中心。

（资料来源：焦晶著，“丰田：在危机中打造真正实力”，《中外管理》2009 年第 3 期）

第二节　创新的过程与主体

一、创新的原则

为了推动创新并保证创新活动的顺利进行，需要正确处理各方面的关系，遵循一定的原则。创新的主要原则有以下几条：

（一）创新与维持相协调的原则

创新活动与维持活动既有区别，又相互联系、相辅相成。维持是创新的基础，创新是维持的发展；维持是为了实现创新的成果，创新为维持提供更高的起点；维持使企业保持稳定性，创新使企业具有适用性。维持和创新都是企业生存和发展所不可缺少的。然而创新与维持有时也相互矛盾、相互冲突。正确处理两者的关系，寻求创新与维持的动态平衡和最优组合，是管理者的职责，也是创新应遵循的原则。例如，研究开发新产品，要受原有产品技术水平、人员素质、管理水平以及资金积累的制约；新产品处在研究开发甚至开始生产和投入市场阶段，原有产品的生产也同时进行，这就需要正确处理新产品开发与原有产品生产之间的关系，从而满足创新与维持相协调的原则的要求。在企业中，创新与维持的平衡和组合更为复杂，如创新目标、规模、顺序的选择要适当，新技术的引进与改进创新要紧密结合，创新组织与其他组织之间要相互配合等。

（二）开拓与稳健相结合的原则

开拓是创新的本质要求。所谓开拓，就是要不断地向新的领域、新的高度进发。没有开拓进取，就没有创新。然而，组织中不思进取、安于现状的现象往往普遍存在，创新活动也经常受到来自各方面甚至是高层管理人员的非议、排斥、压力和抵制，不少人担心创新会付出更大的代价，担心会改变熟悉的工作方式，担心会失去既得的利益等。这些现象成为企业创新的最大障碍。因此，管理者应以极大的热情鼓励、支持和组织创新活动，要创造促进创新的企业氛围，重塑企业文化，激发员工人人奋发向上、开拓进取。

组织创新总是在现实基础上的创新，任何成功的创新都是科学的，不容半点虚假。开拓精神还必须同求实态度相结合。求实稳健并非安于现状、墨守成规，而是面向社会、面向市场，从实际出发，量力而行，这是创新成功和稳健发展的重要保证。脱离实际的变革，不可避免地会出现盲目性、随意性和反复性。大量事实表明，创新者不是专注于冒险而是专注于机会，通过将感性认识上升到理性认识，在系统分析创新机会来源的基础上，找准机会并加以利用。一旦重新展开，就必须脚踏实地地采取各种措施，经过持续的努力，确保创新的成功。

（三）同一性和灵活性相结合的原则

有组织的创新，必须有同一明确的目标、相互协调的行动、优势集中的兵力。没有同一明确的目标，创新活动将失去方向并导致盲目乱干；没有相互协调的行动，创新人员就不能团结合作，容易形成各自为政、相互封锁的局面；没有优势兵力的集中，创新力量分散，则不仅会延续时间，痛失良机，甚至会导致失败。但是，创新本身又具有偶然性或机遇性，并不都在可预料的计划之内。另外，多数创新者往往是“骑在丰富想象力上获得冒险成功的人”，他们酷爱做自己幻想的事。创新的组织应具有灵活性,要放松对员工的控制,使计划具有弹性。如允许创新者自己确定主题,允许使用部分工作时间去探索新的设想,提供一定的创新尝试所需要的资金、物质条件和试验场所,允许创新者自己选择合作伙伴等,这样既有利于充分调动创新者的积极性,又有利于及时捕获创新机会。

(四)奖励创新、允许失败的原则

创新的创造性、风险性、效益性,决定了组织应对创新者的劳动及其成果进行公正评价和合理奖励。奖励是组织对创新工作的充分肯定。对所有的创新建议,都要实施正向的激励政策,对创新成果确有重大价值并得以采用的,要在物质上给予重奖,在职称、职务上予以破格晋升,使奖励与创新的风险和贡献相一致。同时,创新者创新动机有一种对个人成就感的追求和自我实现的满足,创新的精神奖励不仅是必要的,甚至是更为重要的。因此,不仅要对创新成果进行精神的、物质的奖励,而且要在创新的全过程中给予创新者更多的理解、尊重和支持,给予创新者放手施展抱负和才能的条件和权利。奖励一定要注意公正、公开、公平,奖金额度和奖励人数要适当,以调动全体员工参与创新活动的积极性。

失败是创新活动中的必然环节,是成功的必经之路。在创新过程中,一帆风顺是极为罕见的事情,允许失败则是对创新者积极性、创造性的保护和支持。对于失败,创新者不应悲观失望、半途而废,管理者不应冷眼相向、横加指责。创新的组织管理者对待失败要宽容,要热情主动地帮助创新者总结和吸取教训,鼓励创新者坚持不懈,继续进行大胆探索和试验,直到取得成功。对待失败的正确态度一是允许失败,二是吸取教训。

二、创新的过程

要有效地组织创新工作,就必须研究和揭示创新的规律。创新是一个非常复杂的过程,涉及组织内外部的各个方面。美国是创新活动比较活跃的国家,对创新活动也有比较深的理解,所以 3M 公司的一位常务副总裁在一次演讲中甚至这样开头:“大家必须以一个坚定不移的信念作为出发点,这就是——创新是一个杂乱无章的过程。”

我们不否认创新的复杂性,以及创新过程中涉及的智力与偶然的因素,但创新还是有一定的规律可循的。应该说,杂乱无章是创新的本质的说法可以为人们所接受,因为创新是对旧事物的否定,是对新事物的探索。对旧事物的否定,必须要突破原先的制度,破坏原先的秩序,必须不遵守原先的章法;对新事物的探索,意味着要在不断的尝试中去寻找新的秩序、新的方法,在取得最终成果之前,要经历无数次的反复、无数次的失败。因此,它看上去必然是杂乱的。但这种杂乱是相对于旧制度、旧秩序而言的,就创新的总体来说,它们必然遵循一定的步骤、程序和规律。总结众多成功企业的经验,成功的创新要经历以下四个阶段:

(一)寻找机会

寻找机会,是开展创新活动的第一步。创新是对原有秩序的破坏,是在原有事物基础上的进一步发展,是在破坏旧事物或者原有系统结构的前提下开展的活动。原有秩序之所以要打破,是因为其内部存在着或出现了某种不协调的现象。这些不协调对系统的发展造成了某种不利的影响。创新活动正是从发现和利用旧秩序内部的冲突开始的,可以说冲突为创新提供了契机。

旧秩序中的不协调既存在于企业的内部,又可产生于企业的外部。就外部来说,企业创新契机的变化主要有以下几种:

(1)技术的变化。它可能影响企业资源的获取、生产的技术水平以及产品的销售。

(2)人口的变化。它可能影响劳动力市场的供给和产品销售市场的需求。

(3)宏观经济环境的变化。迅速增长的经济背景可能给企业带来不断扩大的市场,而整个国民经济的萧条则可能降低企业产品需求者的购买能力;同行业企业或者相关行业的不断进步与发展。

(4)文化与价值观念的转变。它可能改变消费者的消费偏好或劳动者对工作及报酬的态度。

就内部来说,引发创新的不协调现象主要有:

(1)生产经营中的"瓶颈"。它可能影响劳动生产率的提高和劳动积极性的发挥,因而始终困扰着管理人员。这种不协调环节的产生,既可能是某种材料的质地不够理想,且始终找不到替代品,也可能是某种工艺加工方法的不完善,或是某种分配政策的不合理。

(2)意外的成功或失败。如派生产品的利润贡献不声不响地、出人意料地超过了主营产品;老产品经过精心整顿、改进后,结构更加合理,性能更加完善,质量更加优异,但并未得到预期数量的订单等。这些出乎意料的成功或失败,往往可以把企业从原先的思维模式中解救出来,从而成为创新的一个重要源泉。

以上这些因素都可以成为组织提出创新构想的机会。一旦发现机会,管理者必须紧抓不放,全力投入创新工作。

(二)提出构想

敏锐地观察到了不协调的现象后,还要透过现象研究原因,并据此分析和预期不协调的未来变化趋势,估计它们可能带来的积极或消极的后果,并在此基础上努力利用各种方法,消除不协调,使企业在更高层次上实现平衡的创新构想。

(三)迅速行动

创新成功的秘密主要在于迅速行动。一旦确定了创新的目标,就必须立即付诸实施。提出的构想可能还不很完善,甚至可能很不完善,但这种并非十全十美的设想必须立即付诸实施才有意义。"没有行动的思想会自生自灭",这句话对于创新思想的实践尤为重要。一味追求完美,以减少受讥讽、被攻击的机会,就可能坐失良机,把创新的机会白白地送给自己的竞争对手。例如,20 世纪 70 年代,施乐公司为了把产品搞得十全十美,在罗彻斯特建造了一座全由 MBA(工商管理硕士)占用的 29 层高楼。这些 MBA 在大楼里对第一件可能开发的产品设计了拥有数百个变量的模型,编写了一份又一份的市场调查报告。然而,当这些人继续不着边际地分析时,当产品研制工作被搞得越来越复杂时,竞争者已把施乐公司的市场抢走了 50%以上。所以创新的构想只有在不断的尝试中才能逐步完善,企业只有迅速地行动才能有效地利用不协调提供的机会。

(四)坚持不懈

构想经过尝试才能成熟,而尝试是有风险的,不可能一击即中。创新过程是不断尝试、不断失败、不断提高的过程。因此,创新者在开始行动以后,为取得最终的成功,必须坚定不移地继续下去,绝不能半途而废,否则便会前功尽弃。在一项创新活动完成之后,应该对项目进行认真的总结,对项目各阶段的经验与教训进行分析,为以后的创新积累经验。

三、创新的主体

创新不仅是管理者自己的工作,管理者应该对自己的工作进行创新,以提高组织工作的整体效率，但更重要的是管理者还要充分调动全体员工参与创新的工作热情，为组织内部的创新活动提供条件。

(一)全体员工是创新活动的源泉

管理创新活动的源泉在于全体员工的积极性、智慧和创造力的发挥，因此，管理者要创造出鼓励创新的氛围，依靠全体员工开展管理创新活动。这样才能不断涌现新的创意，管理创新活动的推行也就更容易得到支持。当然，作为个人的员工很难成为管理创新的主体，因为其操作性质属于操作层，且受到上司多方面的控制，虽有创意也很难在工作中进行实践。但作为群体的员工却往往能成为管理创新的主体，这是因为群体中可以包容大量的创意，当这些创意得到企业家认可并付诸实施时，这些员工就成了真正的管理创新主体，他们在每天的工作过程中就可以进行亲身实践。比如，日本企业通过成立各种小组，全员性地参与管理创新，如合理化建议制定、零缺点运动、质量管理小组、创意发明委员会等。它创造出的许多广为流传的管理创新成果，如著名的全面质量管理、即时生成体制等，为企业创造了大量的财富。

(二)管理者是管理创新的中坚力量

许多管理者是在专业分工的条件下对自己职责范围内的事务、人员、资源进行管理的。这些管理领域如人事、财务、生产、营销等都存在着大量的创新空间，因此，这些管理者如果提出创意并加以有效实施的话，就能成为管理创新的主体。当然，这一阶层的管理者受到上级和自身权限的约束，其创意往往需要得到上级的认可才能转变为创新活动。如果在企业家的鼓励下，一个企业中许多管理人员都在进行管理创新的探索，那么这种企业必定是充满活力的。例如，在福特"让工薪阶层都有一部福特车"的创新思维指导下，生产部门的管理人员会同技术人员经过艰苦努力，不断修改创意，设计实施方案，最终提出了"生产流水线"这一生产流程方面的重大创新，极大地扩张了生产规模，降低了产品成本，成为工业革命以来足以同其他重大科技发明创造相提并论的一项管理创新。

(三)管理专家和研究机构是管理创新的辅助力量

在复杂、多变和激烈的竞争环境中求生存，单凭企业家和几个管理人员的知识、智慧、经验是不够的，还需要借助一些专门的管理专家、参谋机构的理论和智慧，依靠他们来分析所收集的信息，制订创新方案，并帮助企业家付诸实施。这种利用"外脑"的方式对管理创新是非常重要的。据资料表明，国外一些企业的重大创新成果很多是由专家组成的"智囊团"和研究机构搞出来的。因此，管理创新也要充分发挥这部分力量的作用。

(四)创新型企业家是管理创新的关键

由于企业家在整个企业发展中所处的特殊地位和管理支配力，他们或亲自提出创意并付诸实施，或对管理创新活动产生重大影响，因此企业家是管理创新成败的关键人物。企业要想持续发展，首先必须有锐意进取的创新型企业家。

企业家应始终寻求变化，对变化做出及时反应，并把变化作为创新机会予以利用。企业家的创新精神要求他们必须具备一定的心智特征和能力结构。

1. 创新型企业家的心智特征

心智特征是指由于过去的经历、素养、价值观等形成的基本固定的思维方式和行为习惯。作为管理创新主体的企业家应具备以下一些心智特征：

(1)善于学习，具有广博的知识。这是产生对某一问题有超越常人看法或认识的基础。因为新的知识和信息是对过去知识体系的一种冲击和发展，可以使人们从过去无法解决的问题中得到新的启迪，也是保证管理创新的主体具备较高的思维起点的关键。

(2)善于思考，具有系统的思维方式。这是一种发散式的思维，同平常人的线性思维方式不同。创新型企业家通常采取一种系统性全方位思维方式，即从具体到综合，从局部到全局，从现象到原因的思考方式，对问题的相关方面都予以考虑。许多管理上的创意就是这样产生的。

(3)勇于进取的价值取向。只有具备强烈的事业心、高度的责任感、永不满足的价值观，他们才能对创新的追求永无止境，不断攀登管理的高峰。

(4)健全的心理素质。这是确保企业家创新活动成果的重要心理特征。它包括自知与自信、理智的情绪、坚强的意志、雄伟的胆略、宽容的心态、对挫折的忍耐、敢于冒险等多项素质。

(5)优秀的品质。使命感、信赖感、责任感、诚实、公平、勇气、热情等，都是创新型企业家应具备的优良品质。

2. 创新型企业家的能力结构

作为管理创新主体的企业家必须具备一定的能力才可能完成管理创新的过程。这些能力可以分为三个层次：核心能力、必要能力和增效能力。核心能力突出地表现为创新能力，必要能力包括转化、管理和应变能力，增效能力则表现为协调组织以加快进展的能力。

(1)创新能力。创新能力表现在企业家善于敏锐地观察事物的缺陷，准确地捕捉新生事物的萌芽，提出大胆新颖的推测和创意，继而进行周密的论证，拿出可行方案并付诸实施。它基于个人的创新意识，是管理创新主体最重要的能力，不具备这种能力，管理创新就无从谈起。

(2)转化能力。转化能力是指管理创新主体将创意转化为可操作的具体方案的能力。转化能力表现为企业家要善于在转化过程中运用综合、移植、改造、重组、创新等技法，来保证好的创意能够转化为可实施的方案。

(3)应变能力。管理创新本身就是应变的事物，应变是主观思维的一种“快速反应能力”，是创新能力的基础。应变能力表现为能审时度势，能在复杂的变化中辨明方向，产生应对的创意和策略。

(4)组织协调能力。管理创新需要投入相当多的资源，需要一定的周期，而且可能面临来自各方面的阻力。只有管理创新主体具备较强的组织协调能力，才能够有效地安排所投入的资源，在改变原来的管理模式并推行新的管理程式时，使企业依然有效运转；才能使创新行为得到各方的合作与支持，从而提高管理创新成功的可能性。

日本著名企业家稻盛和夫认为，管理者只要做好“六项精进”，就能搞好企业，并拥有美好人生。这“六项精进”是：付出不亚于任何人的努力；要谦虚，不要骄傲；要每天反省；活着，就要感恩；积善行，思利他；忘却感性的烦恼。稻盛和夫 27 岁开始创办“京瓷”公司，当时他连经营的“经”字都不认识，但心里始终有一个想法——不能让公司倒闭，不能让支持他、出钱帮忙办公司的人遭殃。为此，他夜以继日地拼命工作，不断改进产品、服务和经营思路，这才有了今天“京瓷”的辉煌。

第三节　创新的内容与策略

系统在运行中的创新要涉及许多方面。这里主要以社会经济生活中大量存在的企业系统来介绍创新的内容。

一、创新的内容

(一)观念创新

这里的观念是指管理观念,又称管理理念,是指管理者或管理组织在一定的哲学思想支配下,由现时条件决定的经营管理的感性知识和理性知识构成的综合体。一定的管理理念必定受到一定的社会政治、经济、文化的影响,是企业战略目标的导向、价值原则,同时管理的理念又必定折射在管理的各项活动中。20 世纪 80 年代以来,经济发达国家的优秀企业家提出了许多新的管理理念,如知识增值观念、知识管理观念、全球经济一体化观念、战略管理观念持续学习观念等。在我国,企业的经营观念存在着经营不明确、理念不当、缺乏时代创新等问题,因此,应该尽快适应现代社会的需要,结合自身条件,构建自己独特的经营管理理念。

(二)目标创新

我们知道,知识经济时代的到来导致了企业经营目标的重要定位。为什么?原因很简单:一是企业经营观念的革命,要求企业经营目标的重新定位;二是企业内部结构的变化,促使企业必须重视非股东主体的利益;三是企业与社会的联系日益密切、深入,社会的网络化程度大大提高,企业正成为这个网络中重要的联结点。因此,企业经营的社会性越来越突出,从而要求企业高度重视自己的社会责任,全面修正自己的经营目标。众所周知,美国曾经最为推崇利润最大化,盈利能力曾经是评价美国企业好坏成败的唯一标准,可是在今天美国评价企业的标准已经发生了巨大的变化。适应知识经济时代的多元目标和相互协调的企业经营目标观念被广为接受。例如,在全世界享有盛誉的美国《财富》杂志评选最优秀企业时,采用了创新精神、总体管理质量、财务的合理性程度,以及巧妙地使用公司财产的效率和公司做全球业务的效率等多项指标。从这些带有导向性的指标中可以看到,企业对员工、对社会、对用户的责任等指标在整个指标体系中占了相当的分量。所以,在新的经济背景下,我国企业要生存,目标就必须调整为:通过满足社会需要来获得利润。

(三)技术创新

技术创新是企业创新的主要内容,企业中出现的大量创新活动是有关技术方面的。技术水平高低是反映企业经营实力的重要标志,企业要在激烈的市场竞争中处于主动地位,就必须不断进行技术创新。由于一定的技术都是通过一定的物质载体和利用这些载体的方法来实现的,因此企业的技术创新主要表现在产品创新、工艺创新、材料创新和手段创新几个方面。

1. 产品创新

对企业而言,产品是企业生存与发展的根本,一个企业的产品在市场上的受欢迎程度是企业市场竞争成败的主要原因。产品创新包括品种和结构的创新。品种创新要求企业根据市场需要的变化,根据消费者偏好的转移,及时地调整企业的生产方向和生产结构,不断开发出用户欢迎的产品;结构创新在于不改变原有品种的基本性能,对现有产品结构进行改进,使其生产成本更低、性能更完善、使用更安全、更具市场竞争力。产品创新是企业技术创新的核心内容。它既受制于技术创新的其他方面,又影响其他技术创新效果的发挥;新的产品和产品的新结构,往往要求企业利用新机器设备和新工艺方法;而新机器设备、新工艺的运用又为产品的创新提高了更优越的物质条件。它可以是利用新发明、新技术开发出的一种全新的产品,也可以是在原有产品的基础上部分采用新技术生产出来的适合新用途、满足新需要的换代型产品,还可以是对原有产品的性能、规格、款式、品种进行完善。产品创新是技术创新的主要内容,其他创新都围绕着产品创新来进行。

2. 工艺创新

工艺创新是指生产工艺的改革和操作方法的改进。生产工艺是企业生产产品的总体流程与方法，包括工艺过程、工艺参数和工艺配方等。操作方法是指劳动者利用生产设备在个体生产环节中对原材料、零部件或者半成品进行加工的方法。泰罗在工时研究中的工具使用是操作创新的一种方式。

3. 材料创新

材料是企业产品和生产手段的基础，也是生产工艺和加工方法作用的对象。目前企业所用的材料，一方面是由大自然提供的原材料，另一方面是经过加工的半成品材料。材料创新一方面是指寻找和发现现有材料的新用途，生产出新的产品满足社会的需要；另一方面是指利用新技术与新知识制造新的合成材料，这种材料创新有着广泛的应用前景。如陶瓷材料、记忆合金的研究和应用为新产品开发提供了可能。

4. 手段创新

手段创新是指企业生产的物质条件的改造与更新。一般产品的生产都需要借助一定的生产工具，企业生产工具的水平决定着产品的质量，所以企业应当注重生产手段的创新。生产手段的创新主要包括两个方面：一是将先进的科学技术用于改进或者革新现有的设备，二是用更先进、更经济的生产手段取代现有的陈旧的、效率低下的生产手段。

技术创新的几个方面的创新既相互区别，又相互联系。如材料的创新会带来产品质量的提高和性能的改进，但是也会带来生产手段的创新，因为新材料一般会要求使用新的生产手段；新材料的应用也会要求工艺的创新。

(四)制度创新

制度是组织运行方式、管理规范等方面的一系列的原则规定，制度的基础含义是指要求大家共同遵守的办事规程和行为准则。其目的是为了约束、规范与企业有关的组织和个人的行为。制度创新从社会经济角度来分析企业系统中各成员间的正式关系的调整和变革。企业具有完善的制度创新机制，才能保证技术创新和管理创新的有效运行。如果旧的、落后的企业制度不进行创新，就会成为严重制约企业创新和发展的桎梏。

企业制度主要包括产权制度、治理结构和规章制度三个方面的内容。

产权制度就是规范企业财产权利的制度。企业产权制度规定了对企业财产的所有权及相关权利的占有、使用以及收益和处理的方式，它是企业最基本的制度。

治理结构规范了企业运作的基本形式，即企业是通过什么样的结构来运作的。企业的治理结构应当规范企业运作的基本方式，规范企业的管理人员在管理过程中应该遵循的标准和准则，规定对企业高层管理人员的监督与约束，是企业管理的根本性制度。

规章制度是企业用以约束和规范全体员工行为的。制度的制定必须被员工认可和接受。如海尔集团在创业伊始，制定了“管理 13 条”，这是召开全体员工大会讨论通过的。随着企业不断发展，海尔人对自己的要求越来越高、越来越多。现在的规章制度已经形成了几百页、几百条的手册。

企业制度创新就是实现企业制度的变革，通过调整和优化企业所有者、经营者和劳动者三者的关系，使各个方面的权利和利益得到充分的体现；不断调整企业的组织结构和修正、完善企业内部的各项规章制度，使企业内部各种要素合理配置，并发挥最大限度的效能。

(五)结构创新

这里的结构创新是指组织结构创新。组织结构的发展史就是组织结构的创新史,因为发展的过程就是不断创新的过程。进入20世纪80年代以来,企业组织结构创新进入了一个新的阶段,许多大型企业根据自己的实际情况开展了组织结构创新。在工业化社会的时代,市场环境相对稳定,企业为了实现规模经济效益、降低成本,纷纷以正规化、集权化为目标。但随着企业规模的不断发展,组织复杂化程度越来越高,信息社会的到来,使环境不稳定因素越来越多,竞争越来越激烈。管理者意识到传统的组织结构不适应现代环境的多变性,便会实施创新。一个有效的企业应当是能随着环境的变化而不断调整自己的结构,使之适应新环境的企业。根据这一认识,现代企业组织正不断朝着灵活性、有机性方向发展。

(六)环境创新

环境是企业经营的土壤,同时也制约着企业的经营。环境创新不是指企业为适应外界变化而调整内部结构或者活动方式,而是指通过企业积极的创新活动去改造环境,去引导环境朝着有利于企业经营的方向变化。如通过企业的公关活动,影响政府的政策制定,从而改善环境;通过企业的技术创新,影响行业技术发展的方向,从而改变环境。对企业而言,市场创新是环境创新的主要内容。市场创新是指通过企业的活动去引导消费、创造需求。人们一般认为新产品的开发是企业创造市场需求的主要途径。其实,市场创新的更多内容是通过企业的推销活动来进行的,即在产品的材料、结构和性能不变的前提下,或者通过市场的地理转移,或者通过揭示产品的使用价值来开发新的客户;或者通过广告宣传、降价优惠等促销活动来赋予产品一定的意义,从而影响人们的某种消费行为,诱导、强化消费者的购买动机,增加产品的销售量。

(七)文化创新

企业文化在企业管理中的重要性越来越受到企业管理者的重视,现代管理发展到文化管理阶段,已经到了管理的最高境界。然而,企业文化的发展是一个过程,不是一成不变的,它要随着时代和企业的发展而发展。

企业文化是指企业所特有的,并为企业成员所广泛接受的价值观念,以及由这种价值观念所决定的行为准则和行为方式。现代企业都很重视企业文化建设,在对员工的教育中常常将企业文化的教育作为主要内容,以得到全体员工的认可,并希望落实到员工的行动中。企业文化已经成为企业竞争优势的重要支柱。

企业文化的核心是企业的价值观,所以企业价值观的确立对于企业的发展具有十分重要的意义。人是企业管理中最重要的因素,企业文化的中心是形成以人为主体的人本文化,企业文化对人的影响最终体现在员工的行为上。海尔集团在企业文化建设中取得了巨大的成就,海尔企业文化的核心是创新,创新构成了海尔的核心价值观。它们提出的海尔精神是:敬业报国,追求卓越。敬业报国的核心是回报,就是用最好的产品来回报用户、回报社会、回报国家;追求卓越的核心是创新,它体现了海尔人永不满足、永远进取、永远创新的精神。在这样的企业精神指导下,海尔集团实现了质的飞跃,成为中国家电企业当之无愧的第一品牌。海尔集团以"海尔文化激活休克鱼"的卓越表现被写进哈佛大学教材,其总裁张瑞敏先生也作为中国企业家第一次登上哈佛讲台。

企业文化创新的表现形式主要有三个方面:

(1)企业经营理念创新。企业经营理念是指导和支配企业生产经营活动理念、准则的总称,是企业精神文化的主要组成部分。企业经营理念是决定企业发展全局的根本性理念,是指导企业全面发展的战略指导思想。企业经营理念创新是企业适应市场环境变化的先导，没有企业经营理念的创新就没有企业主动适应市场变化的具体行动，企业就无法在复杂的环境变化中生存。

(2)企业形象创新。企业形象是企业文化理念及企业经营政策在消费者心目中的反映，是社会对企业认识的体现。消费者的要求随着社会的变化而不断变化，所以企业形象也必须跟上时代发展的步伐。当今世界企业之间的竞争不再单靠技术竞争，而是通过产品、服务等多方面的因素综合进行，因此企业有必要通过企业形象的创新，在消费者心中不断树立新形象，以占据主动地位。

(3)企业品牌创新。企业品牌是企业文化的外在体现，也是企业文化的重要组成部分。现实中不存在与企业文化无关的企业品牌，也不存在脱离品牌的企业文化。企业品牌是企业产品的质量、用途、性能、特色等综合因素在消费者心目中的反应，它是企业文化和企业精神的精髓。所以企业一方面要设计具有自身特色的、易于为消费者识别的品牌形象；另一方面要加重品牌的文化内涵，并且随着社会的发展而不断丰富品牌的内在价值，使之历久弥新。

一般来说，人们把技术创新以外的创新都称为管理创新。这是因为在产品开发出来以后，接下来的生产和销售以及经营都和企业管理相关。在管理创新中，重点是制度创新、组织结构创新和企业文化创新。

案例

大董烤鸭店

北京大董烤鸭店成立于1985年4月28日，2001年由国企改制，因总经理董振祥被朋友们昵称为大董而得名。京城餐饮界都说大董是奇才，这不仅是因为他的烤鸭店门庭若市，还因为他是中国餐饮圈内拥有MBA学位的厨师兼管理者第一人，更因为他的门店、菜品不断创新，给人耳目一新的感觉。

到北京的游客，有三件事必做：游故宫、登长城、吃烤鸭。但传统的北京烤鸭以“香、肥、油”著称，董振祥敏感地意识到，随着人们生活水平的不断提高，人们的饮食观念也会发生改变。于是董振祥潜心研究如何降低烤鸭的油量，他认为延长烤鸭时间肯定会降低烤鸭的含油量，研究表明把传统的烤鸭时间由40分钟调整到1小时20分钟，油量明显降低到健康标准，但随之而来的问题是烤鸭口感也明显变差。怎么样能做到油量少，又能口感好？董振祥为此煞费苦心，在“浪费”了数以万只的鸭子后，终于找到了烤制的良方。大董的烤鸭与众不同，从健康角度为食客考虑是大董创新的基础。如今的大董烤鸭的鸭皮口感特殊，酥而不腻，还专门选配了甜度较低的方粒白糖，用酥酥的鸭皮蘸了放在舌间，不用咀嚼也能化掉，口感层次丰富，完全没有其他烤鸭店的鸭皮油汁丰硕的感受。对烤鸭吃法的挖掘和保留也是大董烤鸭店的特色，每张桌子上都有一份关于烤鸭吃法的指导手册，让客人倍感温馨关怀。

在1 000平方米的店面里，大董烤鸭店每天大约卖出600只烤鸭，最便宜的也要198元一只。2010年2月3日大董烤鸭店南新仓分店一天的营业额就有42.8万元。

(资料来源：根据2010年2月25日央视2套商道节目报道改编)

二、创新的策略

从创新战略的角度看，创新战略就是一系列选择的结果。任何企业的创新，首先都要考虑自身的技术、设备、人员、资金等实际情况。对于中小型企业，应用型创新，即在现有技术与设备的基础上，开发新产品或者研究新工艺比较现实；而对于资金和技术比较雄厚的大型公司，可以进行技术的基础性研究，这类研究一般是集科学技术于一体的研究，研究成果将对本行业的发展起着领导性的作用。企业主要有以下几种创新策略可以选择：

(一)首创型创新

首创型创新是创新度最高的一种创新活动。主要特征就是首创。如最先推出新产品、最先开辟新的销售渠道、最先采用新的广告媒体、最先改变销售价格等。首创型创新具有十分重要的意义，没有首创，就不会有改创型创新和模仿型创新。每一次重大的首创型创新，都会引发一系列相应的改创型创新和模仿型创新，从而带来广泛而深远的创新效应。对于企业来说，首创型创新可以开辟新的市场，提高企业竞争力，获取高额利润。但是，首创型创新活动风险较大，成本较高。这是因为市场需求的复杂性和市场环境的多变性，以及生产、技术、环境等诸多方面的不确定性所决定的。

(二)改创型创新

改创型创新的目标是对已有的首创创新进行改造和再改造。在现有首创的基础上，充分利用自己的优势，进行再创新，可以进一步提高产品的市场适应性，推动新市场的不断发展。这是一种具有中等创新度的创新活动。改创型创新，是介于首创型创新与模仿型创新之间的一种创新。它不必率先创新，而只需要对首创产品进行改良或者改造，因此所承担的创新风险和成本比较小，而所获得的创新收益不一定比首创少。首创是重要的，改创也是重要的。没有首创，改创就没有前提和基础；没有改创，首创就没有广阔的市场发展前景。计算机、通信技术、家用电器的应用就是很好的例证。

(三)模仿型创新

模仿型创新是创新度最低的一种创新活动，其基本特征就是模仿性。模仿者不必率先创造新市场，甚至不必对首创进行改造。模仿者既可以模仿首创者，也可以模仿改创者，它的创新点在于自己原有市场的变化和发展。一些缺乏首创能力和改创能力的中小企业常常采用此方法。一般来说，模仿者所承担的市场风险和市场开发成本都很小。虽然模仿者不能取得市场领先地位，但可以通过自己某些独占的市场条件来获得巨大的收益和优势。如模仿者可以采取率先跟进首创者的策略争取时间优势，可以采用低成本策略获得价格优势，可以采用市场割据策略得到区域优势。模仿创新有利于推动创新的扩散，但严重损害了首创者的积极性。

不同的企业在不同的发展阶段，应该选择一个适当的创新战略，进行适度创新。所谓适度创新，就是既适应市场需求的发展状况，又适应本企业的创新条件。只有这样，创新者才能充分利用和发挥本企业的创新优势，尽量减少或者避免创新的风险，提高创新的效果。

第四节 创新的类别与方法

一、创新的类别

从类别与特征的角度，可以对创新进行如下分类：

(一)局部创新与整体创新

这是从创新的规模和创新对组织的影响来考虑的。局部创新指的是在组织的目标与性质不变的前提下，对组织内部的某些内容、生产要素、技术进行的创新和改造。这种创新对组织的整体发展影响不大，只是对于组织的某个局部方面产生影响。整体创新指的是对组织的整体进行的改革，对组织的目标有较大的影响，或者对组织发展起决定性作用的技术方面的创新。整体创新的特点是对组织的影响较大，创新的规模也比局部创新大，它对组织的发展具有十分重要的意义。

(二)自发创新与有组织的创新

这主要是根据创新的组织程度区分。自发创新一方面是指组织自发的应对环境的变化做出反应而进行的创新，这类创新属于被动创新；另一方面是指组织内部的团体或者个人根据自己的意愿进行的创新，主要是指没有受到组织的指令而进行的创新，这类创新最终还是需要得到组织的认可，否则不可能实现创新的应用。有组织的创新一方面是指组织的管理人员根据组织发展的需要，积极主动地寻求创新的机会与办法，计划、组织、实施创新活动；另一方面是指组织的管理人员积极加强对自发创新的引导，使之与组织的发展目标相一致，为组织的发展服务。有计划、有目标、有组织的创新对于组织发展的推动要远远大于自发创新对组织发展的推动，成功的机会也要大得多。

(三)消极创新与积极创新

这主要是从组织应对环境的态度来区分。消极创新是指组织的管理者或者内部员工在组织的生存与发展面临威胁的情况下，为了避免损失进一步扩大而进行的应对性创新。积极创新是指组织的管理者以敏锐的目光觉察到社会发展给组织提供的机会，主动地调整组织的战略与战术而进行的创新活动。

二、创新的方法

(一)头脑风暴法

这是美国创造工程学家 A. F. 奥斯本在 1939 年发明的一种创新方法。这种方法是通过一种别开生面的小组会议，在短时间内充分发挥群体的创造力，从而获得很多创新设想。在“头脑风暴”的冲击下，新的构想、新的方法、新的点子层出不穷。

这种方法的目的在于创造一种自由奔放的思考环境，激发创造性思维的共振和连锁反应，以便产生更多的创造性思维。

(二)综摄法

这种方法是美国人哥顿在 1952 年发明的一种开发潜在创造力的方法。它是以一致的东西为媒介，把毫无关联、互不相同的知识要素结合起来创造出新的设想，也就是吸取各种产品和知识的精粹，综合在一起创造出新的产品和知识。

综摄法有两个基本原则：

(1)异质同化，即“变陌生为熟悉”。这是综摄法的准备阶段，指对待不熟悉的事物要用熟悉的事物、方法、原理和已有的知识去分析，从而提出新的想法。

(2)同质异化，即“变熟悉为陌生”。这是综摄法的核心，指对熟悉的事物、方法、原理和知识，用不熟悉的态度去观察分析，启发出新的创造性设想。

(三)逆向思考法

这是顺向思考的对立面，是指一种反常规、反传统的思维。顺向思维的常规性、传统性，导致人们形成一种思维定式，阻碍了创造力的发挥。如果转换思路，就可能突破“框框”取得出乎意料的成功。

逆向思考的特点是：

(1)突破性。这种方法的成果常带有质变或者部分质变的性质，所以能取得突破性的成就。

(2)新奇性。由于思维的逆向性，所以改革的幅度较大，结果必然是新奇、新颖的。

(3)普遍性。逆向思考法适用于任何情景。

(4)实效性。逆向思考法能够及时启发解决问题的思路和途径。

(四)检核表法

这种方法普遍适用于任何类型和场合的创造活动，所以又称为“创造方法之母”。它是用一张表格，对需要解决的问题逐项进行核对，从各个角度诱发多种创造性设想，以促进创造发明、革新或者解决问题。实践证明，这是一种能够大量开发创造性的方法。检核表法是一种多渠道的思考方法，包括迁移法、引入法、改变法、添加法、替代法、缩减法、扩大法和组合法等。它启发人们缜密地、多渠道地思考问题和解决问题，被广泛应用于创造、发明、革新和企业管理中。它的关键点在于“变”，而不是把视线集中在某一点或者某一方向上。

(五)类比创新法

类比就是在两个事物之间进行比较，这两个事物可以是同类的，也可以是异类的。通过比较，找出事物间的类似之处，然后再据此推出它们在其他方面的类似之处。类比创新法是一种富有创造性的发明方法，它有利于发挥人的想象力，从异中求同，同中求异，产生新知识、新成果。常用的类比方法有拟人类比法、直接类比法、象征类比法、因果类比法、对称类比法和综合类比法。

(六)信息交合法

这种方法是通过若干类信息在一定方向上的扩展与交合，来激发创造性思维，提出创新性设想。不同信息的撞击、重组、叠加、综合、扩散和转换，可以诱发创新性设想。正确运用信息交合法，必须注意三个环节：

(1)收集信息。很多企业设立了专门的部门来收集信息。它们运用多种渠道、多种媒体、多种方式收集信息，特别是应用互联网。如日本三菱公司，在全世界设置了100多处海外办事机构、900多名日本人和2 000多名当地员工从事信息收集工作。其重点是收集新信息，特别是反映科技、经济、行业动态的最新消息，这些信息对企业的发展有着直接的利害关系。

(2)挑选信息。重点挑选对本企业相关性密切的信息，这一步骤包括选择信息、核对信息、整理信息。

(3)应用信息。应用信息一要快，快才能抓住时机；二要交合，把多个信息联系起来思考，才能创造性地为公司发展服务。

信息交合法通过对信息的引入和多层次的组合，为创新提供了多种可能性。

(七)模仿创新法

人类的创造发明大多是由模仿开始的，然后再进行独创。勤于思考，就能通过模仿创造发明，模仿不仅用于工程技术，也用于企业管理。

知识链接

创新，其实很简单

创新是一个最容易被误解的概念，它已经被描述得无比复杂，但其实很简单。什么是创新?学者和专家给出了各种定义,但说到底,创新就是用新的方法去做事。很多人把创新看作一个复杂的工程,事实上,在商业上被证明成功的创新案例往往是最简单、最朴实的点子或者方法。最不起眼,但令人印象深刻的创新是乔治·福尔曼拳王小电器的烤炉。该产品给烧烤炉加了一个排油装置,使得烤架能够排除食物中的无益油脂。就是这个简单的创新,让这款烤炉自1995年上市以来,赚取了1亿美元的销售额。

另一个对于创新的误解是:创新必须是"突破性的技术创新"。事实证明,创新的突破性在于用一种意想不到的新方法做事,通过质量、价格和服务也可以争取市场地位。把咖啡豆变成咖啡很难界定为"突破性技术创新",但星巴克却做得很成功。就在以科技著称的产业里,因创新而成功的企业,也不是那些靠实验室取胜的企业。如戴尔电脑的成功,是它改变了卖电脑的商业模式,提供网络让用户预订想要的产品,把库存降到最低。"苹果"和它的创始人史蒂夫·乔布斯简直就是创新的代名词,但"苹果"的新产品在技术上都不是"突破性技术创新"。

其实创新就是用更好、更快、更便宜的方法解决自己和别人的问题。最好的创新就是在顾客意识到问题之前,问题已经被解决了。很多管理者总是抱怨有解决不完的问题,其实每个问题都可以有一个创新的办法去解决,每个管理者都能列出一大堆具有潜力的创新清单。2001年,宝洁公司成立了"设计部",这是一个专门"解决问题"的部门。在随后的几年内,这个部门的员工增加了4倍。它的宗旨是了解客户需求和解决客户问题,这让宝洁公司逐渐成长为一家"消费者驱动创新"的伟大公司。

(资料来源:鲍勃·多纳利,"创新,其实很简单",《中外管理》2009年第5期)

本章小结

1. 创新是生产要素的重新组合,其目的是获取潜在的利润。管理创新是管理者根据内外环境的变化而采用某种新的、更有效的资源整合与协调范式,来促进管理系统效率和效益目标实现的过程。

2. 创新是一个复杂的过程,一般经历寻找机会、提出构想、迅速行动、坚持不懈四个阶段。企业家、管理人员和员工都是创新的主体。

3. 系统在运行中的创新涉及多方面,主要包括观念创新、目标创新、技术创新、制度创新、结构创新、环境创新和文化创新。

4. 创新活动是一个充满创意和风险的过程,既要适应市场需求的发展状况和本企业的条件,又要应用适当的策略和方法。

5. 创新其实很简单,创新就是用更好、更快、更便宜的方法解决自己和别人的问题。

本章习题

一、单项选择题

1. 创新必须以(　　)为中心。

A. 顾客　　B. 企业　　C. 市场　　D. 技术

2. (　　)是企业竞争实力的物化。

A. 知识　　B. 产品　　C. 效益　　D. 风险

3. 组织的管理创新中最重要的、首先需要进行的是( )。

A. 管理目标的创新　　B. 管理战略的创新

C. 管理理念的创新　　D. 管理制度的创新

二、判断题

1. 企业是创新的重要力量。 ( )
2. 企业创新是企业家的事。 ( )
3. 技术跨越式有可能带动一个企业实现跨越式发展。 ( )

三、简答题

1. 什么是创新？创新对企业的生存与发展起什么作用？
2. 创新的主体有哪些？
3. 管理创新的主要内容有哪些？
4. 创新的策略与方法有哪些？如何运用？
5. 企业文化创新的表现形式有哪些？

【参考答案】

一、单项选择题

1. A　2. B　3. C

二、判断题

1. √　2. ×　3. √

三、简答题(略)

案例分析

1

广东四大家具展会已相继落幕，它所带来的震撼和影响却经久不息。回眸这四大展会，依然可以清晰地看到它高扬的灵魂——创新。创新是我们这个时代恢宏的乐章，是人类社会发展的主旋律。

假如没有创新，那么人类只能停留在茹毛饮血的野蛮时代；如果现代社会没有层出不穷的新技术、新工艺、新材料、新发明、新产品，那么我们今天就不可能享受如此丰富多彩的生活。创新之树常青，它向人类提供着越来越丰富的新成果，推动着人类社会向着新的高度不断迈进。现代企业，也只有锐意进取、不断创新、在激烈的市场竞争中占有一席之地，才能获得较快的发展，才能保持品牌活力。

最早从经济学角度提出系统创新理论的美籍奥地利经济学家熊彼特认为，只有具备创新精神的人，才有资格称为企业家。他将企业创新分为五种基本类型，即开发新产品或产品新用途、采用新的生产方法、开辟新市场、获得原材料新供给、实行新的企业组织形式。关于品牌创新，除了熊彼特所提出的五项内容外，还应包括设计创新、形象创新、服务创新、文化创新等内容。创新能够使品牌适应不断变化的市场，创新是解决和应对品牌危机的最佳方法，创新可以有效提升品牌的价值。相反，那些故步自封、因循守旧的品牌只能走向衰亡而被市场所淘汰。

在广东的四大家具展会中，东莞和顺德的新产品原创与环保问题受到极大的关注。东莞展会中，全板式、实木、软体、藤器、古典、金属玻璃等各类家具新品层出不穷，如制藤名厂名藤轩积3年磨砺全新推出的高档藤木产品、海鹰公司精心打造的别具一格的欧美别墅家具、玉环著名企业港源新推出的法式系列、顾家工艺的数百款新式沙发、香港皇室人性化的智能家具等。深圳展会将"创新"确立为三大主题之一。广州展会为了促进家具业的技术改良与设计创新，特意举办了"设计评比大赛"，设立外观设计奖、制造工艺奖、材料利用奖、功能创新奖等，鼓励业界创新发展。

品牌创新是为了让品牌永葆活力，不是权宜之计，也不是为创新而创新。品牌创新首先要以市场为中心，充分考虑市场对品牌新形象的认可接受程度。只有以市场为中心、以消费者为中心，才能真正实现品牌创新之目的。其次，品牌创新要有针对性，针对品牌运作过程中的具体问题进行具体分析，对症下药，对品牌进行更新改造。第三，品牌创新要坚持实事求是的态度，遵循科学的程序，采取适当的步骤。第四，企业在品牌发展上，既要有短期目标，又要有长期计划。一方面要充分利用品牌资源，另一方面还要充分保护品牌资源，以实现品牌及其创新工作的可持续发展。

（资料来源：腾讯网，2010年10月7日）

思考：

(1)调查一下市场上有哪些著名家具品牌？

(2)从广东的四大家具展会中，你看到了哪些创新？

(3)有人说，不创新是等死，创新是找死。你认为对吗？企业创新应该考虑哪些因素？

2

1999年，方太在经历了较大的发展之后，从世界500强公司招募了"空降师"：人力资源总监来自日本美能达，企管总监来自日本富士施乐，销售总监来自美国可口可乐，热水器业务总监来自德国西门子。"一方面，500强培训出来的职业经理人在职业道德上犯错误的概率要低许多，国内(企业)鱼龙混杂，看不清；另一方面，他们可以给我们带来世界500强的管理方法。"方太总经理茅忠群如是说。

但是不同企业过来的人相互之间沟通困难，很多过来的人是在一个企业待了很长时间，比较单纯接受的就是这家企业的企业文化、思维方式，和另外一家跨国公司很难有完全共同的语言。茅忠群分别和"空降师"们沟通，并做好记录。他要构建一个集百家之长并和谐共生的管理原则。他自己撰写了讨论的草案，然后与大家一起讨论，形成共识，由此诞生了"方太管理的25条原则"。当"25条原则"最终颁布后，他对诸位说，你们要忘记原来的企业文化，现在大家一起来执行这个原则。他们将其定位在"方太文化的重要组成部分，介于方太理念与制度之间；理念指出什么对公司是最重要的；制度明确规定员工的具体行为和工作流程等，并强制执行；原则为员工管理行为指明具体的方向和法则，尤其是没有制度规定的管理领域，并倡导自觉执行。"

方太在管理中注重"中西结合"。茅忠群坦言，方太在前十年一直学西方管理，或者说在学美国式管理，在近几年转而向国学和东方文化寻找灵感。"如果中国企业纯粹学西方管理，肯定不可能达到一个很高的境界。"

方太将员工的错误分为A、B、C三类，严重程度依次减弱，C最弱，譬如迟到早退就属于C类。以前，方太的做法是，迟到罚款20元。学了儒家思想之后，就对该制度做了创新。子曰："道之以政，齐之以刑，民免而无耻；道之以德，齐之以礼，有耻且格。"美国式管理以政令刑法，也即法家思想，来管理企业。按儒家的思路是，要让被管理者树立羞耻之心。儒家有言"不教而杀谓之虐"，所以特别注重"有教"。因此，方太取消了迟到罚款20元的规定。"如果犯了这个错误，我们要求主管找员工谈一次话，谈话的目的就是要建立员工内心的羞耻感。因为任何人都怕因为这样的事情见主管。这样，我们今年整个上半年取消罚款以后，C类错误的违反率比去年上半年下降50%以上。"在茅忠群看来，美国式管理中的20元钱让人忘掉羞耻之心，因为"20元就像埋单了，我一点都不脸红"。

这样的"成绩"让茅忠群很振奋，当然，他也知道还有很长的路要走。他会组建专门的队伍，带领方太逐步修正制度，为制度中注入东方的"魂魄"。

（资料来源：思考者——终极管理网，2010年1月13日）

思考：

(1)方太的管理创新属于什么创新？

(2)方太的管理创新具体体现在哪些方面？

实训环节

1. 学生分组比赛，为班级设计一个网站。要求：(1)与众不同；(2)宣传效果好；(3)互动性强；(4)传播性强；(5)学生参与人数多；(6)媒体关注度高。

2. 有一个艺人举着一块价值9美元的铜块叫卖："价值28万美元。"人们不了解，就问他怎么回事。他解释说："这块价值9美元的铜块，如果制成门柄，价值就增为21美元；如果制成工艺品，价值就变成300美元；如果制成纪念碑，价值就能到28万美元。"他的创意打动了华尔街一位金融家，结果那铜块最终被制成了一尊优美的胸像——一位成功人士的纪念像，最终价值为30万美元。受此启发，你能在学校里面成功推销某件物品吗？写出你的构思。

3. 实践训练：

管理中的矛盾：公司利益与员工利益冲突，能解决吗？

码头现在普遍用传送带、铲车取代了人力装卸，A码头王经理却发现这在现实中难以执行。本来码头准备用传送带直接将货卸下船，用铲车取代人力装车，以提高效率、降低成本。可这样一来，技术创新带来的结果就是码头员工大部分都会失业。要命的是，他们年龄介于40～60岁，没什么文化，更谈不上有文凭，大部分人与领导层还有点关联。王经理做过思想工作，也都无功而返。现在甚至有人还拿刀威胁，这让王经理陷入苦恼之中，一筹莫展。

参考文献

1. 周三多等：《管理学——原理与方法》(第五版)，复旦大学出版社2009年版。

2. 刘治江：《管理学：知识、技能与应用》，经济管理出版社2008年版。

3. 徐光华、暴丽艳：《管理学：原理与应用》，清华大学出版社、北京交通大学出版社2004年版。

4. 侯先荣、吴奕湖：《企业创新管理理论与实践》，电子工业出版社2003年版。

附录1　推荐书目

“世界经理人数据”近日精心挑选了上海、北京、广州、成都4地的250名高层经理人员(他们所任职公司规模在300人以上)，在各自的公司里分别担任部门经理以上的职务，年薪在40万元上下，请他们选出对自己曾经产生深刻影响，因而最受推崇的十大“商业著作”。

以下即是根据反馈资讯获得的一份Top10榜单：

1.《孙子兵法》

《孙子兵法》为我国春秋时代孙武所著，距今已2 500多年，是中国同时也是世界现存最古老的一部兵书，一直为历代政治家、军事家、商人、学者奉为至宝。

日本许多大公司把《孙子兵法》作为高级管理人员必读书。麦肯锡公司董事长大前研一曾表示：“没有哪本书像《孙子兵法》一样，为我们提供如此丰富的管理思想”。前东洋精密工业公司董事长大桥武夫，在企业濒临倒闭之际，发现《孙子兵法》有助于经营，很快使企业起死回生，为此他写的一本专著《用兵法指导经营》也成为畅销书。

美国著名高等学府哈佛大学商学院，也把《孙子兵法》融入MBA的战略课程中。全书共13篇，约6 000字，是一部公认的最权威的“军事战略”著作，同时也被视为战略管理、成本管理、市场营销以及通过竞争获取事业成功的哲学书。

2.《从优秀到卓越》

这是超级畅销书《基业常青》作者吉姆·柯林斯2001年的作品，是该年度《商业周刊》的十佳商业书。

柯林斯和他的研究小组耗费了5年，阅读并系统整理了近6 000篇文章，创建了3.84亿字节的电脑数据，对1965年以来《财富》杂志历年500强排名中的每一家公司(共1 400多家)逐一分析。研究结果令人震惊——只有11家公司实现了从优秀业绩到卓越业绩的跨越。柯林斯将这11家公司与其他公司进行了对照，并分析出了实现这一跨越的内在机制。

亚马逊书店对这本书的赞美之语是：“这是那种经理人和CEO(首席执行官)们在若干年内需要一读再读的书。”

3.《杰克·韦尔奇自传》

世界第一CEO自传。本书英文版2001年9月11日出版，立即在亚马逊销售排行榜上名列第五。这本书稿酬高达700万美元，被全球翘首以待的经理人奉为“CEO的圣经”。

韦尔奇在该书中首次透露其管理秘诀：在短短20年间如何将通用电气从世界第十位提升

到第二位，市场资本增长 30 多倍，达到 4 500 亿美元，以及他的成长岁月、成功经历和经营理念。这本自传是他退休前的最后一个大动作。

巴菲特是这样推荐这本书的："杰克是管理界的老虎伍兹，所有 CEO 都想效仿他。他们虽然赶不上他，但是如果仔细聆听他所说的话，就能更接近他一些。"

4.《杜拉克管理思想全书》

彼得·杜拉克(Peter Drucker，现在多译为彼得·德鲁克)，美国著名管理学家，现代管理学理论的奠基人，他卓越的学术成就曾给他先后带来 20 多个名誉博士学位。《商业周刊》称其为"当代不朽的管理思想大师"，《经济学人周刊》更称其为"大师中的大师"。

杜拉克比任何人都早 10 年或 20 年开始讨论管理学中现在广为人知的主题：竞争策略、组织设计、成本会计、创业精神和管理信息。他强调管理的人性和实践性，并以 3 个著名的问题"你的业务是什么？谁是你的客户？客户认知的价值是什么？"简单而深刻地阐明了"企业的理论"。

虽然杜拉克的大多数管理学著作出版于 1982 年以前，但《福布斯》杂志还是尊称他为一个世纪以来全世界最有影响的"现代管理之父"。

5.《追求卓越：美国最佳管理公司案例》

1982 年汤姆·彼得斯与鲍勃·沃特曼合著。20 世纪影响最大的管理学著作之一，第一本销量超过百万的商业书籍，长达 3 年位居《纽约时报》畅销书排行榜，在美国总发行量超过 600 万册。事实上，这本书促成了商业书籍出版业的成熟。

本书源自著名咨询公司麦肯锡的一个内部项目。当时美国商业界备受日本公司咄咄逼人的扩张姿态的困扰，相比日本严格的制度化管理，面对强烈个人主义的员工，美国公司领导成了被讥笑的低能者。《追求卓越》则扮演了美国商业的拯救者。

本书为管理设定了一个积极的目标，而非强调面临的难题。彼得斯提出的杰出企业的 8 个特性几乎为未来 20 年的商业管理奠定了格局。今日的企业领袖没有人不承认深受这些原则的影响。它也是在中国影响最大的西方管理学著作，中译本多达 5 种，总发行量超过 50 万册。

因为这本书，汤姆·彼得斯(第一作者)也从麦肯锡公司的一个"无关紧要的人"，步入世界顶级管理学大师的行列。

6.《基业长青：理想公司的成功理念》

1994 年吉姆·柯林斯的著作。这本书研究了 18 个"长青基业"——高度成功、富有生命力的公司的经验，包括沃尔玛、惠普、宝洁、3M 和索尼等行业领袖。

本书研究的是事件，是人性。作者从人的角度让我们看到了公司的成长和巩固，以及公司、组织以及人在组织中的作用，它主要回答了这样一个问题：这些企业是如何取得优势并长期发展的？而更重要的是企业在发展过程中必须不断自我改革、自我反省，使优势成为公司的特性。

美国前卫生教育和福利部部长约翰·W. 加德纳对这本书的评价是，"这是一本每个经理人都值得一读的书。"

7.《只有偏执狂才能生存》

本书作者是被认为美国最具创新精神的企业家——英特尔前 CEO 安德鲁·格鲁夫 1992 年的著作，是公认的商务必读书和当代领导艺术的经典之作。

这本书对商业思想的贡献在于：格鲁夫提供了一种新的对付每个领导者所惧怕的噩梦时分的方法——企业发展过程中，将会出现一个战略转折点，这时，企业有机会上升到新的高度，但也同样有可能标志着没落的开始。在这个过程中，"偏执狂式"的管理能使公司保持足够的谨慎，时常提防他人袭击、窃取你的生意；作为管理者，还要将防范意识传播给手下员工，让他们和企业领导一起度过战略转折点，从而走上发展更高的平台。

在格鲁夫"偏执狂式"的管理下，英特尔成为世界上最大的电脑芯片公司。

8.《市场营销管理》

菲利普·科特勒是当代最有影响的市场营销学权威之一。他在 1967 年出版的《市场营销管理》一书，成为美国管理学院最受欢迎的教材，现在已经出到了第十版，特称"世纪版"，并被翻译成十几国文字，受到各国管理学界和企业界的高度重视。

科特勒的这本经典营销著作不仅继承了奥德逊、霍华德和麦卡锡等人的研究成果，而且全面发展了当代市场营销管理理论。本书的核心观点是：营销管理就是通过创造、建立和保持与目标市场之间的有益交换和联系，以实现组织的各种目标而进行的分计划和控制过程。

值得一提的是，科特勒在其《市场营销管理》(亚洲版)一书中，也引用了《孙子兵法》的论述。

9.《沃伦·巴菲特之路》

罗伯特·海格斯特姆的这本书是《纽约时报》的最佳畅销书。《福布斯》杂志认为，"此书是迄今为止最重要的股票投资杰作，它非常清晰地向人们解开了最伟大的投资家巴菲特那无人匹敌的投资业绩的奥秘"。

这本书的全部魅力来自于巴菲特本人——1956 年以 100 美元起家，迄今为止个人资产已超过 160 亿美元的"世界头号股王"。

本书揭示了他看似简单又极其深刻的投资原则：注重股票的内在价值，买进市值低于其内在价值的股票，长期持有，重视企业的盈利能力，不理会市场变化，也不担心短期的股价波动。

巴菲特曾说过，"即使美联储主席格林斯潘偷偷告诉我未来两年的货币政策，我也不会改变我的任何一个作为。"在《纽约时报》评选的全球十大顶尖基金经理人中，巴菲特名列榜首，广为人知的索罗斯仅名列第五，而且，他是全球资产超过 10 亿美元的富翁中唯一一个从股票市场发家的。

10.《定位》

20 多年前，美国《广告时代》杂志约请年轻的营销专家里斯和特劳特撰写一系列有关营销和广告新思维的文章，总标题就是"定位的时代"。20 年后，定位思想已经深入人心。

而 2001 年，美国营销学会评选有史以来对美国营销影响最大的观念，结果不是劳斯·瑞夫斯的 USP、大卫·奥格威的品牌形象，不是菲利浦·科特勒所架构的营销管理及消费者"让渡"价值理论，也不是迈克尔·波特的竞争价值链理论，而是艾·里斯与杰克·特劳特提出的"定位"理论。

附录2　有影响力的三十句管理名言

1. 企业管理，过去是沟通，现在是沟通，未来还是沟通。

——松下创始人松下幸之助

2. 企业最大的资产是人。

——松下创始人松下幸之助

3. 对产品质量来说，不是100分就是0分。

——松下创始人松下幸之助

4. 一个公司要发展迅速，得力于聘用好的人才，尤其是需要聪明的人才。

——微软总裁比尔·盖茨

5. 大成功靠团队，小成功靠个人。

——微软总裁比尔·盖茨

6. 在市场竞争的条件下，首先是员工素质的竞争。

——微软总裁比尔·盖茨

7. 将合适的人请上车，不合适的人请下车。

——管理学者詹姆斯·柯林

8. 人才是利润最高的商品，能够经营好人才的企业才是最终的大赢家。

——联想总裁柳传志

9. 全世界没一个质量差、光靠价格便宜的产品能够长久地存活下来。

——华硕总经理徐世明

10. 质量是维护顾客忠诚的最好保证。

——通用电器公司总裁杰克·韦尔奇

11. 不只奖励成功，而且奖励失败。

——通用电器公司总裁杰克·韦尔奇

12. 管理就是沟通、沟通再沟通。

——通用电器公司总裁杰克·韦尔奇

13. 企业的成功靠团队，而不是靠个人。

——管理大师罗伯特·凯利

14. 合作是一切团队繁荣的根本。

——美国自由党领袖大卫·史提尔

15. 不创新，就灭亡。

——福特公司创始人亨利·福特

16. 可持续竞争的唯一优势来自于超过竞争对手的创新能力。

——管理顾问詹姆斯·莫尔斯

17. 顾客是重要的创新来源。

——管理学家汤姆·彼得斯

18. 员工培训是企业风险最小、收益最大的战略性投资。

——企业管理学教授沃伦·贝尼斯

19. 管理者的最基本能力:有效沟通。

——英国管理学家威尔德

20. 不善于倾听不同的声音,是管理者最大的疏忽。

——美国女企业家玫琳·凯

21. 正确的决策来自众人的智慧。

——美国社会学家 T. 戴伊

22. 在没出现不同意见之前,不作出任何决策。

——通用汽车总裁艾尔弗雷德·斯隆

23. 爱你的员工吧,他会百倍地爱你的企业。

——法国企业界名言

24. 感情投资是在所有投资中,花费最少且回报率最高的投资。

——日本麦当劳董事长藤田田

25. 自始至终把人放在第一位,尊重员工是成功的关键。

——IBM 创始人托马斯·沃森

26. 企业的执行力靠的就是纪律。

——中国台湾华建公司总裁卢正昕

27. 用人不在于如何减少人的短处,而在于如何发挥人的长处。

——管理学家彼得·德鲁克

28. 卓有成效的管理者善于用人之长。

——管理学家彼得·德鲁克

29. 如果强调什么,你就检查什么;你不检查,就等于不重视。

——IBM 公司总裁郭士纳

30. 三流的点子加一流的执行力,永远比一流的点子加三流的执行力更好。

——日本软银公司董事长孙正义

附录3　十大管理原理和管理法则

1. 木桶原理

木桶原理是由美国管理学家彼得提出的，说的是由多块木板构成的木桶，其价值在于其盛水量的多少，但决定木桶盛水量多少的关键因素不是其最长的木板，而是其最短的木板。这就是说任何一个组织，可能面临的一个共同问题是：构成组织的各个部分往往是优劣不齐的，而劣势部分往往决定整个组织的水平。

这由许多块木板组成的“木桶”不仅可以象征一个企业、一个部门、一个班组，也可以象征某一个员工，而“木桶”的最大容量则象征着整体的实力和竞争力。

与此对应的是“反木桶原理”：木桶最长的一根木板决定了其特色与优势，并在一个小范围内成为制高点；对组织而言，凭借其鲜明的特色，就能跳出大集团的游戏规则，独树一帜建立自己的王国。在扬长避短中，把你的业绩建立在自己的优势资源上更合理一些。

2. 彼得原理

彼得原理是管理学家劳伦斯·彼得从千百个有关组织中不能胜任工作的失败实例的分析中归纳出来的。其具体内容是：“在一个等级制度中，每个职工趋向于上升到他所不能胜任的地位。”彼得指出，每一个职工由于在原有职位上工作成绩表现好(胜任)，就将被提升到更高一级职位；其后如果继续胜任，则将进一步被提升，直至到达他所不能胜任的职位。由此导出的推论是：“每一个职位最终都将被一个不能胜任其工作的职工所占据。层级组织的工作任务多半是由尚未达到不胜任阶层的员工完成的。”每一个职工最终都将达到彼得高地，在该处他的提升商数(PQ)为零。至于如何加速提升到这个高地，有两种方法：其一，是上面的“拉动”，即依靠裙带关系和熟人等从上面拉；其二，是自我的“推动”，即自我训练和进步等。而前者的采用较为普遍。

3. 帕金森定律

1958年，英国历史学家、政治学家西里尔·诺斯古德·帕金森通过长期调查研究，出版了《帕金森定律》一书。帕金森经过多年调查研究，发现一个人做一件事所耗费的时间差别非常大：他可以在10分钟内看完一份报纸，也可以看半天；一个忙人20分钟可以寄出一叠明信片，但一个无所事事的老太太为了给远方的外甥女寄张明信片，可以足足花一整天：找明信片一个钟头，寻眼镜一个钟头，查地址半个钟头，写问候的话一个钟头零一刻钟……特别是在工作中，工作会自动地膨胀，占满一个人所有可用的时间，如果时间充裕，他就会放慢工作节奏或是增添其他项目以便用掉所有的时间。由此，他得出结论：在行政管理中，行政机构会像金字塔一样不断增多，行政人员会不断膨胀，每个人都很忙，但组织效率越来越低下。这条定律又被称为“金字塔上升”现象。

他在书中阐述了机构人员膨胀的原因及后果：一个不称职的官员，可能有三条出路。一是申请退职，把位子让给能干的人；二是让一位能干的人来协助自己工作；三是任用两个水平比自己更低的人当助手。

这第一条路是万万走不得的，因为那样会丧失许多权力；第二条路也不能走，因为那个能干的人会成为自己的对手；看来只有第三条路最适宜。于是，两个平庸的助手分担了他的工作，他自己则高高在上发号施令。两个助手因为无能，也就上行下效，再为自己找两个无能的助手。如此类推，就形成了一个机构臃肿、人浮于事、相互扯皮、效率低下的领导体系。

4. 墨菲定律

1949 年，一名叫墨菲的美国空军上尉工程师发现：假定你把一片干面包掉在地毯上，这片面包的两面均可能着地。但假定你把一片一面涂有一层果酱的面包掉在地毯上，常常是带有果酱的一面落在地毯上(麻烦)。换一种说法，就是：如果某件事有可能变坏，那这种可能就会成为现实。这就是墨菲法则。它的适用范围非常广泛，它揭示了一种独特的社会及自然现象。它的极端表述是：如果坏事有可能发生，不管这种可能性有多小，它总会发生，并造成最大可能的破坏。

爱德华·墨菲是一名工程师，他曾参加美国空军于 1949 年进行的 MX981 实验。这个实验的目的是为了测定人类对加速度的承受极限。其中有一个实验项目是将 16 个火箭加速度计悬空装置在受试者上方，当时有两种方法可以将加速度计固定在支架上。不可思议的是，竟然有人有条不紊地将 16 个加速度计全部装在错误的位置。于是墨菲作出了这一著名的论断，并被那个受试者在几天后的记者招待会上引用。几个月后这一“墨菲定律”被广泛引用在与航天机械相关的领域。经过多年，这一“定律”逐渐进入习语范畴，其内涵被赋予无穷的创意，出现了众多的变体，其中最著名的一条也被称为“菲纳格定律”，具体内容为：会出错的，终将会出错。这一定律被认为是对“墨菲定律”最好的模仿和阐述。

根据“墨菲定律”，可以得出以下推论：(1)任何事都没有表面看起来那么简单；(2)所有的事都会比你预计的时间长；(3)会出错的事总会出错；(4)如果你担心某种情况发生，那它就有可能发生。

5. 马太效应

《新约马太福音》第 25 章有个寓言：一个国王远行前，交给三个仆人每人一锭银子，吩咐他们：“你们去做生意，等我回来时，再来见我。”国王回来时，第一个仆人说：“主人，你交给我的一锭银子，我已赚了 10 锭。”于是国王奖励了他 10 座城邑。第二个仆人报告说：“主人，你给我的一锭银子，我已赚了 5 锭。”于是国王便奖励了他 5 座城邑。第三个仆人报告说：“主人，你给我的一锭银子，我一直包在手巾里存着，我怕丢失，一直没有拿出来。”于是，国王命令将第三个仆人的那锭银子赏给第一个仆人，并且说：“凡是少的，就连他所有的，也要夺过来。凡是多的，还要给他，叫他多多益善。”

这个寓言给我们的启示是：贫者越贫，富者越富；一步领先，步步领先。这就是“马太效应”。

6. 帕累托定律

帕累托定律又称帕累托法则、最省力法则、不平衡原则、犹太法则和80/20法则。此法则是20世纪初意大利统计学家、经济学家维尔弗雷多·帕累托提出的，他指出：在任何特定群体中，重要的因子通常只占少数，而不重要的因子则占多数，因此只要能控制具有重要性的少数因子即能控制全局。这个原理经过多年的演化，已变成当今管理学界所熟知的“二八法则”，即80%的公司利润来自20%的重要客户，其余20%的利润则来自80%的普通客户。它可以在很多方面得到验证，如世界上大约80%的资源是由世界上15%的人口所耗尽的；世界财富的80%为25%的人所拥有；在一个国家的医疗体系中，20%的人口与20%的疾病，会消耗80%的医疗资源。80/20原则表明，在投入与产出、原因与结果以及努力与报酬之间存在着固有的不平衡。这说明少量的原因、投入和努力会有大量的收获、产出或回报。只有几件事情是重要的，大部分都是微不足道的。

二八法则提供了一个较好的基准：80%的产出源自20%的投入，80%的结论源自20%的起因，80%的收获源自20%的努力。

7. 鲶鱼效应

挪威人爱吃沙丁鱼，尤其是活鱼，他们在海上捕得沙丁鱼后，如果能让沙丁鱼活着抵港，卖价就会比死鱼高好几倍。但是，由于沙丁鱼生性懒惰，不爱运动，返航的路途又很长，因此捕捞到的沙丁鱼往往一到码头就死了，即使有些活的，也是奄奄一息。只有一位渔民的沙丁鱼总是活的，而且很生猛，所以他赚的钱也比别人的多。该渔民严守成功秘密。直到他死后，人们打开他的鱼槽，才发现只不过是多了一条鲶鱼。原来鲶鱼以鱼为主要食物，装入鱼槽后，由于环境陌生，就会四处游动，而沙丁鱼发现这一异己分子后，也会紧张起来，加速游动，如此一来，沙丁鱼便活着回到港口。这就是所谓的“鲶鱼效应”。

“鲶鱼效应”是企业领导层激发员工活力的有效措施之一。它表现在两方面：一是企业要不断补充新鲜血液，把那些富有朝气、思维敏捷的年轻生力军引入职工队伍中甚至管理层，给那些故步自封、因循守旧的懒惰员工和官僚带来竞争压力，才能唤起“沙丁鱼”们的生存意识和竞争求胜之心。二是要不断地引进新技术、新工艺、新设备、新管理观念，这样才能使企业在市场大潮中搏击风浪，增强生存能力和适应能力。

8. 皮格马利翁效应

皮格马利翁效应，也译为“毕马龙效应”“比马龙效应”，由美国著名心理学家罗森塔尔和雅各布森在小学教学上予以验证提出，又称“罗森塔尔效应”或“期待效应”：“说你行，你就行，不行也行；说你不行，你就不行，行也不行。”

美国著名心理学家罗森塔尔和雅各布森进行了一项有趣的研究。他们先找了一所学校，然后从校方手中得到了一份全体学生的名单。在经过抽样后，他们向学校提供了一些学生名单，并告诉校方，他们通过一项测试发现，这些学生有很高的天赋，只不过尚未在学习中表现出来。其实，这是从学生的名单中随意抽取出来的几个人。有趣的是，在学年末的测试中，这些学生的学习成绩的确比其他学生高出很多。研究者认为，这就是教师期望的影响所致。由于教师认为这个学生是天才，因而寄予他更大的期望，在上课时给予他更多的关注，通过各种方式向他传达"你很优秀"的信息，学生感受到教师的关注，因而产生一种激励作用，学习时加倍努力，因而取得了好成绩。这种现象说明教师的期待不同，对儿童施加影响的方法也不同，儿童受到的影响也不同。借用希腊神话中出现的主人公的名字，罗森塔尔把它命名为皮格马利翁效应。

皮格马利翁效应告诉我们，对一个人传递积极的期望，就会使他进步得更快、发展得更好；反之，向一个人传递消极的期望则会使人自暴自弃、放弃努力。

9. 破窗效应理论

美国斯坦福大学心理学家菲利普·辛巴杜于1969年进行了一项实验，他找来两辆一模一样的汽车，把其中的一辆停在加州帕洛阿尔托的中产阶级社区，而另一辆停在相对杂乱的纽约布朗克斯区。停在布朗克斯的那辆，他把车牌摘掉，把顶棚打开，结果当天就被偷走了。而放在帕洛阿尔托的那一辆，一个星期也无人理睬。后来，辛巴杜用锤子把那辆车的玻璃敲了个大洞。结果呢，仅仅过了几个小时，它就不见了。以这项实验为基础，政治学家威尔逊和犯罪学家凯琳提出了破窗效应理论，认为：如果有人打坏了一幢建筑物的窗户玻璃，而这扇窗户又得不到及时的维修，别人就可能受到某些示范性的纵容去打烂更多的窗户。久而久之，这些破窗户就给人造成一种无序的感觉，结果在这种公众麻木不仁的氛围中，犯罪就会滋生、繁荣。

我们日常生活中也经常有这样的体会：桌上的财物，敞开的大门，可能使本无贪念的人心生贪念；对于违反公司程序或廉政规定的行为，有关组织没有进行严肃处理，没有引起员工的重视，从而使类似行为再次甚至多次重复发生；对于工作不讲求成本效益的行为，有关领导不以为然，(放纵)使下属员工的浪费行为得不到纠正，反而日趋严重；等等。一间房子如果窗户破了，没有人去修补，隔不久，其他的窗户也会莫名其妙地被人打破；一面墙上如果出现一些涂鸦没有清洗掉，很快墙上就满是乱七八糟、不堪入目的东西。而在一个很干净的地方，人们会很不好意思扔垃圾，但是一旦地上有垃圾出现，人们就会(产生从众心理)毫不犹豫地随地乱扔垃圾，丝毫不觉得羞愧。这就是破窗效应的表现。

破窗效应理论给我们的启示是：在管理实践中，管理者必须高度警觉那些看起来是个别的、轻微的，但触犯了公司核心价值的"小过错"，并坚持严格依法管理。"千里之堤，溃于蚁穴。"不及时修好第一扇被打碎玻璃的窗户，就可能会带来无法弥补的损失。

10. 青蛙法则

青蛙法则说的是把一只青蛙放在一个盛满凉水的容器里，然后慢慢地给容器加热，控制在每两天升温1℃的状态。那么，即使水温到了90℃——虽然这时青蛙几乎已经被煮熟了，它也不会主动从容器中跳出来。其实，这并不是因为青蛙本身的迟钝，事实上，如果将一只青蛙突然扔进热水中，青蛙会马上一跃而起，逃离危险。青蛙对眼前的危险看得一清二楚，但对还没有到来的危机却置之不理。人又何尝不是这样？正如孟子所说："生于忧患，死于安乐。"

青蛙法则给我们的启示是：要时刻保持危机意识。